MW01247063

Zu ausgewählten Problemen der Übersetzung von Operetten

Leipziger Studien zur angewandten Linguistik und Translatologie

Herausgegeben von Peter A. Schmitt

Band 18

Anja Christina Klaus

Zu ausgewählten Problemen der Übersetzung von Operetten

Bibliografische Information der Deutschen Nationalbibliothek
Die Deutsche Nationalbibliothek verzeichnet diese Publikation
in der Deutschen Nationalbibliografie; detaillierte bibliografische
Daten sind im Internet über http://dnb.d-nb.de abrufbar.

Umschlagentwurf:
Peter A. Schmitt und Thomas Richter

Gedruckt auf alterungsbeständigem,
säurefreiem Papier.

ISSN 1862-7056
ISBN 978-3-631-71355-6 (Print)
E-ISBN 978-3-631-71357-0 (E-Book)
E-ISBN 978-3-631-71358-7 (EPUB)
E-ISBN 978-3-631-71359-4 (MOBI)
DOI 10.3726/b10489

© Peter Lang GmbH
Internationaler Verlag der Wissenschaften
Frankfurt am Main 2016
Alle Rechte vorbehalten.
Peter Lang Edition ist ein Imprint der Peter Lang GmbH.

Peter Lang – Frankfurt am Main · Bern · Bruxelles ·
New York · Oxford · Warszawa · Wien

Diese Publikation wurde begutachtet.

www.peterlang.com

Inhaltsverzeichnis

1 Einleitung

Operette

Mehr Logik will ich, als die Welt kann fassen;
drum leb ich lieber, wo sie fehlt: im Traum.
Am Tag jedoch wehrt ihr die Welt den Raum
und just den Traum will sie ihr überlassen.

Heillose Wissenschaft zerrt an dem Saum,
verpöbelnd das Geheimnis vor den Massen,
die dort, wo Zweck ist, kläglich ihn verpassen
und dort, wo Grund ist, ihn berühren kaum.

Doch jeder weiß, wenn nur zu ahnen wäre,
und jeder wähnt, wenn er zu denken hätte,
und Wahn berechnet, Plan ist im Gebet.

Das Chaos ohne die Kausalität!
Die Bühne wär' es, die ich lang entbehre
und die die Welt nicht träumt: die Operette
(Kraus 1930: 1).

Kraus' Gedicht spricht einige Probleme und Vorurteile an, denen die Operette seit ihrer Entstehung bis in die heutige Zeit immer wieder ausgesetzt war. Oft wurde sie verschrien als ein Genre, das jeglicher Logik und jeglichen guten Geschmackes entbehrt – eben „Chaos ohne Kausalität". So schrieb Reichardt (1774: 6) bereits (über das Singspiel, den Vorläufer der Operette wie wir sie heutzutage kennen): „Alles componiert itzt Operetten; und, hundert gegen eins, nicht der zehnte denkt dabey". Selbst der sogenannte Vater der Operette, Jacques Offenbach, war gegen Kritik nicht gefeit. Kein Geringerer als Émile Zola[1] (zit. in Rieger 1920: 24, vgl. auch Herz-Kestranek 2006: o. S.) soll über seine Werke gesagt haben: „Die Operette ist ein öffentliches Übel. Man soll sie erwürgen wie ein schädliches Tier".

Es ist daher wenig verwunderlich, dass kaum eine ernsthafte Auseinandersetzung mit dem Genre Operette stattgefunden hat (Klotz 1991: 21). Eine Ausnahme bildet das Operetta Research Centre Amsterdam, das auf seiner Internetseite geschichtliche Abhandlungen, neuere und ältere Rezensionen und Neuigkeiten

---

1 Sowohl bei Rieger als auch bei Herz-Kestranek findet sich keine Quellenangabe für Zola.

zum Genre Operette zur Verfügung stellt (vgl. dazu Operetta Research Centre: „Home").

Auch im Bereich der Übersetzungswissenschaft ist der Operette bisher nicht sehr viel Aufmerksamkeit zuteil geworden. Bei der Recherche zu dieser Arbeit wurde kein Werk gefunden, das sich speziell mit dem Problem der Operettenübersetzung beschäftigt. Allein der Opern- und Liedübersetzung sind umfangreichere Werke gewidmet, darunter Kaindls (1995) *Die Oper als Textgestalt*, Honolkas (1978) *Opernübersetzungen* und Brechers (1924) *Opern-Übersetzungen* sowie Minors (2013) *Music, Text and Translation*, Gorlées (2005a) *Song and Significance* und eine Ausgabe der Zeitschrift *The Translator*, herausgegeben von Mona Baker (2008) unter dem Titel *Music and Translation*.

Soll dies nun etwa bedeuten, dass es die Operette nicht wert ist, genauer untersucht zu werden? Entsprechen die oben genannten Anschuldigungen, dass die Operette ein minderwertiges Genre ohne Sinn und Verstand sei, vielleicht sogar der Wahrheit?

Eine erste Antwort darauf findet sich bereits im Gedicht von Kraus (1930: 1). In Strophe zwei zeigt er, dass nicht die Operette an sich schlecht ist, sondern dass die „heillose Wissenschaft" sie in Misskredit bringt. Die Operette selbst hat „Zweck" und „Grund", doch wird dieser Umstand nur von wenigen Personen wahrgenommen. Dabei würde ein tieferes Nachdenken über den Stoff offenbaren, dass hinter all dem scheinbaren Chaos und Wahn doch ein Plan zu erkennen ist. Und auch Klotz (1991: 15) schreibt in seinem Werk über die laut Titel „unerhörte Kunst": „Die Operette ist besser als ihr Ruf".

Zwar kann wahrscheinlich jeder, der einmal eine Operettenvorstellung besucht hat, zustimmen, wenn behauptet wird, dass die Operettehandlungen kaum um Wahrscheinlichkeit oder Vernunft bemüht sind (Klügl 1992: 134), ja, dass sogar von einem „Phänomen des ‚höheren Blödsinns'" (Imbert 1967: 90) gesprochen werden kann. Doch ist dies kein Qualitäts-, sondern eher ein Gattungskriterium.

Die Operette ist – wie vieles – eine Geschmacksfrage. Die Aussage aber, die Operette sei tot und daher keiner Betrachtung wert, kann nicht als generell gültig angesehen werden. Richtig ist sie nur insoweit, dass schon seit geraumer Zeit keine bedeutenden Werke des Genres mehr komponiert wurden (Klotz 1991: 16). Von geschichtlicher auf ästhetische Kurzlebigkeit zu schließen, ist jedoch nicht immer richtig, wie Klotz (1991: 16) bemerkt:

> Auch andere Gattungen des Theaters, mit und ohne Musik, sind nicht sehr viel älter geworden. Weder die Opera seria noch die Opéra-comique, weder das Auto sacramental noch die Posse. Deshalb wird wohl niemand den Werken Händels oder Boieldieus,

Calderóns oder Nestroys die fortdauernde Vitalität absprechen. Auch in Spanien gilt die Zarzuela, die etwa gleichzeitige, stark regionalistische Spielart der Operette, nicht als überlebt, weil sie ebenfalls seit Mitte der dreißiger Jahre keine bemerkenswerten Werke mehr hervorgebracht hat.

Ein Blick auf die Spielpläne verschiedener Opern- und Theaterhäuser (v. a. in Deutschland und Österreich, aber auch in den USA und Kanada) zeigt deutlich, dass die Operette noch sehr lebendig ist. Neben regelmäßigen Inszenierungen verschiedener Stücke in Berlin (vgl. Komische Oper Berlin: „Spielplan"), Hamburg (vgl. Hamburger Engelsaal: „Spielplan"), Köln (vgl. Kammeroper Köln: „Spielplan"), Dresden (vgl. Staatsoperette Dresden: „Spielplan"), Leipzig (vgl. Musikalische Komödie Leipzig: „Spielplan") und natürlich Wien (vgl. Volksoper Wien: „Spielplan"), haben sich z. B. die Theaterensembles Toronto Operetta Theatre (vgl. Toronto Operetta Theatre: „Home"), Chicago Folks Operetta (vgl. Chicago Folks Operetta: „Home") und The Ohio Light Opera (vgl. Ohio Light Opera: „Home") ganz und gar der Operette verschrieben. In den USA sind Operettenaufführungen aber nicht nur auf spezielle Ensembles und Bühnen beschränkt. Selbst im Spielplan der renommierten Metropolitan Opera in New York finden sich gelegentlich Operetten, so z. B. Lehárs *Die lustige Witwe* in der Spielzeit 2014/15 und Strauß' *Die Fledermaus* in der Spielzeit 2015/16 (vgl. Metropolitan Opera: „The Merry Widow" sowie Metropolitan Opera: „Die Fledermaus").

Die Operette ist ein Genre, das trotz aller Kritik noch immer Publikum und Kritiker gleichermaßen begeistert (für Rezensionen siehe u. a. Bilsings „Der Opernfreund", Stage Door: „The Gypsy Pricess" und Chicago Critic: „The Circus Princess"; Zuschauerbewertungen finden sich z. T. unter den Artikeln zu den jeweiligen Stücken unter Staatsoperette Dresden: „Operette").

Im Gegensatz zu Opern, deren Vortrag meist in der Originalsprache erfolgt, werden Operetten fast immer in der jeweiligen Landessprache gespielt. Der Grund dafür sind die gesprochenen Dialoge. Noch heute scheitern zahlreiche Sänger an der Forderung, diese in einer ihnen fremden Sprache zu sprechen (Dürr 2004: 1043). Aufgrund der verwickelten Handlung muss jedoch für den Zuschauer eine gute Textverständlichkeit gewährleistet sein (Dürr 2004: 1043).

Diese Tatsache und die durchaus häufigen englischsprachigen Aufführungen deutscher und österreichischer Operetten zeigen, dass ein gewisser Bedarf an Übersetzungen besteht. Daher soll diese Arbeit einen ersten Einblick in das umfangreiche Feld der Operettenübersetzung bieten, indem sie näher beleuchtet, welche Übersetzungsprobleme sich aus den Charakteristika der Textsorte Operette ergeben und welche Lösungsansätze sich mithilfe der Erkenntnisse aus anderen Bereichen finden lassen.

Eine wissenschaftliche Untersuchung der Dialoge erweist sich allerdings als schwer durchführbar, da oftmals nur die Gesangstexte mit der dazugehörigen Partitur erhältlich sind (vgl. dazu auch Gier 2014: 13). Des Weiteren haben Besuche der Musikbibliothek innerhalb der Leipziger Stadtbibliothek und der Leipziger Universitätsbibliothek sowie der Notenbibliothek der Oper Leipzig gezeigt, dass zwar verschiedene Librettoausgaben (mit oder ohne Dialogtext) zur Verfügung stehen, diese jedoch meist keine Jahreszahlangabe aufweisen und oftmals nur als Grundlage für neue Inszenierungen dienen, d. h. der Text nicht unverändert übernommen wird. Dies macht deutlich, dass die Operettenübersetzung ein (wissenschaftlich und praktisch) schwieriges Feld ist, da es oftmals keinen originalen und allein gültigen Ausgangstext gibt. Es liegt die Vermutung nahe, dass die Übersetzung anhand einer beliebigen Ausgabe vorgenommen und anschließend an die zielsprachliche Inszenierung angepasst werden muss.

Nichtsdestotrotz muss der Übersetzer für die Anfertigung einer Übersetzung die Grundlagen des Ausgangstextes genau kennen und das Original verstehen. Im Versuch, dies zu gewährleisten, wird im Folgenden zunächst einmal das Genre Operette genauer beschrieben und herausgestellt, welche Charakteristika für die Operette kennzeichnend sind. Ausgehend davon wird auf auftretende Schwierigkeiten bei der Operettenübersetzung geschlossen. Anschließend werden ausgewählte Probleme näher beleuchtet und es wird mithilfe von Erkenntnissen aus anderen wissenschaftlichen Bereichen nach Lösungsansätzen gesucht. Einzelne Problemfelder werden anhand von Beispielen aus originalsprachlichen Libretti und deren Übersetzungen illustriert. Dabei muss jedoch darauf hingewiesen werden, dass sich die Beschaffung von Übersetzungen teilweise sehr schwierig gestaltete, da die oben genannten englischsprachigen Ensembles auf Nachfragen nach von ihnen genutzten Libretti nicht reagiert haben.

Für diese Arbeit wurden Werke unterschiedlicher Komponisten aus verschiedenen Epochen gewählt. Das Textkorpus umfasst mehrheitlich deutschsprachige Operettenlibretti und deren englische Übersetzungen. Es wurden aber auch Textbeispiele aus französischen Werken Offenbachs sowie deren deutsche und z. T. auch englische Übersetzung genutzt. Eine Auflistung der Werke mit dazugehörigen Inhaltsangaben sowie Kurzbiographien der Komponisten findet sich im Anhang.

Auf geschlechtsneutrale Formulierungen wurde aus Gründen der Lesbarkeit verzichtet. Im Text sind immer beiderlei Geschlechter gemeint.

2 Das Genre Operette

Eine Auseinandersetzung mit dem Genre Operette setzt neben musikalischen und literarischen Kenntnissen auch theatergeschichtliches, kultursoziologisches und zeithistorisches, d. h. auch politisches, Wissen voraus (Csáky 1996: 25). Gier (2014: 11–12) bestätigt dies, wenn er schreibt:

> Bei näherem Hinsehen erweisen sich die Operettenbücher somit als überraschend komplex und vielschichtig. Natürlich ist es jedem Theaterbesucher oder Hörer von Tonaufnahmen freigestellt, ob er sich der Mühe, genauer hinzuschauen, unterziehen oder die Geschichten samt ostentativ aufgesetztem Happy End für bare Münze nehmen will [...].

Anders als oft dargestellt, sind die meisten Stücke also weder bieder noch trivial (Gier 2014: 9). Eine ähnliche Meinung vertritt auch der seit September 2012 an der Berliner Komischen Oper beschäftigte Intendant Barrie Kosky. In einem Interview mit der *Berliner Morgenpost* antwortete er auf den Vorwurf, „Operetten-Handlungen [seien] [...] zu oberflächlich und verlogen" (Blech 2012: o. S.):

> Aber nein. Sie sind wie Soufflés, manchmal möchte man diese leichten Speisen am Ende eines Abends haben. Operetten verbreiten gute Laune, wenn sie leicht, aber nicht dumm sind (Blech 2012: o. S.).

2.1 Klassifizierung des Genres

Bisher wurde das Genre Operette noch nicht einheitlich klassifiziert, da die Grundlagen hierfür nur schwer festzumachen sind. Nach Imbert (1967: 102) gibt es beinahe so viele Operettengattungen wie Komponisten. Es wird daher in den einschlägigen Werken nicht nach bestimmten Merkmalen unterschieden, sondern nach der Entstehungszeit oder dem Entstehungsort der Operetten.

Die Unterteilung nach Entstehungszeit erfolgt in Goldenes, Silbernes und Bronzenes Zeitalter. Diese Einteilung ist wiederum von der Schaffenszeit bestimmter Komponisten abhängig (vgl. dazu u. a. Csáky 1996: 62, Klügl 1992: 134, Lichtfuss 1989: 22). Das Goldene Zeitalter umfasst dabei vor allem die Wirkungszeit von Johann Strauß und Karl Millöcker, während unter dem Silbernen Zeitalter die Schaffensperiode Franz Lehárs, Leo Falls und Emmerich Kálmáns verstanden wird (Csáky 1996: 62, Lichtfuss 1989: 22). Das Bronzene Operettenzeitalter meint die Zeit nach dem Zweiten Weltkrieg (Lichtfuss 1989: 22).

Im Rahmen der Einteilung nach Entstehungsort lassen sich die Pariser Operette (19. Jahrhundert), die Wiener Operette (ca. 1860 bis 1918 oder 1940) sowie die Berliner Operette (um 1900) unterscheiden (Lichtfuss 1989: 169, Grun 1967: 390).

Bereits an diesen nicht klar abzugrenzenden Einteilungseinheiten wird deutlich, wie schwierig eine genaue Beschreibung des Genres Operette ist. Nichtsdestotrotz soll im weiteren Verlauf dieser Arbeit der Versuch unternommen werden, einen Überblick über die wichtigsten Entwicklungsetappen zu geben sowie einzelne Hauptmerkmale der Operette zusammenzutragen und näher zu erläutern.

2.2 Entstehung und Entwicklung

In der einschlägigen Literatur werden wiederholt Hervé (eigentlich Louis Auguste Florimond Ronger) und vor allem Jacques Offenbach als die Begründer der Operette genannt (vgl. u. a. Lichtfuss 1989: 19, Grun 1967: 100, Imbert 1967: 84, Kaubisch 1955: 5). Die Ursprünge der Operette reichen jedoch sehr viel weiter zurück, obwohl in den betreffenden Werken keine übereinstimmenden Angaben zu finden sind. Während Grun (1967: 14) die Anfänge der Operette bereits im antiken Griechenland sieht, nennt Imbert (1967: 85) das 13. Jahrhundert als Ausgangspunkt, da zu dieser Zeit bereits Chansons durch Zwischentexte miteinander verbunden wurden. Als weitere Vorläufer der Operette gelten die Commedia dell'Arte, die Oper (besonders ihre schwungvollere, komödiantische Unterart, die Opera buffa) sowie das im 18. Jahrhundert entstandene Vaudeville (ein Stück mit gesprochenen Dialogen und liedhaften, einfachen Melodien) und die Opéra comique (Grun 1967: 47–49, 50, 55, 67, Imbert 1967: 86). Hinzu kommen die für die Entwicklung der Wiener und Berliner Operette wichtigen Singspiele und Volksstücke (Lichtfuss 1989: 17, Grun 1967: 71).

Der eigentliche Ursprung der klassischen Operette ist eng verknüpft mit dem Entstehen und Erstarken des Bürgertums im 19. Jahrhundert, da sie die kulturellen und politischen Ansichten dieser Gesellschaftsgruppe repräsentierte und deren Sprachrohr war (Csáky 1996: 25, 44).

Die erste Operette nach unserem heutigen Verständnis wurde von Jacques Offenbach komponiert und umfasste anfänglich nur einen Akt (Grun 1967: 100, Keller 1926: 97). Im Jahr 1858 schrieb Offenbach erstmals Zweiakter, baute die Operette danach weiter aus und schuf somit die Grundlage für das gesamte Genre (Klügl 1992: 98, Keller 1926: 102).

Offenbachs Werke liefen kurz nach ihrer Uraufführung in Paris auch erfolgreich an Wiener Theatern und Opernhäusern, sodass ihnen schon bald erfolgreiche Wiener Kompositionen folgten (Kaubisch 1955: 31, 33). Ihren Höhepunkt erreichte die Wiener Operette mit dem Wirken von Johann Strauß; seine

Schaffenszeit wird auch als die *Wiener Meisterjahre* bezeichnet (Grun 1967: 190, Kaubisch 1955: 36). Allerdings ging die klassische Zeit der Operette noch vor der Jahrhundertwende zu Ende (Kaubisch 1955: 45). Fortan ähnelte sie – sowohl in Wien als auch in Berlin – eher einer Revue, in der statt Melodie und Gesang nun Tanz und Rhythmus vorherrschten (Kaubisch 1955: 52, Keller 1926: 342).

Aufgrund der andauernden Popularität der Operette entwickelte sich zu Beginn des 20. Jahrhunderts eine regelrechte „Operettenindustrie", die weniger qualitäts- als vielmehr profitorientiert agierte (Csáky 1996: 38), sodass „gleichzeitig mit jedem erklommenen Gipfel jener imitativ-stereotype Formalismus einsetzte, der zum Stillstand und schließlich zur Erstarrung und Vergreisung des Genres führte" (Grun 1967: 199).

Nach dem Ende des Ersten Weltkrieges und dem daraus resultierenden Zusammenbruch des alten politischen Systemes fielen jene sozialen Schichten weg, aus denen sich die Operette entwickelt hatte und an die sie sich ursprünglich richtete. Ihre Aussagen und Pointen verloren zunehmend an Aktualität, was dazu führte, dass die Operette, obwohl weiterhin beliebt, fortan eher zur Erinnerung an vergangene Zeiten und dem Wachrufen nostalgischer Sehnsüchte diente (Csáky 1996: 291–293).

Seit den 1920er und 1930er Jahren herrschten neben den Revue-Operetten vermehrt Operetten vor, die Opern nachempfunden, d. h. durch Ernsthaftigkeit und einen tragischen Ausgang gekennzeichnet, waren (Csáky 1996: 296–297).

In den USA erfolgte etwa zur gleichen Zeit der Wandel der Operette zum Musical, welches vor allem Imbert (1967: 125) als die „Zukunft der Operette" ansieht (vgl. dazu auch Grun 1967: 481).

2.3 Charakteristika der Operette

2.3.1 Strukturelle Merkmale

Wie bereits unter Punkt 2.1 erwähnt, handelt es sich bei der Operette um eine Kunstgattung, welche so viele unterschiedliche Facetten aufweist, dass es schwierig ist, allen Produktionen und Typen gerecht zu werden (Csáky 1996: 17).

Allgemeine Nachschlagewerke wie der Duden, Wikipedia, *Oxford English Dictionary* und *Cambridge English Dictionary* definieren die Operette wie folgt:

> Gattung von leichten, unterhaltenden musikalischen Bühnenwerken mit gesprochenen Dialogen, (strophenliedartigen) Soli und Tanzeinlagen (Duden: s. v. *Operette*);

> Die Operette seit dem 19. Jahrhundert hat eher leichte, eingängige Musik, eine heitere oder sentimentale Handlung und gesprochene Dialoge zwischen den Musiknummern (Wikipedia: s. v. *Operette*);

[…] a short opera, usually on a light or humorous theme and typically having spoken dialogue (Oxford Dictionary: s. v. *operetta*);

[…] a humorous theatre piece with singing and sometimes dancing, or works of this type (Cambridge Dictionary: s. v. *operetta*).

Bereits in diesen nicht musikwissenschaftlichen Definitionsversuchen wird auf ein wichtiges Charakteristikum des Genres Operette hingewiesen: die Einteilung in gesprochene und gesungene Passagen, in Dialoge und Musiknummern.

Diese Einteilung lässt sich durch Beschreibungen aus der Musikwissenschaft noch konkretisieren. Dort heißt es, Operetten seien „mehrdimensionale Gesamtgebilde aus musikalischen, literarischen, dramatischen und szenischen Elementen" (Klotz 1991: 21–22) und stellten eine Mischung aus gesungenen, gesprochenen und getanzten Passagen dar (Grun 1967: 198).

Bei einer Zergliederung von Klotz' Aussage zeigen sich bereits die wichtigsten Problemfelder für eine Übersetzung. In der Tat ist die Operette ein „mehrdimensionales Gebilde", welches das Publikum nicht über das geschriebene Wort, sondern durch die Stimmen und Körper der Schauspieler sowie die Musik und die Stimmen der Sänger (wobei Operettenakteure i. d. R. Schauspieler und Sänger in einer Person sind) erreicht (Pavis 1989: 25). Die Operette bedient sich mehrerer Zeichensysteme, um dem Publikum Informationen zu vermitteln: Sprache und Musik sind akustische Codes, während die szenische Aufführung über visuelle Codes übermittelt wird (Quissek 2012: 19). Das bedeutet, die Aufführung ist ein „Kommunikationsprozeß [sic], in dem über verschiedene Kanäle auf unterschiedlichen Ebenen Informationen vergeben werden" (Quissek 2012: 19). Es liegt also die Erkenntnis nahe, dass ein Operettenli-bretto nicht auf die gleiche Art und Weise behandelt werden kann wie ein Prosatext.

Die Texttypologie von Katharina Reiß wurde mit dem Ziel erstellt, „[…] objektive Kriterien und sachgerechte Kategorien für die Beurteilung von Übersetzungen aller Art zu erarbeiten" (Reiß 1971: 7). Zunächst umfasste diese Typologie drei textsortenübergreifende Texttypen, welchen jeweils eine dominierende Sprachfunktion zugeordnet war: informativ (Darstellungsfunktion), expressiv (Ausdrucksfunktion) und operativ (Apellfunktion) (Reiß/Vermeer 1991: 206). Diese Dreiteilung wurde später um einen vierten Texttyp erweitert: Der multimediale Texttyp umfasst „Schrifttexte, die erst zusammen mit bildlichen Darstellungen […] oder mit Musik (Lieder, musikalische Bühnenwerke etc.) das vollständige Informationsangebot ausmachen […]" (Reiß/Vermeer 1991: 211). Dies würde bedeuten, dass auch das Operettenlibretto zum multimedialen Texttyp zu zählen ist. Allerdings wurde Reiß' Einteilung der Texttypen von verschiedenen Personen kritisch bewertet, so z. B. von Stolze (vgl. 1994: 114–

115), Koller (vgl. 2001: 272) und Seguí (vgl. 1990: 50). Laut Seguí (1990: 50) kann der multimediale Texttyp nicht als eigener Texttyp betrachtet werden, denn:

> [...] wenn wir jedem multimedialen Text eine der drei Grundfunktionen zuschreiben müssen, so heißt dies, daß die Klassifikation dementsprechend aus drei Typen besteht, die jeweils zwei Untertypen (,multimediale' und ,nicht-multimediale' Texte) umfassen, oder aber, umgekehrt, daß sie aus zwei Typen (,multimediale' und ,nicht-multimediale' Texte) besteht, die sich ihrerseits in drei Untertypen (nach den drei Grundfunktionen) zergliedern.

Kurz gesagt, nur weil ein Text multimedial ist, bedeutet dies nicht, dass er nicht auch expressiv, informativ bzw. appellativ sein kann. Reiß berichtigte daraufhin ihr Schema insoweit, dass der multimediale Texttyp nicht mehr als eigener Typ zu sehen ist, sondern dass ihm jeweils der appellative, expressive oder informative Typ zugeordnet werden kann:

> „Dieser vierte Typ überlagert die drei Grundtypen, denn sowohl informative als auch expressive und operative Texte können in der Gestalt des multimedialen Texttyps auftreten" (Reiß/Vermeer 1991: 211).

Dies bedeutet, dass das Operettenlibretto als multimedialer Text gesehen werden kann, welcher sowohl expressive als auch inhaltbetonte (z. B. die Dokumentation von Verhältnissen und Sitten einer vergangenen Epoche) und appellbetonte Elemente (z. B. aufgezeigte Missstände mit der implizierten Aufforderung, diese nicht hinzunehmen) umfassen kann (Hörmanseder 2008: 34).

Laut Klotz' Definitionsversuch vereint die Operette in sich dramatische und szenische Elemente. Unter *dramatisch* ist dabei im Allgemeinen „das Drama betreffend" (Duden: s. v. *dramatisch*) zu verstehen. *Drama* meint allerdings nicht nur ein Schauspiel mit tragischem Ausgang, sondern auch eine „Bühnenstück, Trauerspiel und Lustspiel umfassende literarische Gattung, in der eine Handlung durch die beteiligten Personen auf der Bühne dargestellt wird" (Duden: s. v. *Drama*).

In Verbindung mit der Tatsache, dass unter *szenisch* auch „die Inszenierung betreffend" (Duden: s. v. *szenisch*) verstanden werden kann, ergibt sich das erste wichtige Merkmal der Operette: Sie ist ein Bühnenstück, welches – um Vollständigkeit zu erlangen – aufgeführt werden muss (Hamburger 1968: 158). Dies bedeutet, dass auch der zu übersetzende Text bis zu seiner theatralen Realisierung etwas in sich Unfertiges ist, das erst durch die Aufführung, d. h. durch eine physische Umsetzung auf der Bühne, zu einem Ganzen wird (Bassnett 1998: 91). Text und Inszenierung sind also untrennbar miteinander verbunden und bilden eine Einheit.

Vom Übersetzer wird ein Produkt verlangt, das einerseits in sich geschlossen, aber andererseits für verschiedenste Interpretations- und Umsetzungsmöglichkeiten offen ist (Bassnett 2011: 109). Ein Produkt, das spielbar bzw. aufführbar ist (vgl. u. a. Hörmanseder 2008: 24, Johnston 2004: 28, Totzeva 1995: 14) (für nähere Ausführungen siehe Kapitel 3.1.1).

Ein weiteres, bereits oben angesprochenes Merkmal der Operette sind die gesprochenen Passagen (Grun 1967: 198), nach Klotz (1991: 21–22) auch „literarische Elemente" genannt. Quissek (2012: 6) weist darauf hin, dass ein Operettenlibretto teilweise dieselben literarischen Regeln in Anspruch nehmen kann wie ein Schauspieltext, und Gier (2014: 56) schreibt, dass die Operette in mancherlei Hinsicht dem Sprechtheater näher steht als der Oper. Das Wort *Sprechtheater* legt dabei schon nahe, dass es beim Übersetzen der Dialoge zu einer Wanderung zwischen Mündlichkeit und Schriftlichkeit kommt, da die Dialoge in erster Linie nicht zum Lesen, sondern zum Sprechen geschrieben werden (Griesel 2014: 15). Dies legt wiederum nahe, dass es ein notwendiges Charakteristikum des Dialogtextes ist, gut sprechbar sowie für das Publikum verständlich zu sein (Rozhin 2000: 146) (siehe Kapitel 3.1.2).

Ein nächstes strukturelles Merkmal der Operette sind die ebenfalls bereits erwähnten gesungenen Passagen (Grun 1967: 198), auch „musikalische Elemente" genannt (Klotz 1991: 21), welche auf die Verwandtschaft der Operette mit der Oper verweisen. Es muss dabei jedoch beachtet werden, dass die Operette, im Gegensatz zur Oper, kein musikalisch durchkomponiertes Werk ist. Statt Rezitative und Arien herrschen in der Operette einzelne Lieder oder – den allgemeinen Definitionsversuchen zufolge – „Musiknummern" (Wikipedia: s. v. *Operette*) oder „(strophenartige) Soli" (Duden: s. v. *Operette*) vor, welche in die Handlung eingebaut sind. Nichtsdestotrotz gilt sowohl für die zu singenden Texte der Oper als auch für jene der Operette die Forderung, sangbar zu sein (Kaindl 1995: 119) (siehe Kapitel 3.1.3).

2.3.2 Inhaltliche Merkmale

Das wohl bedeutsamste inhaltliche Charakteristikum des Genres Operette ist der Humor (siehe Kapitel 3.2.2). Von Beginn an war er ein Gestaltungsmittel und wurde schließlich zu einem vom Publikum vorausgesetzten Identitätsmerkmal der gesamten Gattung. Konflikte werden durch Humor entschärft, was wiederum zu einem lebendigen Wechsel zwischen Ernst und Heiterkeit führt (Lichtfuss 1989: 96–97). Der Vorgabe, das behandelte Thema solle leicht und humoristisch sein, wurde zwar in späteren Produktionen weniger Beachtung geschenkt (Imbert 1967: 113). Nichtsdestotrotz finden sich selbst in den „kleinen Puccini-Opern"

(Gier 2014: 322) eines Franz Lehár komische Szenen und Figuren (vgl. dazu u. a. das Dienerpaar Mascha und Iwan in *Der Zarewitsch*: Lehár 1954: 6–7, 19–21).

Die Komik spiegelt sich auf unterschiedlichen Ebenen wider und wird mithilfe verschiedener Mittel erzeugt. So findet sich neben offensichtlichen Witzen und komischen Anspielungen in den Stücken auch das Mittel der Inversion, welches genutzt wird, um die Machtverhältnisse der Gesellschaft ins Gegenteil zu verkehren und die Obrigkeit mittels Komik zu entmachten und zu verhöhnen (Klotz 1991: 48). Logik und Moral der bürgerlichen Welt werden auf den Kopf gestellt und die vorherrschenden Normen werden verkehrt (Lichtfuss 1989: 102). Gier (2014: 53) nennt diese fehlende Logik *Uneigentlichkeit*: „In einer uneigentlichen Welt wird alles zum Spiel: [...] es gibt keine Probleme, die man nicht weglachen könnte". *Uneigentlichkeit* bedeutet dabei nicht nur, dass Unglücksfälle und Katastrophen grundsätzlich folgenlos bleiben (Gier 2014: 63), sondern auch, dass sie im Extremfall ins Komische hinein verkehrt werden. Dies zeigt z. B. ein Ausschnitt aus Strauß' *Der Zigeunerbaron*: Der Protagonist Barinkay und die anderen männlichen Charaktere ziehen in den Krieg, doch kein einziger wird verletzt. Auf die Spitze getrieben wird es schließlich, wenn Zsupán singt: „[...] nicht ein Hieb schreckte mich, nicht ein Schuss, nicht ein Stich, nur mein Teint ist ein bisserl verbrannt" (Strauß 1980: 171–172).

Ein weiteres Merkmal der Operette, das im Hinblick auf die Übersetzung v. a. im Bereich der kulturellen und zeitlichen Anpassung (siehe für nähere Informationen Kapitel 3.2.1) beachtet werden sollte, ist die Einbeziehung vieles (aus Sicht der Entstehungszeit der jeweiligen Operette) Neuartigen. Darunter sind einerseits technische Erfindungen wie das Automobil zu zählen, welche schon allein aus kommerziellen Gründen in die Handlung integriert wurden, da sie seitens der Bevölkerung ein reges Interesse hervorriefen (Gier 2014: 335). Ein Beispiel dafür ist das Automobil-Terzett in Leo Falls (1907: 68–70) *Die Dollarprinzessin*. Andererseits finden sich auch Anspielungen auf neuartige wissenschaftliche Erkenntnisse, u. a. auf Freuds *Drei Abhandlungen zur Sexualtheorie* (1905) (Schmidl 2013: o. S.) und *Die Traumdeutung* (1900) (Gier 2014: 87).

Ebenfalls ein inhaltliches Merkmal, welches bei einer Übersetzung u. U. zu Problemen führen kann, ist die Intertextualität der Dialoge und Liedtexte (siehe Kapitel 3.2.3). Es wird sowohl auf Schauspiel, Oper und andere Operetten als auch auf Werke der Unterhaltungsliteratur sowie Allgemeinwissensbestandteile des Bildungsbürgertums verwiesen (Gier 2014: 111).

Ein nächstes Charakteristikum der Operette steht in engem Zusammenhang mit den unter Punkt 2.3.1 erwähnten sangbaren Musiknummern. Diese dürfen einerseits nicht als überflüssiges Schmuckwerk erscheinen, sondern müssen mit dem Dialogtext verbunden sein (Keller 1926: 109). Andererseits wurden einzelne Lieder zu Schlagern oder Hits (Lichtfuss 1989: 62), was wiederum einen kontextunabhängig funktionierenden Gesangstext erfordert und bei einer Übersetzung im Hinblick auf die Treue zum Ausgangstext problematisch sein kann (siehe Kapitel 3.3.1).

Das letzte zu erwähnende inhaltliche Merkmal ist das Vorkommen von Figuren unterschiedlicher nationaler Herkunft. Die einzelnen Ethnien werden im Libretto u. a. durch Einfügungen muttersprachlicher Wörter und sogenannten *eye dialect* hervorgehoben und charakterisiert (siehe Punkt 3.2.1.4).

Weitere, für die Übersetzung jedoch weniger relevante und daher in dieser Arbeit nicht weiter beachtete Charakteristika des Genres Operette sind bei Bedarf u. a. in den Werken von Gier (2014), Csáky (1996), Klotz (1991) und Lichtfuss (1989) zu finden.

2.3.3 Das Operettenlibretto

Unter *Libretto* wurde ursprünglich ein kleines Buch verstanden, welches zum Mitlesen des Textes während der Aufführung diente. Diese Funktion ging jedoch im Laufe des 19. Jahrhunderts verloren (Gier 1998: 4). Heutzutage bezeichnet *Libretto* einen zur Vertonung bestimmten Dramentext (Österreichisches Musiklexikon: s. v. *Libretto*) Es stellt eine „Ermöglichungsstruktur" (Gumbrecht 1986: 18) dar, welche u. a. Orchester, Gesang, Körpersprache und Bühne, um nur einige Bereiche zu nennen, synchronisiert. Das Libretto kann somit als Grundlage gesehen werden, welche die Ausformung weiterer künstlerischer Schichten bedingt und verschiedene Ebenen sowohl zeitlich als auch inhaltlich aufeinander bezieht (Gumbrecht 1986: 18). Es ist daher als tragende Ebene des Werkes unverzichtbar (Beck 1997: 47).

Laut Österreichischem Musiklexikon findet sich im Libretto (auf die Oper bezogen):

> […] eine formale Unterscheidung in Textabschnitte strophischer (künftige Arien) und nicht-strophischer Natur (künftige Rezitative), wobei sowohl in den italienischen Originalen als auch in den deutschen Imitationen in den nicht-strophischen Teilen ein unregelmäßiger Wechsel von Versen, bei strophischen Teilen kunstvolle Anordnungen wesentlich heterogenerer Art […] zu finden sind (Österreichisches Musiklexikon: s. v. *Libretto*).

Diese Aussage gilt – mit kleinen Anpassungen – nicht nur für die Oper, sondern auch für die Operette. Hier gibt es ebenfalls eine Unterteilung in strophische und nicht-strophische Textteile, welche sich jedoch nicht auf unterschiedliche

Arten von Musikstücken bezieht, sondern auf die Unterscheidung zwischen dem gesprochenen Bühnentext (nicht-strophisch) und den Liedtexten (strophisch). Es reicht allerdings nicht aus, nur den im Libretto festgeschriebenen Operettentext isoliert zu betrachten (Quissek 2012: 9). Die Liedtexte können nur im Zusammenspiel mit der Partitur gesehen werden, da diese beiden zusammen „an interactive relationship" (Golomb 2005: 123) formen. Die Musik verleiht dem Text zusätzliche Bedeutung, bereichert ihn und vermittelt dem Rezipienten jene feinen Nuancen, welche sich einer begrifflichen Fixierung entziehen (Gier 1998: 14). Der Librettotext an sich stellt ebenfalls ein komplexes Gebilde dar, welches sich aus dem von den Figuren gesprochenen Haupttext und dem Nebentext mit den vom Librettisten vorgesehenen Anweisungen im Hinblick auf das Bühnengeschehen (z. B. Licht, Requisiten, Mimik und Gestik der Figuren) zusammensetzt (Hörmanseder 2008: 19). Die Texte des Librettos sind somit durch eine gewisse „dualistische Natur" (Hörmanseder 2008: 19) geprägt, welche sie von anderen literarischen Texten, die vornehmlich zum Lesen geschrieben wurden, unterscheidet. Im Gegensatz zu diesen ist der Operettentext, obwohl schriftlich fixiert, dazu gedacht, auf der Bühne vorgetragen zu werden (Hörmanseder 2008: 19). Dies hat wiederum einen erheblichen Einfluss auf die Übersetzung, wie im Verlauf dieser Arbeit zu sehen sein wird. Es ist dabei wichtig zu beachten, dass eine Aufführung nur etwas Vorübergehendes ist und sich von vorhergehenden bzw. nachfolgenden Aufführungen unterscheidet, da sich bestimmte Einzelheiten von Inszenierung zu Inszenierung oder sogar von Abend zu Abend verändern (Hörmanseder 2008: 51).

Des Weiteren funktionieren Librettotexte auf zwei unterschiedlichen Ebenen:

> […] ‚intern' oder ‚intertheatral' zwischen den Bühnenfiguren […] [und] ‚extern' oder ‚extratheatral' zwischen den in die Dialoge und Handlungen einbezogenen Figuren der Dramenhandlung und den Rezipienten im Zuschauerraum. […] Dadurch […] fällt jede Äußerung […] in einen intertextuellen wie auch außertextuellen Kontext (Hörmanseder 2008: 28).

Ein weiteres Merkmal des Operettenlibrettos ist dessen große Flexibilität. Gier (1998: 241) nennt dies den „Revuecharakter" der Operette. Musiknummern und Dialoge sind nur lose miteinander verbunden, sodass es problemlos möglich ist, Teile zu bearbeiten, wegzulassen, hinzuzufügen, auszutauschen und neu zu kombinieren (Quissek 2012: 17, Gier 1998: 241). Dies bietet zwar viel Raum für Improvisationen und immer neue Interpretationsmöglichkeiten bei der Bühnenrealisierung, führt jedoch auch dazu, dass Partitur und Bühnentext erst während der Bühnenproben ihre endgültige Form erhalten und bis zur Stückpremiere Änderungen unterliegen (Quissek 2012: 17). Dies scheint auch eine

Erklärung für den Fakt zu bieten, dass nur wenige Libretti in gedruckter Form vorliegen und unterschiedliche Ausgaben ein- und desselben Werkes teilweise stark voneinander abweichen (Coelsch-Foisner 2004: 288).

Ein nächstes Charakteristikum des Operettenlibrettos ist die Tatsache, dass es – im Gegensatz zum reinen Sprechtheater – auf dem Zusammenwirken eines Komponisten mit einem oder mehreren Librettisten beruht, welche die Dialog- und Gesangstexte sowie die Musik in einem dynamischen Prozess zusammenfügen (Quissek 2012: 7). Ein gutes Beispiel dafür sind Johann Strauß und Richard Genée: Strauß lieferte Melodien an Genée, welcher das Particell ausarbeitete, es dramaturgisch aufbereitete, u. U. weitere Melodievorschläge lieferte und die Texte schrieb. Strauß wiederum brachte Korrekturen an Genées Arbeit an, unter deren Berücksichtigung Genée das Libretto vervollständigte (Panagl/Schweiger 1999: 100, Racek 1975: 265). An diesem Punkt endet die Kollektivität jedoch nicht, sondern wird bei der Inszenierung fortgeführt. Das Libretto wird durch ein Team bestehend aus Regisseur, Schauspielern, Technikern, Requisiteuren, Maskenbildnern etc. auf der Bühne umgesetzt. Durch das Mitwirken des Publikums während der Aufführung, d. h. durch dessen Anteilnahme und seine unterschiedlichen Reaktionen, nimmt schließlich auch der einzelne Rezipient am theatralischen Kommunikations- und Entstehungsprozess teil (Hörmanseder 2008: 32). Bei der Betrachtung dieses kollektiven Verfahrens liegt der Schluss nahe, dass dies ebenfalls zu Problemen bei der Librettoübersetzung führen kann, denn für den Übersetzer erscheint es kaum möglich, alle Mitwirkenden und deren Beitrag in einer Person zu vereinigen. Auf die Beziehung des Übersetzers zu den restlichen Mitwirkenden wird sowohl im Laufe der Arbeit an unterschiedlichen Stellen als auch konkret unter Kapitel 3.3.2 noch einmal eingegangen.

Einen guten Überblick über die verschiedenen zu beachtenden Ebenen des Operettenlibrettos bietet Hörmanseders Darstellung des Bühnentextes als Zeichensystem, welche allerdings nur auf das Sprechtheater ausgelegt ist. Um auch auf die Operette anwendbar sein zu können, wird sie im Folgenden noch um die musikalische Dimension ergänzt.

Hörmanseder (2008: 24–26) nimmt eine Unterteilung in sprachliche, kinesische und materielle Zeichen vor. Die sprachlichen Zeichen setzen sich aus den linguistischen und den paralinguistischen Zeichen zusammen. Dabei umfassen linguistische Zeichen die gesprochenen – und im Fall der Operette auch die gesungenen – Wörter (Hörmanseder 2008: 24), während unter paralinguistischen Zeichen „vocal elements such as intonation, pitch, rhythm, tempo, resonance, loudness and voice timbre leading to expressions of emotion such as shouting, singing or laughter" (Snell-Hornby 1997: 190, mit Verweis auf Poyatos 1993: 149) verstanden werden. Die paralinguistischen Zeichen sind Begleitelemente der linguistischen Zeichen und verstärken die Kommunikation mit den Rezipienten, indem sie diesen zusätzliche Informationen über das Gesagte – bzw. Gesungene – zur Verfügung stellen (Hörmanseder 2008: 24).

Kinesische Zeichen unterteilt Hörmanseder (2008: 24–25) noch einmal in mimische, gestische und proxemische Zeichen. Unter mimischen Zeichen werden „Gesichtsbewegungen und Gesichtsausdrücke [verstanden], die Informationen über Gefühle und Emotionen der Bühnengestalt [...] vermitteln" (Hörmanseder 2008: 24). Gestische Zeichen sind „alle übrigen Gesichtsbewegungen und die Körperbewegungen, die ohne Positionswechsel ausgeführt werden" (Fischer-Lichte 1988b: 47). Proxemische Zeichen sind „Zeichen, die sich als Abstand zwischen den Interaktionspartnern [...] und als Veränderung dieses Abstandes realisieren [...] und Zeichen, die sich als Fortbewegung, also als Bewegung durch den Raum, realisieren" (Fischer-Lichte 1988b: 87).

Unter der dritten Gruppe, den materiellen Zeichen, werden Zeichen des Raumes, z. B. das Bühnenbild, und die äußere Erscheinung der Schauspieler (also Maske, Frisur und Kostüm) verstanden (Hörmanseder 2008: 25).

Im Rahmen der Operette kommen zu den bereits genannten Elementen noch musikalische Zeichen, wie die Melodie der Musikstücke, welche vom Orchester gespielt und von den Akteuren gesungen werden, hinzu.

Die Verbindung der verbalen mit den nonverbalen Zeichen ermöglicht es, ein Verhältnis zwischen Libretto und Inszenierung herzustellen:

> De là la présence, à côté du texte de l'auteur [...] que nous appelons T, d'un autre texte, de *mise en scène*, et que nous appelons T', l'un et l'autre s'opposant à P, la représentation :
>
> T + T' = P (Ubersfeld 1993: 23).

Obwohl jenes Zeichensystem prinzipiell für alle Kulturen gilt (da sich jedes Libretto aus einem Zusammenspiel verschiedener Zeichen zusammensetzt), darf nicht vergessen werden, dass jede Kultur über eigene spezifische Zeichen-Codes verfügt. Die Kenntnisse über diese Codes ermöglichen es den Angehörigen einer kulturellen Gruppe, einem Zeichen eine bestimmte Bedeutung beizumessen und dessen Sinn zu verstehen (Hörmanseder 2008: 25). Somit kann eine Übertragung kulturspezifischer Zeichen in eine Zielkultur zu Verständnisproblemen bei den Zieltextrezipienten führen.

3 Ausgewählte Probleme der Operettenübersetzung

In der unter den Punkten 2.3.1 und 2.3.2 erfolgten Zusammenstellung ausgewählter Merkmale der Operette sowie bei den unter Punkt 2.3.3 aufgeführten Charakteristika des Operettenlibrettos wurde bereits teilweise angesprochen, inwieweit sich aus den einzelnen Merkmalen Probleme für die Librettoübersetzung ergeben können. Um die folgenden Punkte leichter nachvollziehen zu können, sollen diese Problembereiche nun noch einmal kurz aufgeliset werden. Aus den strukturellen Merkmalen ergeben sich die Forderungen nach Aufführbarkeit (auch *Spielbarkeit* genannt) des gesamten Librettos sowie nach Sprechbarkeit und Sangbarkeit der jeweiligen Textteile. Aus den inhaltlichen Merkmalen gehen die näher zu beachtenden Bereiche der Humorübersetzung, der zeitlichen und kulturellen Anpassung, der Intertextualität und der v. a. bei den Musiknummern problematisch einzuhaltenden Treue zum Ausgangstext hervor. Die Erläuterungen zum Libretto unter Punkt 2.3.3 haben die Beziehung des Übersetzers zum Theaterensemble in den Fokus gerückt.

Die genannten Problembereiche werden nachfolgend noch in drei Gliederungsblöcke unterteilt: Probleme hinsichtlich der zielsprachlichen Aufführung (Aufführbarkeit, Sprechbarkeit, Sangbarkeit), Probleme hinsichtlich der Rezeption in der Zielkultur (kulturelle und zeitliche Anpassung, Übersetzung von Humor, Intertextualität) und Probleme hinsichtlich der Relation von Ausgangs- und Zieltext (Treue des Zieltextes zum Ausgangstext, Rolle des Übersetzers).

Obwohl die Operettenübersetzung ein weitgehend unbeachtetes Feld innerhalb der Übersetzungswissenschaft ist, bedeutet dies nicht, dass den aufgezeigten Problempunkten bisher noch keine Beachtung geschenkt wurde. Die ausgewählten Phänomene sind keine ausschließlichen Merkmale der Operette, sondern auch im Hinblick auf andere Genres anzutreffen. Dies bietet die Möglichkeit, die z. B. in der Opern- und Dramenübersetzung gewonnenen Erkenntnisse aufzugreifen und auf Operettenlibretti anzuwenden.

3.1 Probleme hinsichtlich der zielsprachlichen Aufführung

3.1.1 Aufführbarkeit

Bei einer Librettoübersetzung reicht es nicht aus, ein linguistisches Äquivalent in einer anderen Sprache zu schaffen (Peghinelli 2012: 22), da die Kommunikation in zweifacher Weise realisiert wird: als literarischer Text und als theatrale

Inszenierung (Totzeva 1995: 14). Laut Totzeva (1995: 14) herrschen allerdings Übersetzungskonzepte vor, die selektiv einer der beiden kommunikativen Seiten Präferenz geben.

Perteghella (2004: 12) bezeichnet die auf literarische Aspekte ausgerichtete Übersetzungsweise von Bühnentexten als *scholarly translation*. Dabei erstellt der Übersetzer ein philologisch exaktes, doch auf die theatralen und dramaturgischen Konventionen der Zielsprache und Zielkultur nicht zugeschnittenes Produkt (Perteghella 2004: 12), welches u. U. durch „literariness, [...] lack of theatrical rhythm, elaborate syntax and [...] slavishness" gekennzeichnet ist (Peghinelli 2012: 25).

> Consequently, the translator who has rendered only the verbal text – most likely with a panoply of illuminating footnotes – must be prepared to allow an acting version, a script, either to replace or to be developed from what he or she has presented primarily as a text to be read (Johnston 2004: 27).

Der Übersetzer, welcher nur auf die literarischen Eigenschaften des Textes eingeht, läuft also Gefahr, einen Zieltext zu erschaffen, der nicht mehr spielbar ist (Totzeva 1995: 14).

Bassnett hingegen sieht die Verantwortung für einen spielbaren Zieltext nicht beim Übersetzer, sondern bei den Verantwortlichen im Theater. Sie schreibt dazu:

> Once we accept that the written text is not fundamental to performance but is merely one element in an eventual performance, then this means that the translator, like the writer, need not be concerned with how that written text is going to integrate [...]. That is a task for the directors and actors [...] (Bassnett 1998: 99).

Und weiter:

> The task of the translator is to work with the inconsistencies of the text and leave the resolution of those inconsistencies to someone else. Searching for deep structures and trying to render the text 'performable' is not the responsibility of the translator (Bassnett 1998: 105).

Dies scheint jedoch eine allzu vereinfachte Sichtweise zu sein, die in der Realität schwer durchzuführen ist und den Übersetzer zu einem Rohmateriallieferanten degradiert. Solche Praktiken sind laut Hale und Upton (2000: 10) vor allem in Großbritannien weit verbreitet. Für wenig Geld und mit hohem Termindruck werden „wortgetreue" Übersetzungen in Auftrag gegeben, welche schließlich einem bekannten und renommierten Bühnenautor als Vorlage für ein zielsprachliches Stück dienen. Ähnliche Vorgehensweisen finden sich auch bei der Erstellung von Synchronfassungen für Filme. Auch hier wird dem Übersetzer oftmals nur die sogenannte *continuity*, eine Niederschrift der tatsächlichen Filmdialoge, zur Verfügung gestellt, nicht aber der betreffende Film selbst, sodass dem Übersetzer wichtiger Kontext fehlt, der zur Lösung von Übersetzungsproblemen unverzichtbar ist (Manhart 1999: 264–265). Es bleibt dem Übersetzer also in bestimmten Fällen nichts weiter übrig, als zu raten. Liegt er falsch, kann der Fehler von dem der Ausgangssprache nicht mächtigen „Weiterverarbeiter" der Rohübersetzung – sei es ein Synchronregisseur oder, wie im Falle eines Librettos, ein Bühnenautor oder Regisseur – nicht behoben werden und geht in die zielsprachliche Produktion ein. Daher wird in dieser Arbeit der Standpunkt vertreten, dass für die Übersetzung eines Dramentextes, die auch ohne schalen Beigeschmack als solche bezeichnet werden kann, die Methode der Rohübersetzung vermieden werden sollte. Es fällt somit in den Aufgabenbereich des Übersetzers, nicht nur einen inhaltlich dem Original entsprechenden Zieltext zu produzieren, sondern diesen Zieltext auch so zu gestalten, dass er spielbar bzw. aufführbar ist. Doch was ist unter *Spielbarkeit* respektive *Aufführbarkeit* zu verstehen?

Bei einer Theateraufführung wird der Bühnentext in „schauspielerisch gestaltete Aktion" (Bednarz 1969: 267) umgesetzt, woraus die Forderung resultiert, der übersetzte Text solle spielbar bzw. aufführbar sein (vgl. u. a. Hörmanseder 2008: 24). Auch Johnston (2004: 28) schreibt, dass im Übersetzungsprozess die Aufführbarkeit des zielsprachlichen Stückes erreicht werden soll, ohne jedoch zu definieren, was er unter *Aufführbarkeit* versteht. Eben dieses Fehlen einer allgemein gültigen Definition ist der Grund, warum Bassnett den Terminus *Aufführbarkeit* vehement ablehnt. Sie meint:

> I have great problems with 'performability'. It seems to me a term that has no credibility, because it is resistant to any form of definition. [...] there is never any indication of what 'performable' means and why one text should be more performable than another (Bassnett 1998: 95).

Und auch bei der Recherche zu dieser Arbeit konnte in den genutzten Werken keine Definition des Begriffes gefunden werden. Es scheint daher, dass Aufführbarkeit immer eine Frage des Ortes und der Zeit ist, an dem und zu der das jeweilige Stück inszeniert wird. Um diese Aussage zu illustrieren und zu bekräftigen, finden sich bei Bassnett (2011: 100) folgende Beispiele:

> In Shakespeare's day, all the performers were men, in Racine's day the actors wore high-heeled boots and minced around the stage while speaking in high-pitched unnatural voices. In the 19th century, actors struck grand poses and declaimed their lines like living statues. Plays written for different kinds of theatre clearly reflect different ideas about performability.

Und auch Nagy (2000: 152) stellt die Frage, ob denn dann bei Inszenierungen von Sophokles' *Elektra* Masken zum Einsatz kommen müssten und ob ein hübscher Junge die Rolle der Julia in Shakespeares *Romeo und Julia* übernehmen sollte. Schließlich entsprach dies den damaligen Vorstellungen von Aufführbarkeit.

Somit ist Aufführbarkeit kein objektives, allzeit und allseits gültiges Kriterium, das auf jegliche Übersetzung eines Bühnentextes angewendet werden kann. Es hängt vielmehr davon ab, *wer* bei der jeweiligen Produktion die Macht hat zu entscheiden, *was* aufführbar ist (Espasa 2000: 56). Führt man diesen Gedanken weiter, liegt der Schluss nahe, dass Aufführbarkeit etwas ist, das nicht a priori im Text angelegt werden kann, sondern das dem Text erst a posteriori durch das Wirken des Regisseurs oder der Schauspieler beigefügt wird (Espasa 2000: 49). Dies würde wiederum der bereits erwähnten und eigentlich verworfenen Meinung Bassnetts (1998: 99, 105) entsprechen, dass es nicht in den Verantwortungsbereich des Übersetzers fällt, einen aufführbaren Zieltext zu schaffen, sondern dass es die Aufgabe der Theaterverantwortlichen ist, den erhaltenen Text bühnenwirksam umzusetzen.

Interessant ist allerdings, dass Bassnetts frühere Aussagen in ihrem Artikel *Ways Through the Labyrinth: Strategies and Methods for Translating Theatre Texts* einen Gegensatz zu der eben wiedergegebenen Meinung darstellen. Zwar lehnt sie auch darin bereits den Terminus *Aufführbarkeit* an sich ab, doch schreibt sie: „For, after all, it is only within the written that the performable can be encoded [...]" (Bassnett 1985: 102). Das würde bedeuten, dass Aufführbarkeit nicht erst a posteriori hinzugefügt werden sollte, sondern bereits während des gesamten Übersetzungsprozesses berücksichtigt werden muss.

Trotz vieler Erwähnungen des Phänomens *Aufführbarkeit*, und den damit einhergehenden unterschiedlichen Meinungen, ist es kaum möglich, diesen Begriff wirklich zu fassen. Er scheint wie ein Phantom: omnipräsent, aber nicht näher beschreibbar – zumindest nicht unmittelbar.

Espasa (2000: 49) schreibt in ihrem Artikel: „‚Performability' [...] leads us to the performance, to the *mise en scène*". Vielleicht ist es möglich, über das Verhältnis des Übersetzungsvorgangs zur *mise en scène*, also zur Inszenierung, dem Phänomen *Aufführbarkeit* näherzukommen.

Bei der Beschäftigung mit der Inszenierung und deren Verbindung mit der Übersetzungshandlung zeigen sich jedoch bald die gleichen Probleme, wie zuvor bei der Aufführbarkeit. Auch hier finden sich zwei gegensätzliche Meinungen, die Pavis (1989: 31–32) kurz darstellt: Einerseits wird der Standpunkt vertreten, dass das Übersetzen eine autonome, im Vorfeld der Inszenierung durchgeführte Handlung ist und der Übersetzer keine Interpretation des Originaltextes vornehmen und in den Zieltext einfließen lassen sollte. Andererseits kann die Übersetzung als eine zur Inszenierung dazugehörige Handlung gesehen werden. Vertreter dieses Standpunktes meinen, dass bei der Übersetzung auch gleichzeitig eine Interpretation des Textes vorgenommen wird.

Eine Vertreterin der erstgenannten Sichtweise wäre zum Beispiel Sallenave (1982: 20[2], englische Übersetzung zit. in Pavis 1989: 31–32):

> Translating for the stage does not mean jumping the gun by predicting or proposing *mise en scène*; it is rather to make the *mise en scène* possible, to hear speaking voices, to anticipate acting bodies.

Auch Totzeva (1995: 17–18) tendiert eher in diese Richtung. Sie weist darauf hin, dass ganz bestimmte Wörter, Wendungen und Phrasen einen doppelten Bezug entfalten können und dies wiederum mehrere Bedeutungs- und Spielmöglichkeiten eröffnet. Auf welche Art die Interpretationsmöglichkeiten bei der Inszenierung gedeutet und inwieweit sie umgesetzt werden, ist offen. Wichtig ist nur, dass der Zieltext diese Möglichkeiten bietet.

Totzeva beschreibt damit ein Ideal, das in der Praxis kaum erreichbar ist. Es ist natürlich wünschenswert, dass durch die Wortwahl die im Ausgangstext aufgezeigten Interpretationsmöglichkeiten auch in der Übersetzung erhalten bleiben, doch kann dies aufgrund der unterschiedlichen Sprachsysteme nicht immer gewährleistet werden. Einem Wort mit zwei Bedeutungen im Original entspricht nur selten ein Wort mit eben diesen zwei unterschiedlichen Bedeutungen in der Zielsprache. Vielmehr steht der Übersetzer vor dem Dilemma, welcher der beiden Möglichkeiten er den Vorrang geben soll, da diese durch zwei unterschiedliche Wörter in der Zielsprache repräsentiert werden.

Natürlich hat Bassnett Recht, wenn sie schreibt, dass verschiedene Schauspieler die gegebenen Wörter und deren Deutungsmöglichkeiten (sowie den sogenannten Untertext, auf den im Folgenden noch eingegangen wird) auf verschiedene Art und Weise interpretieren. Es kann keine einzig wahre und verbindliche Lesart geben (Bassnett 1998: 90–91). Die Tatsache, dass Texte nicht von Maschinen, sondern von Menschen gelesen und interpretiert werden, von Menschen, die in ihrem Leben unterschiedliche Erfahrungen gemacht und somit unterschiedliches Wissen erworben haben, welches sie nun – bewusst oder unbewusst – auf das Gelesene anwenden und mit ihm verbinden, spricht allein schon gegen die Möglichkeit, dass es so etwas wie eine einzig wahre Lesart überhaupt geben kann. Gleichzeitig ist dies auch der Grund, warum eine Übersetzung ohne Interpretation des Textes durch den Übersetzer ebenfalls nicht existiert. Schließlich ist auch

---

2   Sallenave, Danièle (1982): „Traduire et mettre en scene". In: *Acteurs* 1, 20.

der Übersetzer ein Mensch mit eigener Geschichte und eigenen Wissensbeständen, die er – gewollt oder nicht – auf den zu übersetzenden Text anwendet. Und auch, wenn er versucht, so neutral und objektiv wie möglich vorzugehen, zeigt das oben genannte Beispiel der Polysemie eines Wortes, dass er wahrscheinlich früher oder später an den Punkt kommt, an dem er eine Entscheidung treffen muss. Auch Fischer-Lichte (1988a: 129) meint, dass bei jeder Übersetzung eines Bühnentextes Entscheidungen getroffen und somit Vorgaben geliefert werden, die eine spätere Inszenierung maßgeblich beeinflussen können.

Es muss hinzugefügt werden, dass nicht nur die Wörter eines Dramas und deren mögliche Bedeutungen eine Rolle spielen, sondern auch nonverbale Elemente wie Mimik und Gestik. Stamm (1964: 265) nennt diesen Teil „innere Form der Aufführung". Diese innere Form umfasst alle Züge des Textes, die die Umsetzung auf der Bühne definieren oder implizieren und die „Vermählung des Hörbaren mit dem Schaubaren, des Wortes mit dem Bild, des Rhythmus mit der Bewegung" (Stamm 1964: 265) verlangen. Man findet diese Züge nicht nur in direkten Gestalten-, Aussehens- und Gebärdenbeschreibungen, sondern auch in berichteten Szenen, Anreden und demonstrativen und hinweisenden Adverbien (Stamm 1964: 267), sodass der Tatsache, wie diese subtilen Marker übersetzt werden, eine nicht zu unterschätzende Bedeutung für die spätere Inszenierung zukommt. Bassnett (1998: 90–91) bezeichnet diese innere Form der Aufführung als „Untertext" oder auch „gestischen Text". Ihr zufolge legt dieser Untertext die Bewegungen fest, die ein Schauspieler beim Vortragen eines bestimmten Textteiles machen kann.

Es kann somit gesagt werden:

> Die Übersetzung für die Bühne soll nicht der Text für eine bestimmte Inszenierung sein, sondern die Möglichkeit eben dieser Inszenierung darstellen. Die Inszenierung wird durch übersetzerische Tätigkeit nicht antizipiert aufgezwungen oder vorgeschlagen, sie soll aber diese ermöglichen und kein Hindernis bilden (Hörmanseder 2008: 76).

Und nach Hale/Upton (2000: 9):

> A translation, in rhythm, tone, character, action and setting, implicitly or explicitly contains the framework for a particular *mise en scène*, guiding director, actors, designers and finally audience towards a particular spectrum of interpretation.

Es ist dabei wichtig zu sehen, dass von „spectrum of interpretation" die Rede ist. Der Übersetzer soll durch seine Entscheidungen den Verantwortlichen im Theater keine bestimmte Les- und Inszenierungsart aufzwingen, wie Hörmanseder schreibt, und den Originaltext jeglicher Interpretierungsmöglichkeiten berauben. Doch es ist auch utopisch zu verlangen, dass Ausgangs- und

Zieltext genau identische Möglichkeiten der Interpretation bieten. Derartiges ist bei einem Transfer zwischen zwei Sprachen und Kulturen kaum zu erreichen.

Der Übersetzungsprozess hat also einen mehr oder weniger großen Einfluss auf die Inszenierung, vor allem wenn es um unterschiedliche Theaterkonventionen und Präsentationsstile, aber auch soziale Konventionen in Ausgangs- und Zielkultur geht (Fischer-Lichte 1988a: 129, Bassnett 1985: 91). Wirkt sich also die Arbeit des Übersetzers auf die Inszenierung des Theaterstückes aus, so bekräftigt dies die oben bereits angedeutete Annahme, dass es auch in seinen Aufgabenbereich fällt, zumindest teilweise die Aufführbarkeit des Stückes zu gewährleisten. Allerdings konnte noch immer nicht geklärt werden, was Aufführbarkeit genau ausmacht.

Vielleicht liefert eine auf Bassnett basierende Unterteilung Espasas einen neuen Ansatzpunkt. Bassnett (1985: 90–91) gibt in ihrem Artikel *Ways Through the Labyrinth: Strategies and Methods for Translating Theatre Texts* an, was ihrer Meinung nach alles unter Aufführbarkeit fällt. Espasa (2000: 50) nimmt diese Aufzählung als Ausgangspunkt für eine Unterteilung des Konzeptes *Aufführbarkeit* in zwei unterschiedliche Bereiche. Von einem textuellen Standpunkt aus gesehen, bezieht sich das Konzept auf den Textfluss der Übersetzung, d. h. auf das Ziel, dass die Schauspieler die Dialoge ohne unerwünschten Mehraufwand vortragen können. Dies wird auch als *Sprechbarkeit* bezeichnet. Vom Standpunkt der Inszenierung aus gesehen, bezieht sich das Konzept auf eine Reihe von Strategien zur kulturellen Anpassung, wie z. B. das Ersetzen eines ausgangssprachlichen Dialektes durch einen zielsprachlichen Dialekt oder den Umgang mit Realia.

Zusammenfassend kann gesagt werden, dass dem Terminus *Aufführbarkeit* – zumindest bis hierhin – noch kein konkreter inhaltlicher Wert zugerechnet werden kann. Somit lässt er sich auch (noch) nicht als Forderung auf eine Übersetzung anwenden. Anders verhält es sich mit den sich aus der Unterteilung Espasas ergebenden Begriffen *Sprechbarkeit* und *kulturelle Anpassung*. Es wurde bereits unter Punkt 2.3.1 respektive 2.3.2 erwähnt und zu Beginn von Kapitel 3 noch einmal herausgestellt, dass sowohl Sprechbarkeit als auch kulturelle und zeitliche Anpassung des Textes Probleme sind, auf die im Laufe dieser Arbeit näher eingegangen werden muss. Mithilfe einer näheren Beleuchtung dieser beiden Begriffe soll versucht werden, herauszufinden, was einen Text aufführbar – oder gerade nicht aufführbar – macht, um somit der bislang leeren Hülle dieses Terminus inhaltliches Gewicht zu verleihen.

3.1.2 Sprechbarkeit

Der Bühnensprache sollte bei der Übersetzung eines Stückes besondere Aufmerksamkeit geschenkt werden, da sich in der Operette alle wichtigen Mitteilungen zum Verständnis der Handlung in den Dialogen finden und weniger in den Liedern (Quissek 2012: 92). Der Bühnentext darf daher kein Hindernis für die Schauspieler darstellen, sie bei ihrer Arbeit nicht bremsen oder gar lähmen (Hörmanseder 2008: 102).

Vom Blickpunkt der Rezipienten aus gesehen ist es von großer Wichtigkeit, dass der gesprochene Text gut verständlich ist. Dabei muss jedoch beachtet werden, dass das Theaterpublikum aus Hörern und nicht aus Lesern besteht (Rothe 1936: 74). Bei der Lektüre z. B. eines Romanes kann der Leser jederzeit innehalten, zurückblättern, bestimmte Passagen noch einmal nachlesen und darüber nachdenken. Dies alles ist aufgrund der Flüchtigkeit der Informationen bei einem Bühnenstück nicht möglich (Greiner/Jenkins 2004b: 1012).

Das Ziel bei der Übersetzung des Bühnentextes sollte daher sein, einen Zieltext zu schaffen, der sowohl gut sprechbar für die Schauspieler als auch einfach verständlich für die Ohren der Zuschauer ist. Doch was ist unter der sogenannten *Sprechbarkeit* zu verstehen?

In einigen Werken findet sich nur die Erwähnung dieses Wortes als ein Kriterium für eine gute Bühnenübersetzung (vgl. z. B. Rozhin 2000: 146). Bassnett (2011: 106) schreibt, dass *sprechbar* u. U. als Synonym für *aufführbar* dienen kann – eine Aussage, die ein Dilemma hervorruft, da, wie oben bereits erwähnt, mithilfe der Klärung des Terminus *Sprechbarkeit* versucht wird, dem unter Punkt 3.1.1 als nicht richtig fassbar eingestuften Phänomen *Aufführbarkeit* näher zu kommen.

Es finden sich aber auch Definitionsversuche von *Sprechbarkeit*. So versteht Wellwarth (1981: 140) darunter „the degree of ease with which the words of the translated text can be enunciated". Und Hörmanseder (2008: 99) schreibt, Sprechbarkeit sei:

> [...] die rhetorische Kraft des Textes [...], welche die Herstellung einer Relation bzw. Wechselwirkung zwischen Text und Situation ermöglicht. Sie wird durch die Auswahl der Konsonanten und Vokale, die Interpunktion, die Wahl der grammatischen Zeit sowie durch die Gesamttext- bzw. Textabschnittlänge bestimmt.

Im Folgenden wird versucht, mithilfe einschlägiger Literatur herauszufinden, was ein Übersetzer beachten sollte, um einen sprechbaren und somit auch verständlichen Text zu kreieren. Dies erweist sich jedoch als schwierig, da in vielen Werken (vgl. z. B. Ebert/Penka 1981 und Aderhold 1963) nicht erwähnt wird, welche konkreten Phänomene einem Schauspieler beim Reproduzieren seines

Textes Probleme bereiten können. Stattdessen finden sich Übungen und Hinweise zu Stimmbildung, Atemtechnik und Artikulationstraining. Diese liefern dem Übersetzer allerdings keine Ansatzpunkte, die ihm dabei helfen würden, die Sprechbarkeit seiner Übersetzung zu garantieren.

3.1.2.1 Bühnenaussprache

Im Kontext von Theaterdialogen und Libretti stößt man früher oder später auf die deutsche Bühnenaussprache von Theodor Siebs. Doch entgegen der vielleicht aufkommenden Erwartung, damit auf Richtlinien für eine sprechbare Übersetzung von Bühnentexten schließen zu können, finden sich in Siebs (1961: passim) Werk vielmehr Hinweise und Vorschriften für eine korrekte Lautung der deutschen Hochsprache. Dies wird v. a. in der Einleitung zur Neuauflage von 1922 deutlich, in der es heißt:

> Durch lange sorgfältige Pflege hat sich auf der Bühne eine besonders reine Aussprache des Deutschen herausgebildet. [...]
> Während nirgends im deutschen Sprachgebiete eine mustergültig zu nennende Aussprache herrscht, bietet uns die deutsche Bühnenaussprache [...] eine Richtschnur, die in der Wissenschaft und Kunst anerkannt und auch für andere Gebiete deutscher Sprachpflege, namentlich durch die Schule, nutzbar zu machen ist. – Die deutsche Bühnenaussprache kann in diesem Sinne als deutsche Hochsprache bezeichnet werden (Siebs 1922: 1).

In einer Reihe mit Siebs Bühnenaussprache ist auch das Burgtheaterdeutsch zu nennen, welches ebenfalls einen Versuch zur Vereinheitlichung der deutschen Aussprache darstellte und seinen Ausgangspunkt in Wien hatte (Peter 2004: 16). Auch hier lassen sich keine verwertbaren Erkenntnisse im Hinblick auf das Erstellen einer sprechbaren Übersetzung finden. Allerdings weist die Tatsache, dass in Österreich eine eigene Regelung zur korrekten Lautung der deutschen Sprache existiert, darauf hin, dass anscheinender österreichischer Dialekt im Operettenlibretto u. U. keine gewollte Auffälligkeit oder Aussprachekennzeichnung darstellt, sondern den Richtlinien des Burgtheaterdeutsch und somit einer geltenden Norm entspricht. Dies würde wiederum bedeuten, dass der Übersetzer an den betreffenden Stellen nicht nach einer adäquaten Wiedergabe des Dialektes suchen muss, sondern den Zieltext in der zielsprachlichen Standardsprache abfassen kann. Auf das Problem der Dialektübersetzung und Dialektwiedergabe wird unter Punkt 3.2.1.4 noch genauer eingegangen.

Auch der bei der Suche nach Richtlinien für einen sprechbaren Bühnentext gefundene *American Theater Standard* (vgl. Wikipedia: s. v. *American Theater Standard*) stellte sich nach weiteren Nachforschungen als eine Regelung für die

Standardaussprache auf der Bühne heraus. Die Grundlage bildete dabei Edith Skinners Standardwerk zur englischen Sprache und Aussprache *Speak with Distinction*, in welchem sie Regeln für „well-spoken English" aufstellt (Skinner 1990: 5, 6, 12, 333).

Trotz allem finden sich in Siebs Werk wichtige Hinweise für die Übersetzung von Bühnendialogen. So z. B. dass der Wille des Dichters Vorrang vor der Einhaltung starrer Regeln hat (Siebs 1922: 14) und dass „die Klangwirkung der Rede in hohem Maße auf dem Klang der Vokale beruht" (Siebs 1961: 27). Der zweite Punkt lässt darauf schließen, dass die gute Artikulation von Lauten ein bedeutender Teil der Sprechbarkeit ist. In diesem Sinne ist es wichtig zu beachten, was Olkkonen (2008: 58) schreibt; nämlich dass der Übersetzer beim Übertragen von Gesangstexten das Instrument des Sängers verstehen sollte: die Stimme. Da dies nicht nur für das Übersetzen von Liedtexten, sondern auch für das Übersetzen von gesprochenen Bühnentexten gilt, wird im folgenden Abschnitt auf die Lautentstehung und -artikulation genauer eingegangen.

3.1.2.2 Lautentstehung und Lautartikulation

Das Sprechen kann nur mithilfe einer Stimme geschehen; um eine Stimme zu erzeugen, wird Schall, also in Schwingungen versetzte Luft, benötigt (Deckert 2007: 151). Zur Lauterzeugung dienen daher v. a. drei primäre Organgruppen: die Atmungsorgane (Lunge, Zwerchfell und die übrige Atmungsmuskulatur), der Kehlkopf (mit Stimmlippen, Kehldeckel und Luftröhre als Verbindung zwischen Kehlkopf und Lunge) sowie die Sprachbildungs- und Artikulationsorgane (Mundhöhle, Zunge, Zähne, Lippen, Gaumensegel). Des Weiteren spielen die sekundären Tonbildner, d. h. die Resonatoren (Brustraum, Mund-, Nasen-, Rachen- und Stirnbeinhöhle) eine wichtige Rolle bei der Entstehung von Lauten (Volbach o. J.: 2). Ohne ein koordiniertes Zusammenwirken dieser Organe wäre Sprechen unmöglich (Deckert 2007: 151).

Das wichtigste Organ für die Stimmbildung, von Volbach (o. J.: 2) auch „Stimmapparat" genannt, ist der Kehlkopf als Sitz der Stimmlippen. Der Kehlkopf besteht aus Schildknorpel und Ringknorpel, zwischen denen zwei Stimmbänder in Längsrichtung nebeneinander gespannt sind. Der Abstand der vorderen und hinteren Befestigungspunkte und somit auch die Spannung der Bänder kann durch eine Kippung der Knorpel gegeneinander variiert werden (Deckert 2007: 183). Zwischen den Stimmlippen befindet sich die Glottis (Stimmritze) (Volbach o. J.: 6). Die durch die Glottis strömende Atemluft versetzt die Stimmbänder in Schwingungen, wobei deren Frequenz (und somit die Tonhöhe) von der Spannung der Bänder abhängt, d. h. von der Größe der Glottisöffnung (Deckert 2007: 183–184).

Die Lauterzeugung verläuft in drei aufeinanderfolgenden Schritten: 1) Erzeugung eines Luftstroms in der Lunge, 2) Lautbildung im Kehlkopf, 3) Artikulation der Laute in Mund-, Nasen- und Rachenraum (Ritter 1995: 62). Nach Artikulationsort und -art erfolgt die Einteilung der Konsonanten in – nach Ritter (1995: 67–70) – sechs Typen:

a) Verschlusslaute
 • Entstehung: Zwei Artikulationsorgane werden so eng zusammengebracht, dass der Luftstrom hinter der Kontaktstelle gestaut wird. Nach plötzlicher Öffnung des Verschlusses kann die Luft explosivartig entweichen.
 • Synonyme: Plosive, Sprenglaute
 • dazugehörige Laute: [ʔ], [b], [p], [d], [t], [k], [g]
b) Englaute
 • Entstehung: Der Luftstrom wird durch einen engen Spalt zwischen den Artikulationsorganen gepresst und erzeugt Reibegeräusche.
 • Synonyme: Frikative, Spiranten
 • dazugehörige Laute: [f], [v], [s], [z], [ʃ], [ʒ], [ç], [j], [x], [h], [ʁ]
c) Nasallaute
 • Entstehung: Ein Totalverschluss an einer Stelle des Mundraumes bei gleichzeitiger Senkung des Gaumensegels ermöglicht das Entweichen der Luft ausschließlich durch die Nase.
 • dazugehörige Laute: [m], [n], [ŋ]
d) Laterallaute
 • Entstehung: Zunge und Zähne bilden eine Engstelle, sodass der Luftstrom nur durch die Seiten der Mundhöhle entweichen kann.
 • dazugehöriger Laut: [l]
e) Vibrationslaute
 • Entstehung: Ein beweglicher Artikulator trifft in schlagenden Bewegungen auf einen unbeweglichen Artikulator.
 • Synonym: Vibranten
 • dazugehörige Laute: [r] (sogenanntes *Zungenspitzen-R*) und [ʀ] (sogenanntes *Zäpfchen-R*)
f) Affrikaten
 • Entstehung: Die Atemluft wird, ähnlich wie bei den Plosiven, kurz gehemmt, bevor sich der Verschluss öffnet und gleichzeitig in eine Enge übergeht.
 • dazugehörige Laute: [ts], [pf]

Des Weiteren findet sich eine Unterteilung der Laute in stimmhaft und stimmlos. Zu den stimmhaften Lauten zählen dabei alle Vokale (Monophthonge und Diphthonge) sowie die Konsonanten [b], [d], [g], [v], [z], [ʒ], [j], [ʁ], [m], [n], [ŋ], [l], [r] und [ʀ]. Alle übrigen Konsonanten sind stimmlos (Ritter 1995: 68, 69, 70, Siebs 1961: 26).

Ein weiterer zu beachtender Punkt bei der Lautartikulation ist das Phänomen der *Koartikulation* (Ritter 1995: 74). Dies bedeutet, dass sich die Laute im Redefluss gegenseitig beeinflussen, da die Artikulationsorgane in ständiger Bewegung sind, um die einzelnen Laute zu bilden. Die Artikulationsbewegungen gehen dabei ineinander über, sodass die Artikulation eines Lautes durch die Artikulation des vorangegangenen und nachfolgenden Lautes beeinflusst wird (Ritter 1995: 74). Die Lautartikulation wird somit durch drei Faktoren bestimmt: der Bildung des vorhergehenden Lautes, der Bildungsnorm des zu bildenden Lautes und der Artikulation des nachfolgenden Lautes (Aderhold 1963: 151).

Um eine Übersetzung gut sprechbar und für die Rezipienten verständlich zu gestalten, muss darauf geachtet werden, dass der Text gut artikulierbar ist. Oftmals kann die Deutlichkeit einer Aussage nämlich nicht durch eine erhöhte Lautstärke, sondern durch eine sorgfältigere Artikulation erreicht werden (Aderhold 1963: 209). Vor allem eine korrekte Aussprache der Konsonanten ermöglicht selbst in einem großen Saal eine gute Verständlichkeit des Textes (Volbach o. J.: 27).

3.1.2.3 Aspekte der Sprechbarkeit

Neben der Lautartikulation tragen noch weitere Aspekte zur Sprechbarkeit – oder Nicht-Sprechbarkeit – eines Textes bei. Eine Vorrangstellung nimmt dabei die Atembarkeit ein.

Beim Spontansprechen treten meist keine Probleme bei der Atemeinteilung auf, d. h. der Sprecher klagt im Normalfall (wenn keine Erkrankung der Atemwege vorliegt) kaum über Atemknappheit. Dies rührt daher, dass beim Spontansprechen eine Ausgeglichenheit zwischen Atem-, Gedanken- und Satzlänge vorherrscht. Das bedeutet, dass der Sprecher immer genauso viel Luft einatmet, wie er zur Artikulation seiner Gedanken benötigt (Aderhold 1963: 56). Beim Textrezitieren findet sich eine solche Harmonie jedoch seltener, da die auszusprechenden Gedanken durch einen Autor vorgegeben wurden. Der Schauspieler befindet sich somit in der Gefahr, den Text zu artikulieren, ohne dabei den Denkprozess, der den Sätzen zugrunde liegt, ebenfalls nachzuvollziehen. Dies kann beim Rezitieren zu Luftmangel führen (Aderhold 1963: 57). Auch Klatwitter und Minnich (1981: 249) weisen darauf hin, dass sich das Sprechen im Alltag vom

Sprechen auf der Bühne unterscheidet und der Schauspieler die fremden, vorformulierten Gedanken so sehr in sich aufnehmen muss, dass sie zu seinen eigenen werden, um den Text natürlich klingen zu lassen.

Wie unter Punkt 3.1.2.2 ersichtlich war, sind Atmung und Sprechen eng miteinander verbunden, da die ausgeatmete Luft die treibende Kraft bei der Lautbildung und -artikulation ist. Vier Faktoren beeinflussen die Atemintensität der Laute: ihre Dauer, ihre Stimmhaftigkeit, der Schließungsgrad der Vokale und die Einbindung der Laute in den Redefluss.

Es bedarf keiner langen Erklärung, um zu verstehen, dass der Gesamtluftverbrauch durch die Dauer der Laute beeinflusst wird, da der für die Artikulation notwendige Luftstrom für die Anhaltedauer der Laute aufrechterhalten werden muss. Dies bedeutet, dass Englaute einen höheren Luftverbrauch fordern als Verschlusslaute, da bei Letzteren die kurz angestaute Luft plötzlich entweicht, während bei Ersteren ein länger andauernder Luftstrom fließen muss, um die Reibung an der Engstelle zu erzeugen (Skaličková 1954: 83, 86).

Des Weiteren nimmt der Luftverbrauch mit zunehmender Stimmhaftigkeit der Laute ab (Dieth 1950: 83). So kann gesagt werden, dass grundsätzlich Vokale und stimmhafte Konsonanten atemökonomischer sind als stimmlose Konsonanten und dass Konsonantenhäufungen vermieden werden sollten (Hörmanseder 2008: 97, Skaličková 1954: 86).

Auch der Schließungsgrad der Vokale hat einen Einfluss auf die Atembarkeit eines Textes, da der Durchschnittsluftverbrauch mit dem Schließungsgrad zunimmt. Daraus ergibt sich folgende Reihenfolge an Vokalen, von atemökonomisch bis atemintensiv: [aː] – [a] – [ɛ] – [ɔ] – [eː] – [oː] – [uː] – [iː] (vgl. die Ergebnisse der Versuchsreihe Roudets 1900[3], zit. in Essen 1953: 12).

Die Tatsache, ob ein Laut isoliert oder innerhalb einer Lautkette artikuliert wird, ist ebenfalls von Bedeutung für die Atembarkeit, da ein Sprecher bei der Artikulation eines isolierten Lautes i. d. R. mehr Luft verbraucht (Skaličková 1954: 88). Dies hängt mit verschiedenen Faktoren zusammen, u. a. mit der Qualität des Lautes (also seiner Deutlichkeit) und der damit verbundenen Lauteinbettung (siehe die unter Punkt 3.1.2.2 erläuterte Koartikulation), der Gesamtanzahl der Laute (und somit der für die Artikulation der Lautgruppe benötigten Dauer) sowie der Art der Laute (Vokal vs. Konsonant, stimmhaft vs. stimmlos) und dem Nachdruck bzw. der Betonung (Skaličková 1954: 89).

Zusammengefasst kann gesagt werden, dass kurze, vokalreiche Wörter für Schauspieler besser atem- und sprechbar sind, als lange, konsonantenreiche

---

3   Roudet, L. (1900): „De la dépense d'air dans la parole". In: *La Parole* (1900), 201.

Wörter (Hörmanseder 2008: 101). Dabei sollte jedoch beachtet werden, dass eine solche Forderunge für konsonantenreiche Sprachen wie Deutsch und Englisch schwerer zu erfüllen ist, als für vokalreiche Sprachen wie Italienisch (Schafroth 2013: 8, Honolka 1978: 28).

Im Zusammenhang mit der Atembarkeit eines Textes ist auch die Haltung des Schauspielers von Bedeutung. Die Streckung der Wirbelsäule bei aufrechter Haltung führt zu einer Spreizung der Rippen und somit zu einer Weitung des Brustkorbes, was eine bessere Atmung aufgrund eines erhöhten Lungenvolumens ermöglicht (Aderhold 1963: 94). Allerdings sollte auch Folgendes beachtet werden:

> Gerade auf der Bühne ist die Haltung so sehr Ausdrucksmittel, daß jede einseitige Festlegung – etwa im Sinne einer Wirbelsäulenstreckung – zur Beeinträchtigung der schauspielerischen Leistung führen muss (Aderhold 1963: 92).

Und:

> Der Sprecher kann nahezu in allen Körperlagen sprechen (zwar nicht immer mit voller Stimme und nicht ohne Mühe, aber er kann sich dennoch verständlich machen) [...] (Aderhold 1963: 70).

Der Übersetzer sollte also trotz aller Bemühungen um Atembarkeit und Sprechbarkeit des Textes vermeiden, die Regieanweisungen zum Agieren des Schauspielers auf der Bühne zugunsten einer stets aufrechten Haltung zu verändern. Anders sieht es bei der Anpassung des Textes an die äußerlichen Gegebenheiten und die Dynamik des Stückes aus. Wie Peghinelli (2012: 26) treffend formuliert:

> It's really different when you pronounce a line and you have to walk for seven or eight metres or if you just have to take two or three steps. The text changes as the space changes as the acting changes.

Dies zeigt, dass die (je nach Theaterbau und Inszenierung) zur Verfügung stehende Artikulationszeit einen großen Einfluss auf die Sprechbarkeit haben kann und vom Übersetzer mitberücksichtigt werden sollte (gesetzt den Fall, Inszenierung und Bühnengegebenheiten sind im Vorfeld der Übersetzertätigkeit bekannt). Denn je länger und schwieriger der Text auszusprechen ist, desto mehr Artikulationszeit braucht der Schauspieler, was sich wiederum auf die Dynamik der Szene auswirken kann (McCormack 2004: 266–267).

Generell gilt, dass der Übersetzer dem Schauspieler „sprechbare Atembögen" (Hörmanseder 2008: 99) schaffen sollte, die in Ausgangs- und Zieltext vergleichbar sind (wenn keine signifikante Veränderung der Inszenierung oder Umgebung vorliegt), da so garantiert werden kann, dass der Schauspieler nach einer Sprechphase eine Atempause zum Luftholen bekommt (Hörmanseder 2008: 99–100).

In Hörmanseders unter Punkt 3.1.2 aufgeführtem Definitionsversuch der Sprechbarkeit wird auch auf die Interpunktion hingewiesen. Während Hörmanseder (2008: 98) meint, dass ein rhythmisch gegliederter Satz der Sprechbarkeit zuträglich ist, vertritt Aderhold (1963: 215) die Ansicht, dass Interpunktion keinen Einfluss auf die Sprechbarkeit hat, da eine Person beim Spontansprechen (an welches das Rezitieren auf der Bühne so weit wie möglich angenähert werden soll, um Atemprobleme zu vermeiden) nicht an Kommas oder Punkte denkt. Aus meiner Sicht wäre ein Kompromiss aus beiden Ansichten wünschenswert: Der Übersetzer kann versuchen, mithilfe von Interpunktion u. a. Atempausen zu kennzeichnen. Gleichzeitig sollte er sich aber darüber im Klaren sein, dass „durch keinerlei noch so raffiniert ausgeklügelte Zeichen […] die tatsächliche Länge der Pausen, de[r] Verlauf der Intonation, die Farbe der Stimme [und] die Artikulationsspannung, mit der der Text gesprochen werden soll" (Aderhold 1963: 218) ausgedrückt werden können.

Ein weiteres Problem für die Sprechbarkeit eines Textes können sogenannte *Zungenbrecher* darstellen. Das bedeutet nicht, dass sich allgemein bekannte Sprüche wie z. B. „Fischers Fritze fischt frische Fische" im Bühnendialog wiederfinden, sondern dass ein Satz(-teil) Merkmale solcher Sprüche trägt, d. h. es findet sich in kurzer zeitlicher Abfolge ein häufiger Wechsel zweier verschiedener Laute oder Lautverbindungen, welche sich annähernd ähneln. Bei „Fischers Fritze" wäre dies der Wechsel von f- und fr- am Wortanfang. Während des Sprechens kann es leicht vorkommen, dass f- und fr- verdreht werden, sodass u. U. „Frischers Fitze" entsteht (Weber: „Zungenbrecher").

Wellwarth (1981: 141) warnt zusätzlich vor einem Übermaß an Zischlauten (Sibilanten), da diese eine fließende Aussprache beeinträchtigen können. Greiner und Jenkins (2004a: 672) geben allerdings zu bedenken, dass eben solche Elemente auch sinnstiftend und gewollt sein können, ungeachtet der Frage, wie leicht sie einem Schauspieler über die Lippen kommen. Natürlich finden sich vereinzelt Beispiele, die zeigen, dass es manchmal für Schauspieler wirklich nicht möglich ist, einen Text zu sprechen. So soll Meyer (1974: 50[4], zit. in Mateo 1995a: 28) bei einer Probe für Ibsens Stück *Brand* folgende Begebenheit erlebt haben:

---

4   Meyer, M. (1974): „On Translating Plays". *Translation and Transformation. 20th Century Studies* 11, 44–51.

I remember an old lady who was rehearsing Brand's mother telling me that I had made one speech impossible for her to speak. I looked at it, and it seemed all right; but then she spoke it, and I saw what she meant. I had filled it with sibilants and she had false teeth, and sounded like an express train entering a tunnel.

Diese „Unsprechbarkeit" ist in diesem Fall aber einer Eigenschaft des Schauspielers geschuldet und kein Problem des Textes an sich.

Es findet sich daher im Kontext der Bühnenübersetzung die Meinung, dass der Übersetzer unter allen Umständen die Sprachvielfalt beibehalten und den Text nicht künstlich vereinfachen sollte, denn allein die Form des Textes „kann [...] begreifbar machen, was einzeln für sich [...] fremdartig und unverständlich schiene" (Wachsmann 1988: 50–51). Auch Greiner/Jenkins (2004a: 671) meinen, dass sich Sprechbarkeit „bei genauerer Betrachtung im besten Fall als ein vages, vortheoretisches Klischee [erweist], das jegliche wissenschaftlich-terminologische Stringenz vermissen lässt".

Vom Blickpunkt des Publikums aus gesehen, gibt Hofmann (1980: 38, 40) in seiner Analyse von fünf deutschen Übersetzungen von Shakespeares *Hamlet* zu bedenken, dass durch den Bühnenstücken eigenen supplementären visuellen Code auch das Wahrnehmen und Verstehen schwieriger Inhalte möglich ist, und plädiert dafür, dass bei einer Übersetzung die Poetizität des Originals gewahrt und nicht einer vermeintlich besseren Verständlichkeit geopfert werden sollte. Auch Karsky (2004: 230) ist dieser Ansicht:

Theatre translations demand an oral element, a certain movement and dynamism, since during a performance, the ear catches sounds even more than meaning [...].

Pavis (1989: 30) schreibt ebenfalls, dass mit Veränderungen zugunsten einer leichteren Verständlichkeit immer auch die Gefahr der Banalisierung des Textes einhergeht. Und auch Greiner/Jenkins (2004b: 1011) unterstützen dieses Argument gegen eine vereinfachte Sprache, wenn sie meinen: „Eine Theaterkultur mit ausschließlich ‚leicht sprechbaren' Texten sähe wahrlich arm aus".

Wachsmann (1988: 51) schließlich verwirft den Wert einer auf Sprechbarkeit bedachten Übersetzung vollkommen, wenn er schreibt:

Um Sprechbarkeit [...] braucht sich der Übersetzer dann nicht mehr zu scheren; die [zählt] allenfalls noch als [Ausrede] für Denk-, Sprech- und Hörfaule: Denn was klar gedacht und gemacht ist, das lässt sich auch ebenso klar nachvollziehen und sprechen, so komplex es in Struktur und Metaphorik auch ist.

Nichtsdestotrotz haben die oben aufgeführten Punkte (v. a. zur Atembarkeit, aber auch zu den äußeren Gegebenheiten der Produktion und der Dynamik des Stückes sowie dem Phänomen der Zungenbrecher) gezeigt, dass durchaus schlechter und besser auszusprechende Laute und Lautverbindungen existieren. Zwar sollte ein Übersetzer den Bühnentext nicht unter allen Umständen künstlich vereinfachen, doch kann es auch nicht schaden, dem Schauspieler entgegenzukommen, anstatt dessen Arbeit noch zusätzlich zu erschweren.

3.1.2.4 Fingierte Mündlichkeit

Die Besonderheit des Gesprochenseins des Bühnentextes beschränkt sich nicht nur auf die Erschaffung einer sprechbaren Übersetzung, sondern wirft auch die Frage auf, wie das Merkmal der Mündlichkeit in einem geschriebenen Text umgesetzt werden kann.

Fingierte Mündlichkeit, d. h. vorgetäuschte, unterstellte Mündlichkeit, liegt vor, wenn in einem geschriebenen Text der Eindruck gesprochener Sprache erweckt werden soll (König 2002: 23, Volk 1987: 155). Es gilt ganz allgemein, dass die gesprochene Sprache dem familiären und die geschriebene Sprache dem gehobenen Sprachgebrauch nähersteht, sodass in Texten mit dem Merkmal der fingierten Mündlichkeit meist zahlreiche umgangssprachliche Aspekte eingebaut werden (Söll 1974: 29). Idiomatizität, also das Sprechen in Gemeinplätzen und allgemein bekannten (klischeehaften) Redewendungen, spielt dabei eine große Rolle, da so ein starker Eindruck von Authentizität vermittelt wird (Freunek 2007: 56). Auch modische Sprachwendungen und Ausdrucksmittel wie Dialekt, Stimm- bzw. Sprachverstellung, Akzentvarianten und Stil- oder Sprachmischung dienen in der Operette als Mittel der Identifizierung (Quissek 2012: 93–94). In Operettendialogen wird meist die Umgangssprache des Publikums gesprochen, deren „natürlicher" Klang dem Dialog einen gewissen Schein von Echtheit verleiht, Zuschauer und Bühne aufeinander zubewegt und das Publikum für sich einnimmt (Quissek 2012: 93). Oder wie Wellwarth (1981: 142) es formuliert: „No audience will give its full attention to a play whose dialogue is stilted".

Mündliche Äußerungen in der Literatur und im Theater stehen in einem engen, sogar abhängigen Verhältnis zur alltäglichen, realen Mündlichkeit, sind jedoch keine Kopien oder reine Abbilder dieser. Zwar dient die Wirklichkeit als Muster und Bezugspunkt, doch sind Äußerungen fingierter Mündlichkeit nach eigenen Gesetzmäßigkeiten konzipiert und vereinen in sich Eigenschaften und Funktionen, die von denen realer mündlicher Äußerungen abweichen (Freunek 2007: 26). Um allerdings herauszufinden, was bei der Schaffung fingierter Mündlichkeit beachtet werden muss, ist es unerlässlich, sich darüber klarzuwerden, durch welche Eigenschaften reale mündliche Äußerungen gekennzeichnet sind und inwieweit sich die nachgebildeten Äußerungen von ihnen unterscheiden.

Einer der wichtigsten Unterschiede zwischen mündlichen und schriftlichen Äußerungen ist der Planungs- und Gestaltungsgrad eben jener Äußerungen. Während in der geschriebenen Sprache meist ein hoher Planungsgrad vorherrscht, werden mündliche Äußeren oftmals mit vergleichsweise geringem Aufwand formuliert (Koch/Oesterreicher 2011: 12). Dies ist, laut Freunek (2007: 31), drei Faktoren geschuldet, welche mündliche Äußerungen typischerweise begleiten: Spontaneität (fehlende Planungs- und Gestaltungsmöglichkeiten), Ungezwungenheit (fehlender Planungs- und Gestaltungswille) und Inoffizialität (fehlender Planungs- und Gestaltungszwang). Infolgedessen ist – gemessen am Standard der Schriftsprache – neben einer geringeren Variabilität, eine größere Einfachheit, Unvollständigkeit und auch Fehlerhaftigkeit mündlicher Äußerungen festzustellen (Söll 1974: 16, 41, 51). Dabei sollte jedoch beachtet werden, dass die Unvollständigkeit meist nur scheinbar ist. Sie stellt einen durch die Gesprächssituation ermöglichten Grad der Vereinfachung dar, welcher in geschriebenen Texten weder erreicht werden kann noch soll (Söll 1974: 45). Mündlichkeit verfügt im Gegensatz zur Schriftlichkeit über Kompensationsmöglichkeiten, wie z. B. Mimik und Gestik oder auch Intonation, welche trotz der scheinbaren Unvollständigkeit der Äußerung das Verstehen sicherstellen (Söll 1974: 16).

Ein weiterer Unterschied zwischen mündlichen und schriftlichen Äußerungen stellt die Informationsdichte des Diskurses dar. Während in schriftlichen Texten eine hohe Informationsdichte und ein rascher Informationsfortschritt vorherrschen, findet sich bei mündlichen Äußerungen eine eher geringe Informationsdichte und ein langsamerer Fortschritt, da sonst eine Verarbeitung der Informationen aufgrund der Flüchtigkeit der Äußerung – im Gegensatz zum schriftlich fixierten und immer wieder rezipierbaren Text – nicht im gewünschten Maße möglich wäre (Koch/Oesterreicher 2011: 12).

Auch besitzt die Mündlichkeit eine phatische Funktion, welche der Schriftlichkeit fremd ist. In bestimmten Situationen ist die Kommunikation selbst Ziel der Kommunikation, d. h. Äußerungen werden nur getätigt, weil es unhöflich oder unangebracht wäre, zu schweigen (vgl. Söll 1974: 27).

Mündliche Äußerungen gelten zudem als eher subjektiv und sprecherbezogen, während schriftliche Texte vorrangig rezipienten- und sachbezogen sind (Söll 1974: 49). Dies hat zur Folge, dass bei Mündlichkeit eine stark ausgeprägte Emotionalität bzw. affektive Beteiligung vorherrscht (Freunek 2007: 31).

Weitere Faktoren, die typischerweise mündliche Äußerungen begleiten und sich auf sie auswirken, sind Kommunikativität (Hörerorientiertheit),

Evaluativität (d. h. eine wertende Einstellung gegenüber dem Gesprächspartner und dem Gesprächsgegenstand) und Subjektivität (vgl. Freunek 2007: 31).

Nachdem nun Unterschiede zwischen mündlichen und schriftlichen Texten herausgestellt wurden, sollen im Folgenden konkrete, am Text erkennbare Merkmale der Mündlichkeit aufgeführt werden, welche die Basis bei der Erschaffung fingiert mündlicher Äußerungen bilden. Dafür richtet sich diese Arbeit größtenteils nach der in Kapitel 4 ihres Werkes zu findenden Aufstellung von Koch und Oesterreicher (2011: 41–133). Sie nutzen den „Fundort" der Merkmale als Einteilungskriterium: textuell-pragmatischer, syntaktischer, semantischer und lautlicher Bereich.

3.1.2.4.1 Merkmale im textuell-pragmatischen Bereich

Zu den charakteristischen Merkmalen mündlicher Äußerungen im textuell-pragmatischen Bereich zählen Gliederungssignale, *Turn-taking*-Signale, Kontaktsignale, Überbrückungsphänomene, Korrektursignale, Interjektionen, Abtönungspartikeln und eine andersartige Kohärenz (Koch/Oesterreicher 2011: 43, 47, 50, 54, 56 60, 63, 70).

Gliederungssignale dienen zur Aufbaumarkierung mündlicher Diskurse, d. h. sie zeigen an, dass ein wichtiger Abschnitt anfängt, unterbrochen wird oder endet (Koch/Oesterreicher 2011: 43). Sie werden daher – je nach Funktion – auch als Eröffnungs-, Unterbrechungs- oder Schlusssignale bezeichnet (Söll 1974: 134), obwohl Unterbrechungssignale eher Wiederanknüpfungssignale genannt werden könnten, da der Redner nach einer Unterbrechung meist mit einem solchen Signal seine Rede fortsetzt (Söll 1974: 140). Zu Gliederungssignalen können z. B. *erstens, danach, schließlich*, aber auch *also, nun ja* und *wir waren... stehengeblieben* gezählt werden (vgl. dazu Koch/Oesterreicher 2011: 47, Söll 1974: 140–141).

Turn-taking-Signale markieren einen Sprecherwechsel (*turn-taking*). Bei mündlichen Äußerungen kann sich ein aufgrund der hohen Spontaneität und der emotionalen Beteiligung notwendiger Sprecherwechsel viel rascher und unvermittelter vollziehen als bei schriftlichen Texten. Die Signale können dabei nicht nur sprachlicher, sondern auch para- oder nichtsprachlicher Art sein (Koch/Oesterreicher 2011: 47). Es werden zwei Klassen unterschieden: Eröffnungssignale markieren die Übernahme eines *turns* (z. B. *hör mal*); Schlusssignale markieren das Ende eines *turns* und die somit erfolgende Übergabe des Rederechtes an den Partner (z. B. *nicht wahr, oder*; meist in Kombination mit Frageintonation) (Koch/Oesterreicher 2011: 48, 49). Bei beiden Klassen gibt es

Überschneidungen mit Kontaktsignalen, Überbrückungsphänomenen und auch Abtönungselementen (Koch/Oesterreicher 2011: 49).

Mithilfe von sprachlichen (z. B. *nicht wahr, weißt du, stimmt, wirklich*), aber auch para- und nichtsprachlichen (z. B. Intonation, Pfeifen, Blickkontakt) Kontaktsignalen vergewissern sich die Gesprächspartner, ob der Kontakt zueinander aufrechterhalten wird. Dabei werden sogenannte Sprechersignale vom Produzenten an den Rezipienten gerichtet, während Hörersignale dem Produzenten während seines *turns* die Aufmerksamkeit, Zustimmung oder das Erstaunen des Rezipienten signalisieren (Koch/Oesterreicher 2011: 50, 52).

Das Erreichen des durchgeplanten Charakters der schriftlichen Texte mit ihrem schnellen, gleichmäßigen Informationsfortschritt ist bei mündlichen Äußerungen weder möglich noch wünschenswert. Daher gibt es Überbrückungsphänomene (auch *hesitation phenomena* genannt), die es erlauben, den Formulierungsvorgang in den Diskurs hineinzutragen und so mittels Verzögerung Planungszeit zu gewinnen und die Rezeption zu erleichtern. Zu diesen Phänomenen zählen leere oder gefüllte Pausen, lautliche Dehnungen und Wiederholungen, gestisch-mimische Verfahren und nichtsprachlich-akustische Signale (Koch/Oesterreicher 2011: 54, Söll 1974: 144).

Bei Formulierungsschwierigkeiten in der Retrospektive kann der Produzent auf bestimmte Korrektur- oder Reformulierungsverfahren zurückgreifen. Eine solche Korrektur kann entweder durch bloßen Abbruch und erneutes Wiederansetzen erfolgen oder durch sogenannte Korrektursignale, z. B. *nein, eigentlich* (Koch/Oesterreicher 2011: 56, 57).

Interjektionen gehören zu den auffälligsten Eigenschaften der Nähediskurse und sind Ausdruck der Emotionen des Sprechers hinsichtlich seines Gesprächspartners oder des Gesprächsgegenstandes. Sie haben einen knapp-synthetischen Charakter und bilden meist zusammen mit Intonation, Gestik und Mimik eine unauflösliche Einheit (Koch/Oesterreicher 2011: 60). Beispiele hierfür wären *pah, uff, olala* (vgl. Koch/Oesterreicher 2011: 61).

Besonders charakteristisch für das Deutsche sind Abtönungspartikeln (z. B. *halt, bloß, eben*) (Koch/Oesterreicher 2011: 64).

> Abtönungspartikeln im strengeren Sinne sind unflektierbare, syntaktisch in den Satz voll integrierte, in Initialstellung ausgeschlossene, nicht erfragbare Elemente, die bestimmte an illokutionäre Akte gebundene kontextuell-interaktionale Bedingungen und Erwartungen andeuten (ohne sie wirklich zu explizieren) (Koch/Oesterreicher 2011: 64).

Das letzte Merkmal im textuell-pragmatischen Bereich ist eine andersartige Kohärenz. Typische Charakteristika der Textkohärenz sind u. a. Vollständigkeit, semantische Isotopie, Thema-Kontinuität, pronominale Verkettung und klar identifizierbare Teiltexte mit geregelter semantischer Progression. Im Bereich der Mündlichkeit ist ein derartiger Kohärenzbegriff jedoch nicht anwendbar, da mündliche Äußerungen Brüche, Sprünge, Inkonsequenzen und die bereits oben angesprochenen (scheinbaren) Unvollständigkeiten enthalten. Im Kontext der Mündlichkeit muss also ein von der Norm abweichender Kohärenzbegriff gelten (Koch/Oesterreicher 2011: 71).

3.1.2.4.2 Merkmale im syntaktischen Bereich

Zu den charakteristischen Merkmalen mündlicher Äußerungen im syntaktischen Bereich gehören Kongruenzschwächen, Anakoluthe und deren Sonderformen, „unvollständige" Sätze, auffällige Thema-Rhema-Abfolgen und eine Tendenz zur Parataxe (Koch/Oesterreicher 2011: 81).

Bei schriftlichen Texten gilt, dass im Text eine strikte Kongruenz in den grammatischen Kategorien Numerus, Genus, Kasus/Aktantenfunktion und Person herrschen muss. Bei mündlichen Äußerungen erfordern allerdings bestimmte Kommunikationsbedingugen weniger aufwendige Formulierungen mit geringerer Planungszeit und begrenzter Prospektive und Retrospektive, sodass bei Mündlichkeit im Hinblick auf syntaktische Kongruenz eine größere Toleranz besteht, solange die semantische Kohärenz und die Verständlichkeit gewährleistet sind (Koch/Oesterreicher 2011: 82).

Bei mündlichen Texten ist außerdem sehr häufig mit Planänderungen zu rechnen. Überall dort, wo eine solche Änderung nicht innerhalb eines Wortes erfolgt, entsteht ein syntaktisches Anakoluth, d. h. ein Bruch in der Konstruktion. Sonderfälle des Anakoluthes sind Kontaminationen, Nachträge und Engführungen. Bei Kontaminationen erfolgt eine Planänderung nicht durch Korrektur, sondern eine bestimmte Konstruktion wird fließend in eine andere überführt. Von Nachträgen wird gesprochen, wenn die Änderung nicht eigentlich die Konstruktion, sondern nur die lineare Abfolge von Konstituenten im Satz betrifft. Eine Engführung liegt vor, wenn durch Dopplung ein und derselben syntaktischen Konstituente eine semantische Präzisierung stattfindet (Koch/Oesterreicher 2011: 84, 85).

Unvollständige Sätze sind eines der Hauptcharakteristika gesprochener Sprache (Koch/Oesterreicher 2011: 86). Dazu zählen u. a. Ellipsen, welche ein Merkmal sprachlicher Ökonomie darstellen (Betten 1985: 156). Wie bereits erwähnt, liegt allerdings meist keine echte Unvollständigkeit vor, da die Verständlichkeit durch bestimmte Kompensationsmittel gewährleistet wird.

Aufgrund von Spontaneität kommt es vor, dass ein thematisches Element in den Diskurs eingeführt wird, ohne dass die syntaktische Verbindung zum Folgenden schon planungsmäßig abgesichert ist. Die Folge ist eine auffällige Thema-

Rhema-Abfolge, bei der z. B. das Rhema vorangestellt wird (Koch/Oesterreicher 2011: 90–91, 95).

Ein letztes zu nennendes syntaktisches Merkmal der Mündlichkeit ist die Tendenz zur Parataxe. Hypotaxen gehören zu den planungsintensivsten Verfahren der Syntax, während Parataxen durch die Aneinanderreihung gleichrangiger Sätze gebildet werden und somit der Spontaneität und den geringen Planungsmöglichkeiten der Mündlichkeit entgegenkommen. Dementsprechend häufig treten sie auf – und zwar unabhängig von Bildungsgrad und Sozialstatus des Sprechenden (Koch/Oesterreicher 2011: 99, 101).

3.1.2.4.3 Merkmale im semantischen Bereich

Typische Charakteristika mündlicher Äußerungen im semantischen Bereich sind der verbale Zug der Texte, eine geringe syntagmatische Lexemvariation, *passe-partout*-Wörter, Deiktika und expressiv-affektive Ausdrucksverfahren bei starker Emotionalität (Koch/Oesterreicher 2011: 106, 108, 116, 120, Söll 1974: 54).

Geringe Lexemvariation meint, dass auf ein Referenzobjekt, welches einmal mit einem bestimmten Lexem bezeichnet wurde, auch weiterhin innerhalb der Syntagmatik des Diskurses mit demselben Lexem referiert wird, denn eine Abwechslung in der Wortwahl erfordert eine höhere Planungszeit (Koch/Oesterreicher 2011: 106, 107). Es herrscht somit eine niedrige *type-token*-Relation vor, d. h. eine geringere Diversität des Wortschatzes und ein höherer Wiederholungsgrad als in schriftlichen Texten (Söll 1974: 53).

Passe-partout-Wörter, auch *Allerweltswörter* genannt, sind in Nähediskursen häufig anzutreffen. Dabei wird auf ein präzises Referenzobjekt mithilfe eines Lexems Bezug genommen, „dessen Signifikat nur einige der allgemeinsten semantischen Merkmale wie 'Objekt', 'menschlich', 'Handlung' etc. aufweist" (Koch /Oesterreicher 2011: 108). Allerdings ermöglicht die Einbettung in den Situations- und Handlungskontext eine eindeutige Identifizierung des Referenzobjektes durch den Rezipienten (Koch /Oesterreicher 2011: 112).

Ein nächstes Merkmal ist das Vorhandensein von Deiktika. Diese kommen der Mündlichkeit aufgrund ihrer spezifischen Zeigefunktion besonders entgegen, da sie bei *origo*-nahem Referenzbezug im Zusammenhang mit physischer Nähe und starker Situationseinbindung ein sehr sparsames Versprachlichungsmittel darstellen, durch welches der Rezipient dennoch das Referenzobjekt genau identifizieren kann (z. B. *hier, dort, da drüben*) (Koch/Oesterreicher 2011: 116–117).

Auch Emotionalität und die damit zusammenhängende Neigung zu bildhaften Wendungen und übersteigertem Ausdruck mittels expressiv-affektiver

Ausdrucksverfahren ist ein wichtiger Faktor bei mündlichen Äußerungen (Koch/Oesterreicher 2011: 120, Söll 1974: 50). In mündlichen Texten finden sich auffällige Verarbeitungsmuster, durch welche die Emotionalität besonders stark zum Ausdruck kommt, z. B. Metonymie, Disphemismen, Metaphern, Vergleiche, Hyperbeln, modifizierte Wörter wie Diminutive und Pejorative sowie Wiederholungen (Koch/Oesterreicher 2011: 121, 122, 123, 124, 125, 126). Zu Hyperbeln sind auch die häufig verwendeten Allaussagen zu zählen (vgl. Koch/ Oesterreicher 2011: 128).

3.1.2.4.4 Merkmale im lautlichen Bereich

Während bei schriftlichen Texten nur als exakt angesehene Formulierungen zugelassen sind, begünstigt die Mündlichkeit eine nachlässige Artikulation. Das bedeutet, dass sich statt genau artikulierter Lentoformen eher aufgrund der Sprechgeschwindigkeit weniger sorgfältig gebildete Allegro- oder Prestoformen finden, bei denen Teile des Zeichensignifikanten lautlich geschrumpft sind. Es kann sogar zum Silbenschwund kommen (Koch/Oesterreicher 2011: 129–130, 131). Bei Allegro- und Prestoformen verringert sich die Distinktivität des lautlichen Materials, welches die betreffenden Signifikanten bildet. Dies beeinträchtigt die Zuordnung des Signifikanten zum Signifikat und kann wiederum den Kontakt zwischen Produzent und Rezipient behindern. Bei mündlichen Äußerungen sind diese Formen aufgrund der Sprechgeschwindigkeit, der Emotionalität und der Spontaneität nicht zu vermeiden. Etwaige Informationslücken können jedoch leicht durch außersprachliche Kontexte geschlossen werden (Koch/ Oesterreicher 2011: 132).

3.1.2.4.5 Reale vs. fingierte Mündlichkeit in Bühnentexten

Nachdem Merkmale realer mündlicher Äußerungen aufgezeigt wurden, rückt nun wieder der eigentliche Hauptaspekt dieses Abschnittes, die fingierte Mündlichkeit, in den Vordergrund. Tatsächlich spontan gesprochene Dialoge bilden die Grundlage der fingierten Mündlichkeit, doch finden sich auch signifikante Abweichungen. Um diese Abweichungen präzisieren zu können, muss zunächst einmal eine Einordnung des Theaterdialoges in die Kategorien *mündlich*, *schriftlich*, *gesprochen* und *geschrieben* erfolgen.

Laut Koch/Oesterreicher (2011: 3) bezeichnen *gesprochen/mündlich* und *geschrieben/schriftlich* in erster Linie die Art und Weise der materiellen Realisierung. Dem Problemkomplex Mündlichkeit/Schriftlichkeit werden sie allerdings nicht gerecht, da einerseits graphisch realisierte Äußerungen existieren, die sich nicht mit dem weit verbreiteten Bild von Schriftlichkeit decken, und es andererseits auch phonetisch realisierte Äußerungen gibt, deren sprachlicher Duktus nicht der allgemeinen Vorstellung von Mündlichkeit entspricht (Koch/ Oesterreicher 2011: 3). Denn: „Wer ein vorbereitetes Manuskript wörtlich abliest oder wer ein Gedicht rezitiert, bleibt freilich auch sprechend im Bereich der Schriftsprache" (Eggers 1962: 50).

Ludwig Söll (1974: 16, 17–18) unterscheidet auf der einen Seite das Medium der Realisierung (phonisch/graphisch – nach Söll *code phonique* und *code graphique*) und auf der anderen Seite die Konzeption (gesprochen/geschrieben – nach Söll *code parlé* und *code écrit*), wobei es bei Letztgenanntem zu Überschneidungen kommen kann. Das Ablesen eines geschriebenen oder die Rezitation eines memorierten Textes sind etwas anderes, als die Produktion eines primär oralen Textes, selbst wenn diese mit erhöhter Produktionszeit und Sorgfältigkeit erfolgt. Von mündlichen Äußerungen kann man daher nur sprechen, wenn sie spontan und unvorbereitet aus einer Dialogsituation hervorgehen (Söll 1974: 37). Ein für die orale Präsentation konzipierter Text wird demnach zum *code écrit* gezählt, wenn er vorher – wie bei Theaterdialogen üblich – schriftlich fixiert wurde. Zwar erfolgt eine Annäherung an den *code parlé*, doch gilt letztendlich ein Verharren im *code écrit* (Söll 1974: 42). Theatertexte scheiden somit aus dem *code parlé* aus, da sie nicht spontan sind (Söll 1974: 40). Oder wie Abercrombie (1963: 12) es formuliert: „But the truth is that nobody speaks at all like the characters in any novel, play or film".

Nichtsdestotrotz gehört der Dramendialog sowohl zur geschriebenen als auch zur gesprochenen Sprache, v. a. aufgrund der Tatsache, dass die jeweiligen Schauspieler beim Rezitieren des Textes auf der Bühne eine direkte Kommunikation vornehmen (Totzeva 1995: 107), in die – nach eigener Erfahrung aus dem Bereich Theaterdolmetschen – immer spontane Veränderungen und Improvisationen eingeflochten sind, die vorher in keiner Weise graphisch fixiert wurden. Unterschiede zu spontaner Mündlichkeit sind jedoch nicht zu leugnen.

Ein erstes Problem, das sich aus diesen Unterschieden ergibt, ist die Abwesenheit von Kontext, d. h. des gemeinsamen Vorwissens der Beteiligten (Freunek 2007: 66). Es wird in diesem Zusammenhang bewusst nicht das Wort *Gesprächspartner* verwendet, da es im Theater auch eine Rezipientengruppe gibt, die streng genommen nicht am Dialog beteiligt ist: das Publikum. Eine solche Konstellation existiert bei realer Mündlichkeit nicht. Eine Lösung wäre das Schließen von Wissenslücken durch explizite Verweise auf das Unbekannte (Aschenberg 1999: 183). Eine derartige Verbalisierung des Kontextes ist, wie oben schon angedeutet, bei realen mündlichen Äußerungen ungebräuchlich und meist unnötig, für das Verständnis des Publikums jedoch unbedingt notwendig. Allerdings muss darauf geachtet werden, dass eine zu ausführliche Versprachlichung des Kontextes ein fiktives Gespräch leicht unnatürlich wirken lassen kann (Freunek 2007: 103). Der Librettist und auch der Übersetzer müssen daher darauf achten, derartige explizite Hinweise kunstvoll in den Dialog einzuflechten, um die Illusion des Authentischen möglichst wenig zu stören (Freunek 2007: 68).

Ein weiterer Unterschied zwischen fiktiven Theaterdialogen und realen mündlichen Texten ist die Tatsache, dass viele der in wirklichen Gesprächssituationen auftretenden, weiter oben in diesem Abschnitt beschriebenen charakteristischen Merkmale der Mündlichkeit bei einer graphischen Realisierung der Dialoge im Libretto holprig bis unverständlich wirken würden. Dazu zählen u. a. häufige Wiederholungen, Planänderungen und darauf folgende Brüche in der Satzkonstruktion sowie in hoher Frequenz auftretende Parataxen und Kongruenzschwächen (Freunek 2007: 72). Es ist zu vermuten, dass derartige Phänomene sich auch bei einer späteren Realisierung auf der Bühne nachteilig auswirken würden, da sie unbeholfen und ermüdend auf die Zuschauer wirken und es dem Publikum somit schwerfällt, den Dialogen zu folgen. Hinzu kommt, dass die artifiziellen Rahmenbedingungen des Mediums Theater Zwänge zur Kondensierung, Konzentration und Intensivierung schaffen, welche die gerade beschriebenen Phänomene von vornherein als Bestandteile eines wirksamen Theaterdialoges ausschließen (Betten 1985: 45). Des Weiteren führen derartige Zwänge dazu, dass der bereits als typisch für mündliche Äußerungen beschriebene langsame Informationsfortschritt und die geringe Informationsdichte in Dramendialogen nicht anzutreffen sind. Ganz im Gegenteil, der Bühnendialog entspricht in diesem Punkt eher den Charakteristika (schneller Informationsfortschritt und hohe Informationsdichte) von schriftlichen Texten, zumal bei der Operette alle wichtigen Mitteilungen zum Verständnis der Handlung in den Dialogen enthalten sind (Quissek 2012: 92).

Ein weiteres Problem der schriftlich fixierten Mündlichkeit von Theaterdialogen ist das Ungeeignetsein der Alphabetschrift für die Wiedergabe zahlreicher Ausdruckselemente phonischer Äußerungen. Hier wäre streng genommen eher die Verwendung besonderer Notationssysteme wie der Lautschrift anzuraten, doch würde dies sowohl den Librettisten als auch den Übersetzer und natürlich die Schauspieler vor große Probleme beim Verfassen oder Memorieren der Texte stellen (vgl. Freunek 2007: 68). Schwierig zu verschriftlichende phonische Ausdruckselemente können auch auf unkonventionelle Weise mithilfe der Alphabetschrift ausgedrückt werden, z. B. durch die Manipulation des graphischen Codes. Ein solches Verfahren, bei dem die Wörter so niedergeschrieben werden, wie sie ausgesprochen werden, wird als „graphische Phonie" (Freunek 2007: 69) oder auch *eye dialect* bezeichnet (ausführlichere Informationen dazu unter Punkt 3.2.1.4.1).

Weitere in fingiert mündlichen Bühnendialogen zu findende Unterschiede zu realen mündlichen Äußerungen sind der in die Schaffung investierte hohe Planungsgrad und das Gestaltungsbewusstsein, die starke Verknüpfung der Repliken untereinander, ein subtiles Spiel von Tempo und Rhythmus und eine gewisse Einheitlichkeit im Ton (Freunek 2007: 65, Larthomas 1980: 305, 313). Doch zumindest dem Ton, d. h. der Art und Weise, wie eine Figur spricht, und welcher rhetorischen Mittel sie sich bedient, sollte bei der Erschaffung von Theaterdialogen größere Aufmerksamkeit geschenkt werden, da damit bestimmte Eigenschaften oder der momentane Zustand der Figur unterstrichen werden können (Freunek 2007: 54).

Wie Betten (1985: 396) hervorhebt, kann die Frage „Was ist und wie beschreibt man Sprachrealismus?" nicht mit einer Definition oder einem Verweis auf ein Erklärungsmodell beantwortet werden. Der Librettist hat die Absicht, seinen Figuren authentische orale Äußerungen in den Mund zu legen, doch geht das Geschriebene dem Gesprochenen trotz allem stets voran (Larthomas 1980: 26). Somit ist Dramensprache immer „un compromis entre le dit et l'écrit" (Larthomas 1980: 38). Fingierte Mündlichkeit ist somit nie authentische Mündlichkeit, weil sie in ihrer Gestalt verändert, reduziert und verfremdet wurde. Gleichzeitig ist sie jedoch auch immer ein wenig authentisch, da sie ohne einen gewissen Echtheitsgrad nicht als Mündlichkeit erkannt werden würde (Freunek 2007: 78, 79). Fingierte Mündlichkeit ist eine Kunstsprache, auch wenn sie den Rezipienten u. U. nicht als solche erscheint (Schößler 2012: 127). Dabei muss im Hinblick auf Bühnendialoge jedoch immer im Auge behalten werden, dass der eigentliche, historisch einmalige Text der Aufführung, geprägt von spontanen Veränderungen und Improvisationen, erst im Verlauf des Theaterabends entsteht und somit eine Stufe der Authentizität erreichen kann, die in rein schriftlichen Werken wie Romanen nicht existiert und von einem Librettisten oder Übersetzer nicht vorgebildet werden kann (vgl. Denk/Möbius 2010: 79).

3.1.3 Sangbarkeit

Wie bereits zu Beginn dieser Arbeit unter Punkt 2.3.1 erwähnt, ist das Vorhandensein musikalischer bzw. gesungener Passagen ein Hauptcharakteristikum der Operette. Die Musiknummern in der Operette sind so konzipiert, dass sie von Zwängen befreien sollen (Gier 2014: 17). Sie sind mitreißend und drücken primär Gefühle wie Sehnsucht, Fröhlichkeit, Liebe und erotisches Begehren aus (Gier 2014: 23), welche v. a. durch den Walzer symbolisiert werden:

Ein Walzer muß es sein,
Nur ein Walzer ganz allein.
So ein Walzer, wie schäumender – Fröhlichkeit
Träumender süßer, berauschender Wein,
Der alles in uns weckt,
Was da drinn [sic] im Herzen steckt,
Ach, dann tanzt man direkt in den fröhlichsten,
Seligsten – lustigsten – Himmel hinein [...] (Fall 1916: 64).

Neben den in den vorangegangen Kapiteln erläuterten Problemfeldern muss sich der Übersetzer bei einer Librettoübersetzung also auch mit dem musikalischen Teil der Operette als „mehrdimensionale[m] Gesamtgebilde" (Klotz 1991: 21) auseinandersetzen.

Die Lieder in der Operette stehen nicht für sich allein, sondern müssen immer im Zusammenhang mit dem gesamten Stück, d. h. mit dessen Handlung, den Dialogen und den schauspielerischen Aktionen, gesehen werden (Franzon 2005: 263, Rabien 1973: 196). Dies gilt im kleineren Rahmen auch für den Liedtext, welcher nicht isoliert steht, sondern in Kombination mit der dazugehörigen Partitur betrachtet werden muss. Daraus ergibt sich wiederum, dass die Übersetzung eines Operettenliedes keine allein linguistische Operation ist (Low 2005: 187, Golomb 2005: 121). Es ist nicht möglich, den Ausgangstext ohne Beachtung der musikalischen Einbettung zu übersetzen und den dabei entstandenen Zieltext anschließend mit der vorgegebenen Musik zu kombinieren. Wie Golomb (2005: 122–123) es ausdrückt:

Rather than an arithmetical addition yielding the formula "verbal text + music = musico-literary text [...]", it is a complex process, potentially involving a myriad of heterogeneous qualities inherent in both constituent texts, the verbal and the musical, creating an **interactive relationships** [sic] between them, each affecting the makeup and perception of the other.

Ein Übersetzer sollte daher zunächst das gesamte Operettenlibretto mitsamt dazugehöriger Partitur eingehend studieren, bevor er mit seiner Arbeit beginnt (Tråvén 2005: 119).

Der vorherrschende Skopos[5] bei der Liedübersetzung ist die Schaffung eines Textes, welchen der Sänger zur vorgegebenen Musik singen kann und welcher

---

5   Die Skopostheorie stellt eine allgemeine Translationstheorie dar, die das Übersetzen als zielgerichtete Handlung und ein Translat als Handlungsprodukt betrachtet (Schlacher 2009: 31). Laut Reiß und Vermeer (1991: 96) ist die Dominante aller Translation deren Zweck. Die Frage „Wozu?" bestimmt also, ob und wie gehandelt wird. Daher ist es wichtiger, dass ein gegebener Translationszweck erfüllt wird, als

vom Publikum während des Gesangsvortrages verstanden wird (Low 2005: 186, 200). Im Idealfall würden sich unter den unveränderten Noten jeweils jene Wörter wiederfinden, die den Originalwörtern entsprechen – sowohl in ihrer Bedeutung als auch in den Vokalen und der Sprachmelodie – und der dabei entstehende Text dürfte keine grammatikalischen Fehler aufweisen (Honolka 1978: 59). Diese Forderung ist jedoch in der Realität nicht zu erfüllen, da Wortlänge, Grammatik und Syntax der Sprachen zu verschieden sind (Honolka 1978: 96). Statt nach einem unerreichbaren Ideal zu streben, sollte der Übersetzer versuchen, „[a] creative fusion of two arts which, though different, complement each other [...]" (Gorlée 2005b: 9) zu erschaffen.

In diesem Zusammenhang wird immer wieder die Forderung nach einer sangbaren Übersetzung laut (vgl. Low 2013: 73, Kaindl 1995: 119, Honolka 1978: 109). Die Recherchen zu dieser Arbeit haben ergeben, dass – ebenso wie bei den Forderungen nach Sprechbarkeit und Aufführbarkeit – auch im Hinblick auf Sangbarkeit keine einheitliche Meinung in der einschlägigen Literatur vorherrscht. Insgesamt können zwei Konzepte von Sangbarkeit herausgefiltert werden: einerseits das Verständnis von *Sangbarkeit* als einem allumfassenden Kriterium (v. a. durch Dürr 2004 vertreten) und andererseits als einem Teil einer Methode zur Liedübersetzung (v. a. durch Low 2005 vertreten).

3.1.3.1 Sangbarkeit als Gesamtkonzept

Laut Dürr (2004: 1036) sind Übersetzungen sangbar, wenn sie sich ohne große Eingriffe in den Notentext zur Originalmusik singen lassen. Um Sangbarkeit zu erreichen, ist eine Übereinstimmung des Zieltextes mit dem Ausgangstext hinsichtlich Metrik, Kadenzordnung, Silbenzahl und Akzentfolge vonnöten. Außerdem ist eine Beachtung von Binnenzäsuren, rhetorischen Akzenten und Eigenheiten der Satzmelodie wichtig. Ebenfalls eine Rolle – wenn auch eine untergeordnetere, je nach Präferenzsetzung der jeweiligen Epoche – spielen Metaphern und Bilder (sowie deren Position im Text), Reim und Vokalfärbung (Dürr 2004: 1036). Brecher (1924: 63) fasst noch die Textverständlichkeit (auch bei hohem Gesangstempo) unter *Sangbarkeit*.

---

dass eine Translation auf eine bestimmte Art und Weise durchgeführt wird (Reiß/ Vermeer 1991: 100). Die Frage „Ist dies eine gute Übersetzung?" muss deshalb mit der Gegenfrage „Gut für wen?" beantwortet werden (Reiß/Vermeer 1991: 96). Der Skopos ist also eine rezipientenabhängige Variabel (Reiß/Vermeer 1991: 101).

Einen guten Überblick über alle der Sangbarkeit als Gesamtkonzept zuge-ordneten Teilaspekte gibt Dürrs Aufstellung der „Sieben Thesen zur *sangbaren Übersetzung*" (Dürr 2004: 1046):

1) Ein wichtiges Kriterium der Sangbarkeit ist das Bewahren der ursprüngli-chen Wort-Ton-Beziehung entsprechend der Intention des Komponisten, aber unter Berücksichtigung der epochenspezifischen Ästhetik. Darin einge-schlossen sind der Sprachstil und eine damit verbundene Vermeidung von Widersprüchen „zwischen der Diktion der Musik und dem neuen Text (etwa aufgrund von ‚Aktualisierungen‘)".

2) Die Metrik des Originals muss in der Übersetzung beibehalten werden. Die metrischen Eigenheiten der Zielsprache sollen zwar berücksichtigt werden, doch darf es keine auffälligen Verstöße gegen die Originalmetrik (v. a. gegen die Folge von Haupt- und Nebenakzenten, welche die Satzmelodie bilden) geben.

3) Die Silbenzahl des Zieltextes soll jener des Ausgangstextes entsprechen.

4) Die ursprüngliche Reimordnung soll beibehalten werden. Es muss sich nicht ausschließlich um reine Reime handeln (Näheres zu reinen und unreinen Reimen unter Punkt 3.1.3.2.5). Wichtig ist, dass zumindest ein auf die Vokale beschränkter Gleichklang zweier oder mehrerer Wörter erhalten bleibt.

5) Die Vokalfärbung exponierter, d. h. besonders hoher oder tiefer, Töne muss beachtet werden, wobei /i/ und /u/ sowie geschlossenes /o/ und /e/ zu vermei-den sind.

6) Die „genaue Korrespondenz emphatischer Figuren" bei Interjektionen und Wechseln des Affektes (Wechsel von Dur zu Moll bei einem bestimmten Wort) ist zu beachten.

7) Poetische Bilder, die sowohl verbal als auch musikalisch ausgedrückt werden (z. B. Meereswogen, Sturm, Kanonendonner), müssen beibehalten werden, um das Zusammenspiel von Text und Musik zu erhalten.

Demgegenüber steht die etwas andere Auffassung von Sangbarkeit als nur einem Teilaspekt einer gelungenen Liedübersetzung. Deren Hauptvertreter, Peter Low, formulierte für die Lied-übersetzung einen Skopos-basierten Ansatz namens *Pentathlon Approach*.

3.1.3.2 *Der* Pentathlon Approach

Der Skopos einer Liedübersetzung ist sehr komplex, da der Zieltext einerseits der vorgegebenen Musik entsprechen, aber andererseits auch die Kernaussage des Originals wahren muss (Low 2005: 185). Zusätzlich dazu darf auch das

Zielpublikum nicht vergessen werden, welches einer anderen Kultur als die Originalzuschauer angehört und trotzdem in die Lage versetzt werden muss, den Inhalt des Liedes in einer begrenzten Zeitspanne zu verstehen (Low 2005: 186). Es ist daher nicht ratsam, eine Übersetzungsstrategie zu wählen, welche sich zu sehr auf die Loyalität zum Autor sowie die Eigenheiten des Ausgangstextes konzentriert und die Bedürfnisse der Zielkultur außer Acht lässt. Ein Ansatz, welcher den letztendlichen Zweck der Übersetzung – also das Gesungenwerden des Zieltextes in einem bestimmten Stück innerhalb einer bestimmten Zeit vor einem bestimmten (allerdings heterogenen) Publikum – in den Vordergrund rückt, wäre die bessere Wahl (vgl. Low 2005: 185). Aus diesem Grund formulierte Low den *Pentathlon Approach*.

Dieser Ansatz umfasst fünf Kriterien: Sangbarkeit (*singability*), Sinn (*sense*), Natürlichkeit (*naturalness*), Rhythmus (*rhythm*) und Reim (*rhyme*), die bei einer gelungenen Liedübersetzung in einem ausgeglichenen Verhältnis stehen müssen (Low 2005:185). Low vergleicht die fünf Kriterien seines Prinzipes mit den Disziplinen eines sportlichen Fünfkampfes: Ein Athlet muss nicht jede Disziplin gewinnen, um am Ende zu siegen, doch er muss immer sein Bestes geben und nach einem guten Ergebnis streben. Auf die Liedübersetzung übertragen, bedeutet dies, dass ein Übersetzer bei jedem der fünf Punkte versuchen sollte, die Merkmale des Originals so gut wie möglich in die Zielsprache zu übertragen, um ein zufriedenstellendes Gesamtergebnis zu erzielen. Wichtig dabei ist, keinen der fünf Punkte als sakrosankt zu betrachten, sondern stets flexibel zu sein (Low 2005: 191–192).

Im Hinblick auf die Opernübersetzung erweiterte Low seinen Ansatz noch um den zusätzlichen Punkt *event*. Unter *event* versteht Low (2005: 211) dabei „dramatic effectiveness", also die Wirkung auf der Bühne. Dies gilt im gleichen Maße für die Operettenübersetzung. Das übersetzte Lied darf nicht nur in sich (als Lied) gelungen sein, sondern sollte sich auch in die Gesamthandlung einfügen und von den Schauspielern überzeugend dargestellt werden können.

3.1.3.2.1 Sangbarkeit

Aufgrund des Skopos einer Liedübersetzung (nämlich gesungen werden zu können) hat Sangbarkeit oberste Priorität, obwohl sie nur einen von insgesamt fünf Punkten darstellt (Low 2005: 192). Laut Olkkonen (2008: 54) ist Sangbarkeit (nach Low) die absolute Voraussetzung für eine gelungene Liedübersetzung. Wenn alle anderen Punkte (Rhythmus, Reim, Sinn und Natürlichkeit) erfolgreich bearbeitet wurden, der Zieltext aber nicht gesungen werden kann, ist er u. U. als gelungenes Gedicht, aber keinesfalls als gelungenes Lied zu sehen.

Schon der norwegische Komponist Edvard Grieg (in einem Brief an Hinrichsen vom 07. Juli 1900, zit. in Benestad/Brock 1997: 445) meinte dazu:

> [...] dass es vor Allem auf einer [sic] vorzüglichen Declamation des Gesanges ankommt. Die Poesie und die Musik zugleich mag schön sein, es hilft alles nichts; wenn die Declamation zu wünschen übrig lässt, legt man die Lieder bei Seite und bedankt sich.

Wie im weiteren Verlauf zu sehen sein wird, fallen unter Lows Verständnis von Sangbarkeit sowohl die Artikulation der Wörter als auch deren musikalische Hervorhebung. Anheisser (vgl. seine umfassenden Ausführungen in 1938: 86–98) vertrat bereits Jahrzehnte vor Low eine ähnliche Sicht im Hinblick auf Sangbarkeit. Er versteht darunter v. a. die Produzierbarkeit von Tönen unter Berücksichtigung ihrer musikalischen Einbettung sowie die Verbindung zwischen dem Stimmungsgehalt der einzelnen Vokale in verschiedenen Tonlagen mit ihrer Artikulierbarkeit.

3.1.3.2.1.1 Artikulation

Ebenso wie für die Sprechbarkeit gilt auch für die Sangbarkeit, dass sich ein Übersetzer für einen gelungenen Zieltext mit dem Instrument des Sängers, nämlich der Stimme, auskennen sollte (Olkkonen 2008: 58). Die Stimme ist die Schnittstelle zwischen dem Text und seiner klanglichen Realisierung; sie überträgt Wörter in Musik, um sie dem Publikum zu vermitteln. Beim Übersetzungsprozess nimmt die Singstimme als Übersetzungsfaktor daher eine besondere Rolle ein (Kaindl 1995: 116, 118).

Wie auch für die gesprochenen Dialoge, stellt die Hochsprache beim Singen die verbindliche Norm dar (Siebs 1961: 89). Für das Sprechen und Singen werden dieselben peripheren Organe genutzt (Aderhold 1963: 70), sodass ein Großteil der Ausführungen zur Lautentstehung und -artikulation unter Punkt 3.1.2.2 und zu bestimmten Aspekten der Sprechbarkeit unter Punkt 3.1.2.3 auch hier zutreffend ist. Zusätzlich sind aber noch weitere Charakteristika von Vokalen und Konsonanten bei der Schaffung einer sangbaren Liedübersetzung zu beachten.

Beim Singen kommt es zu einer überdeutlichen Ausformung der Vokale, was deren jeweilige Eigenheiten besonders zur Geltung bringt (Aderhold 1963: 72). Die Einteilung der Vokale erfolgt nach dem Grad ihrer Offenheit, d. h. nach dem Grad der Mundöffnung bei der Artikulation (Siebs 1961: 28). Danach sind z. B. Umlaute aufgrund ihrer relativen Geschlossenheit als eher gesangsfeindlich einzustufen (Kaindl 1995: 127). Bei der Artikulation des Vokals [a] bleibt der Gesangsapparat, also die wichtigsten Organe zur Stimmbildung, in relativer Ruhestellung, während der Öffnungsgrad am größten ist. Somit ist [a] – auch in sehr hohen Tonlagen – zum Singen besonders gut geeignet (Kaindl 1995: 127,

Siebs 1961: 28). Die Vokale [ɛ] und [ɔ] können ebenfalls auf extrem hohe Noten gesungen werden, während [ə] und [ɪ] zwar auch für hohe, aber nicht extrem hohe Tonlagen geeignet sind (Kaindl 1995: 127–128). Die Vokale [o] und [u] sind aufgrund der Formanten für tiefere Lagen prädestiniert. Je höher sie gesungen werden, desto mehr gehen ihre Charakteristika verloren. Dies bedeutet, dass beispielsweise ein [u] in hohen Tonlagen eher einem [i] ähnelt, was wiederum der Textverständlichkeit abträglich ist (Kaindl 1995: 127). Zusätzlich sollte beachtet werden, dass eine verständliche Artikulation in sehr hohen Frequenzbereichen ohnehin nicht mehr möglich ist. Ab 660 Hz kann das menschliche Ohr keine Unterscheidung zwischen Vokalen mehr vornehmen (Poizat 1992: 42), sodass der gesungene Text von den Rezipienten größtenteils nicht mehr verstanden, sondern eher als „Klangphänomen" wahrgenommen wird (Kaindl 1995: 128, 129).

Wichtig zu beachten bei einer Übersetzung ist außerdem der Stimmungsgehalt der Vokale, d. h. welche Wirkung sie beim Zuhörer erzielen. Diese Wirkung sollte mit der Aussage des Textes übereinstimmen. Wilhelm Wodnansky (1949: 142–143) untersuchte in seiner Dissertation den Zusammenhang zwischen Klangwirkung und Vokalstruktur und kam zu folgenden Ergebnissen: Die Vokale [a] und [o] dienen aufgrund ihrer Offenheit in höheren Tonlagen der Erzeugung eines schwelgerischen Ausdruckes, während [i] allein sowie eine Kopplung von [a] und [i] in hoher Tonlage eher schneidend wirken. Der Vokal [e] drückt Entschlossenheit aus; [o] (v. a. im Chor gesungen) und [u] erzeugen eine eher düstere bis schaurige Stimmung.

Bei Diphthongen muss noch beachtet werden, dass sich die Artikulation beim Singen von der beim Sprechen unterscheidet. Im Gesangsvortrag nimmt der erste Vokal fast den gesamten Notenwert ein und der zweite Vokal wird erst am Schluss gebunden (Siebs 1961: 90), sodass die Charakteristika des ersten Vokals im Vordergrund stehen.

Das größte Problem bei der Übersetzung eines Liedtextes im Hinblick auf die Vokalstruktur dürfte schließlich sein, dass sich der Übersetzer nicht selten zwischen der Wahrung der Textaussage und der Wahrung der Vokale entscheiden muss, da eine Beibehaltung der im Original vorkommenden Kombination aus beidem meist nur durch Zufall möglich ist (Honolka 1978: 108).

Die Konsonanten betreffend gilt für die Sangbarkeit (wie auch für die Sprechbarkeit), dass Anhäufungen, v. a. bei schnellem Vortragstempo, den Artikulationsfluss hemmen und die Vortragsdeutlichkeit negativ beeinflussen (Low 2005: 193, Kaindl 1995: 119, 129). Atemintensive Konsonanten (siehe Punkt 3.1.2.3) stellen eine Gefahr für die Gesangslinie und die Textverständlichkeit dar, da ein Sänger zum Singen einer Passage nur ein bestimmtes Quantum an Atemluft zur Verfügung hat, welches v. a. für Spitzentöne und zur Gestaltung emotionaler Teile benötigt wird. So kann es u. U. dazu kommen, dass dem Sänger bei hohen Tönen oder langen emotionalen Passagen aufgrund der vom Übersetzer gewählten atemintensiven Konsonanten die nötige Atemluft zur Artikulation fehlt (Kaindl 1995: 129). Zwar verfügen professionelle Sänger über Methoden, ihren Luftverbrauch so zu regulieren, dass sie Textunzulänglichkeiten ausgleichen können, doch kann dies zulasten der Textverständlichkeit gehen (Kaindl 1995: 130). Außerdem sollte beachtet werden, dass einem Sänger im Hinblick auf seine Körperhaltung im Zusammenhang mit einer verständlichen Artikulation engere Grenzen gesetzt sind, als einem Sprecher (Aderhold 1963: 70).

3.1.3.2.1.2 Musikalische Hervorhebung

Ebenfalls zur Sangbarkeit zählt Low die Beibehaltung von im Ausgangstext durch die Komposition hervorgehobenen Wörtern, z. B. durch sehr hohe Noten oder eine Markierung wie *fortissimo* (Low 2005: 193). Der Übersetzer sollte sich in solchen Fällen darum bemühen, das dem Original entsprechende zielsprachliche Wort an eben jene Stelle im Text zu setzen, an der auch das ausgangssprachliche Wort steht, um die Hervorhebung beizubehalten. Andernfalls rückt ein anderes Wort (welches nun fälschlicherweise hervorgehoben wird) in den Fokus der Aufmerksamkeit und verzerrt u. U. die Bedeutung der Liedpassage (Low 2005: 193, Tråvén 2005: 107). Dies gilt allerdings nicht für jede marginale Hervorhebung in der Partitur (Tråvén 2005: 107). Generell kann gesagt werden:

> Je gewichtiger, je akzentuierter, je stärker durch die Komposition hervorgehoben (auch z.B. durch besondere Instrumentation) die originalen Wörter, desto ernster die Verpflichtung zu synonymen [Entsprechungen] (Honolka 1978: 96).

3.1.3.2.3 Sinn

Bei der Übersetzung der meisten Textsorten steht die Erhaltung des inhaltlichen Sinnes an oberster Stelle, während bei der Liedübersetzung Flexibilität gefragt ist. Aufgrund der hohen Priorität, welche die Anpassung des Textes an die Partitur hat, kann es zu Sinnverschiebungen im Liedtext kommen. Dies bedeutet aber nicht, dass dem Textinhalt weniger Bedeutung beigemessen werden sollte. Ein Liedtext, welcher zwar zur vorgegebenen Musik passt, aber keine semantische Ähnlichkeit mit dem Original aufweist, kann nicht als Übersetzung betrachtet werden (Low 2005: 194). Diese Sicht Lows bestätigt auch Golomb (2005: 132–133), wenn er schreibt:

> Consequently, the semantic component of the text is no longer immune from deliberate deviations in the service of the all-important rhythmical component.

Be that as it may, common sense must of course prevail. The macro-semantic and thematic content – i. e., what the text is **about** – as well as verbal elements crucial for plot, characterisation etc., cannot be sacrificed without damaging the entire operatic whole […].

Doch nicht nur allein dem Inhalt an sich, sondern auch dessen Verbindung mit der Musik muss Beachtung geschenkt werden. Dabei wird der Inhalt des Liedtextes noch durch die Orchestrierung untermalt und verstärkt. Je konkreter die musikalischen Bilder gestaltet sind, desto schwieriger ist es, sie ohne Verlust im Zieltext wiederzugeben (vgl. Dürr 2004: 1045).

Weitere Ausführungen zur Treue dem Ausgangstext gegenüber und zu der Frage, wie frei ein zielsprachlicher Liedtext gestaltet sein darf, um noch als Übersetzung gelten zu können, finden sich unter Kapitel 3.3.1.

3.1.3.2.3 Natürlichkeit

Unter *naturalness* versteht Low (2005: 195) das Verfassen des Zieltextes unter Beachtung der geltenden grammatikalischen Normen sowie des im Ausgangstext gewählten Sprachregisters. Gorlée (1997: 247) beklagt das Vorhandensein von „bombastic clichés and hackneyed phraseology, inverted syntax, displaced accents, distorted rhythm and other infelicitous *ad hoc* solutions" in Opernübersetzungen. Und Golomb (2005: 128) weist darauf hin, dass v. a. die natürliche Betonung eines Wortes beachtet werden sollte. Jedes einzelne Wort besitzt einen Akzent, den sogenannten Wortton, durch welchen die einzelnen Silben (betonte und unbetonte) gegeneinander abgestuft werden (Siebs 1961: 83). Die Nichtbeachtung der Silbenbetonung führt dazu, dass die Zuhörer eine Dissonanz wahrnehmen, da sie natürlich um die korrekte Betonung des Wortes in ihrer Sprache wissen (Golomb 2005: 131). Um eine solche Dissonanz zu vermeiden, darf keine unbetonte Silbe auf eine z. B. hohe oder lang andauernde Note fallen. Dies gilt in gleichem Maße auch für den logischen Akzent einer Aussage, welcher das Wichtige in eben dieser Aussage hervorhebt. Es muss dabei beachtet werden, dass dieser Akzent mit dem logischen Akzent eines Wortes in Zusammenhang steht und diesen teilweise überlagert. Die Wiedergabe jedes Wortakzentes würde den logischen Akzent der Gesamtaussage stören. Daher wird beim Sprechen meist nur die wichtigste Aussage im Satz betont, während die Sprachmelodie ansonsten eher flach bleibt (Volbach o. J.: 89). Bei der Liedübersetzung ist also darauf zu achten, dass sowohl der logische Akzent des Wortes als auch im besonderen Maße der logische Akzent der Aussage mit der durch die Noten vorgegebenen Betonung zusammenfallen. Dies führt wiederum zu einer besseren Verständlichkeit des Textes.

Ein Liedtext muss vom Publikum während des Hörens verstanden werden können. Eine unnatürliche Betonung erfordert von den Rezipienten eine höhere Verarbeitungskapazität als eine natürliche Betonung (Low 2005: 195–196). Die im Libretto vorherrschende Redundanz trägt zwar (neben der Möglichkeit zu größerer musikalischer Entfaltung) auch dazu bei, dass das Publikum mehr Zeit für die Verarbeitung der Textaussagen hat (vgl. Beck 1997: 80). Doch bleibt die Tatsache bestehen, dass eine Übersetzung, welche auf die Natürlichkeit der Sprache achtet, besser zu verstehen ist, als ein Text, welcher der natürlichen Betonung kaum oder keine Bedeutung beimisst (Honolka 1978: 92).

Natürlichkeit ist aber nicht nur für die Rezipienten, sondern auch für die Vortragenden wichtig. Wie die Dichterin, Librettistin und Übersetzerin Anne Ridler in einem Privatinterview mit Sabine Coelsch-Foisner (2004: 283) bemerkte:

> The guiding principle, though, is to make a version sound so natural that it will seem to the listener as though the work has originally been set to a text in his own language; and if I felt depressed because too often the audience does not hear the words, it is all-important to the singer that he can believe in them.

Es sollte allerdings nicht vergessen werden, dass z. B. ein Nichtbeachten der grammatikalischen Regeln bei der Formulierung eines Satzes oder einer Textpassage u. U. durchaus sinnvoll und hilfreich sein kann – auch im Hinblick auf eine so vielleicht eher mögliche Einhaltung der natürlichen Wort- oder Aussagebetonung in Kombination mit der vorgegebenen Musik (vgl. Golomb 2005: 129).

3.1.3.2.4 Rhythmus

Jedes Lied verfügt über einen bestimmten Rhythmus, welcher den Rhythmus der Übersetzung bestimmt und vom Übersetzer respektiert werden muss (Low 2005: 196). Es gibt allerdings keine universell anerkannte Definition von Rhythmus (Jezek 2011: 10).

Im Folgenden wird eine Unterteilung in Rhythmus der Sprache und Rhythmus der Musik vorgenommen, um so aufzuzeigen, welche Gemeinsamkeiten und Unterschiede zwischen beiden bestehen und wie sie sich gegenseitig beeinflussen.

3.1.3.2.4.1 Rhythmus der Sprache

Nach Bußmann (2002: 645) ist der Sprechrhythmus eine Eigenschaft der gesprochenen Sprache, welche neben Akzent, Intonation, Pausen, Quantität und Sprechtempo zur Prosodie bzw. zu den suprasegmentalen Merkmalen zählt.

Es wird die These vertreten, dass verschiedene Kategorien sprachlicher Rhythmen existieren: akzentzählend (auch *stress-timed* genannt, z. B. Deutsch,

Englisch, Arabisch), silbenzählend (auch *syllable-timed* genannt, z. B. Französisch, Spanisch) und morenzählend (auch *mora-timed* genannt, z. B. Japanisch) (Jezek 2011: 26, 28, 34). Unter akzentzählend werden Sprachen gefasst, bei denen die Zeitabstände zwischen betonten Silben quantitativ gleich, d. h. isochron, sind (Bußmann 2002: 63). Im Fall einer silbenzählenden Sprache hingegen werden die Zeitabstände zwischen den einzelnen Silben (ob betont oder unbetont) quantitativ gleich realisiert (Bußmann 2008: 63). Bei morenzählenden Sprachen dient eine kleinere Einheit als eine Silbe, nämlich eine More, als Grundlage. Moren können sowohl aus einer Kombination aus Konsonant und Vokal als auch nur aus jeweils einem Konsonanten oder Vokal bestehen. Jede More wird gleich lang ausgesprochen (Ladefoged 2001: 233).

Nach Jezek (2011: 29) widerlegen die Ergebnisse empirischer Messungen von Äußerungen jedoch die Hypothese von der Isochronie von Silben oder Akzenten. Forschungen zeigen, dass z. B. im Englischen die Akzentuierung eher mit der zunehmenden Anzahl an Silben wächst, als durch die Aufrechterhaltung gleicher zeitlicher Abstände, wie es für die Isochroniehypothese vonnöten wäre (Jezek 2011: 29). Überzeugende Argumente gegen oben beschriebene Einteilung der sprachlichen Rhythmen mit Hauptaugenmerk auf die Annahme, Japanisch sei eine morenzählende Sprache, liefert Beckmann (1982: 113–135) in ihrem Artikel *Segment Duration and the 'Mora' in Japanese.*

Laut Jezek (2011: 29) ist der Rhythmus einer Sprache eher von ihrer linguistischen Struktur abhängig. Ihr zufolge weisen Sprachen unterschiedliche Rhythmen auf, da sich ihre phonologischen Eigenschaften unterscheiden, welche wiederum die Organisation der Zeitmuster beeinflussen. Die rhythmische Strukturierung einer Sprache kann demnach als Nebenprodukt phonologischer Phänomene wie z. B. Silbenstruktur, Vokalreduktion, Position der lexikalischen Prominenz, Vermeidung von Akzentzusammenfall und prosodischer Phrasierung von Sätzen gesehen werden (Jezek 2011: 44). Für den Übersetzungsprozess folgt daraus, dass es von entscheidender Bedeutung ist, die phonologischen Eigenschaften der jeweiligen Ausgangs- und Zielsprache zu kennen. Daher soll nachfolgend ein kurzer Vergleich zwischen Deutsch und Englisch gegeben werden.

Deutsch ist eine trochäische Sprache (Féry 2000: 120). Ein Trochäus besteht aus einer betonten Silbe, gefolgt von einer oder mehreren unbetonten Silben (Carr 2013: 74). Laut Eisenberg (1991: 37) ist die Betonungsstruktur des Deutschen allerdings nicht nur durch den Trochäus, sondern auch durch den Daktylus – betonte Silbe gefolgt von zwei unbetonten Silben (Hall 2000: 277) – gekennzeichnet.

Auch ein Großteil der Varietäten des Englischen weist trochäische Betonungsmuster auf, d. h. „there is a tendency to place the rhythmic beat on the stressed
syllables of trochaic feet" (Carr 2013: 74). Im Englischen ist es möglich, dass
einer betonten Silbe bis zu vier unbetonte Silben folgen, was nahelegt, dass auch
das Englische nicht nur durch den Trochäus, sondern auch durch den Daktylus
gekennzeichnet ist. Es kann in keinem Wort mehr als eine unbetonte Silbe am
Anfang stehen (Carr 2013: 74).

Dies zeigt, dass sich die Sprachrhythmen des Deutschen und Englischen ähneln. Allerdings muss beachtet werden, dass das Englische, obwohl es zur germa-
nischen Sprachfamilie gehört, sehr viele Wörter aus verschiedenen romanischen
Sprachen (v. a. Französisch und Latein) übernommen hat. Dies hat dazu geführt,
dass die Betonungsmuster des Englischen weit komplexer sind, als sie andernfalls wären (Carr 2013: 75, 76). Es kann somit u. U. zu größeren Abweichungen
zum deutschen Sprachrhythmus kommen.

3.1.3.2.4.2 Rhythmus der Musik

Der Rhythmus in der Musik kann beschrieben werden als:

> Gliederung des zeitlichen Ablaufs innerhalb eines Klanggeschehens nach dem ordnen-
> den Prinzip ›langsam – schnell‹ (lang – kurz), in enger Verbindung zu Metrum und
> Takt. Die Vielfalt des R. tritt in abgestuften Tondauern und Akzenten, ferner in wech-
> selnden Klängen, Tempo- und Lautstärkeunterschieden, Artikulation und Phrasierung
> auf (Korff 2000: 179–180).

Und Levitin (2008: 58) schreibt: „The relationship between the length of one note
and another is what we call rhythm, and it is a crucial part of what turns sounds
into music".

Es besteht ein Zusammenhang zwischen dem musikalischen Rhythmus
und dem Rhythmus der Sprache, da sich bei einer Textvertonung die Prosodie
einer Sprache in der Melodiebildung und in der rhythmischen Gestaltung nie-
derschlägt (Gabriel 2013: 59). Die Musik lässt dabei teilweise sogar bestimmte rhythmische Eigenschaften einer Sprache stärker hervortreten, als es beim
bloßen Sprechen der Fall ist (Gabriel 2013: 70).

Es wird die Meinung vertreten, dass die Übersetzung eines Liedtextes, um den
vorgegebenen Notenwerten zu entsprechen, silbengenau mit dem Ausgangstext
übereinstimmen muss (vgl. u. a. Olkkonen 2008: 10, Noske 1970: 30). Low
(2005: 196) gibt zwar zu, dass dies wünschenswert wäre, weist eine solche Ansicht jedoch letztendlich als zu engstirnig zurück. Der Übersetzer sollte sich zwar
bemühen, die Silbenzahl des Ausgangstextes in der Übersetzung beizubehalten,
doch ist es auch möglich, eine Silbe hinzuzufügen oder wegzulassen, wenn dies

aufgrund des Zielsprachensystemes erforderlich sein sollte (Low 2005: 197). Auch Olkkonen (2008: 43, 44) gibt trotz der oben genannten Forderung nach Silbenzahlübereinstimmung zu, dass es z. B. möglich ist, einen Buchstaben wegzulassen, um ein zweisilbiges Wort einsilbig zu machen, oder eine Silbe über mehrere Noten zu ziehen, um den Text an die Melodie anzupassen. Somit ist die bloße Silbenanzahl zwar ein Hilfsmittel, doch kein exaktes Maß für den Rhythmus eines Liedes (Low 2005: 197).

Des Weiteren sollte bei der Liedübersetzung auf die Betonung und Länge der Vokale geachtet werden (Low 2005: 198). Während eine weitere Dehnung langer Vokale die klangliche Erfassbarkeit eines Wortes nicht beeinflusst, kann eine Dehnung eines kurzgesprochenen Vokals das Textverständnis erheblich beeinträchtigen und sollte somit unbedingt vermieden werden. Als Beispiel führt Siebs (1961: 27) den Unterschied zwischen den Wörtern *kann* und *Kahn* an.

Ebenfalls zu beachten sind musikalische Zäsuren. Ein Hinwegtexten über solch eine Unterbrechung (sodass u. U. die musikalische Pause in die Mitte eines Wortes fällt) ist schädlich für das aufeinander aufbauende und voneinander abhängige musikalisch-sprachliche Gefüge. Es würde ein unstimmiges Nebeneinander von Sprache und Musik entstehen (Low 2005: 198, Kaindl 1995: 132).

Gabriel (2013: 68) weist darauf hin, dass bei einer fremdsprachlichen Bearbeitung des Originallibrettos durch den Komponisten selbst oftmals „Umarbeitungen auf Text- und Musikebene bis hin zu genuinen Neukompositionen" vorgenommen werden. Allerdings fügt er dann hinzu (2013: 69), dass bei einer Librettoübersetzung meist allzu große Veränderungen der musikalischen Fraktur vermieden werden und eher eine Anpassung der Sprache an den originalen Melodieverlauf erfolgt. Low (2005: 197) schreibt, dass u. U. Melodieänderungen vorgenommen werden können. Dies sollte zwar nicht als Blankovollmacht für das Umschreiben jeglicher Liedmelodien interpretiert werden, doch sei eine Melodieänderung in bestimmten Fällen einem auffälligen verbalen Ausrutscher vorzuziehen.

3.1.3.2.5 Reim

Laut Low (2005: 198) sind Reime einer der schwierigsten Aspekte bei der Liedübersetzung. Die Tatsache, dass einzelne Übersetzer der Kategorie *Reim* bewusst oder unbewusst eine sehr hohe Priorität gegeben haben, hat bereits zu vielen ungelungenen Zieltexten geführt. Schon Mozart meinte (in einem Brief vom 13. Oktober 1781, zit. in Internationale Stiftung Mozarteum Salzburg 1963: 167):

[...] verse sind wohl für die Musick das unentbehrlichste – aber Reime – des reimens wegen das schädlichste; – die herrn, die so Pedantisch zu werke gehen, werden immer- mit sammt der Musick zu grunde gehen.

Und auch Honolka (1978: 102) schreibt, dass Reime zu „Zwangsjacken" werden können.

Low (2005: 198) spricht sich in den Erläuterungen zu seinem *Pentathlon Approach* gegen eine Sicht aus, die den Reimen eines Liedes einen zu hohen Stellenwert einräumt, da dies meist auf Kosten der anderen vier Kategorien geht. Allerdings gibt Soenen (1977: 25) zu bedenken, dass Reime im Rahmen eines Gedichtes – und nichts anderes ist ein Liedtext im Grunde genommen – das wichtigste Element beim Aufbau der Strophen sind. Mithilfe von Reimen kann sowohl der Zusammenhang als auch der Unterschied zwischen zwei Wör- tern sehr deutlich hervorgehoben werden. Der Klangwert der Reime (siehe zu Klangwert der Vokale Punkt 3.1.3.2.1.1) trägt zur Erschaffung einer bestimmten Stimmung bei (Soenen 1977: 25, 34). So sind u. a. [i], [e], [ə], [ɛ] und [ɐ] zu den hellen und [o], [ø], [ɔ], [u] und [y] zu den dunklen Vokalen zu zählen, während [a] an der Grenze zwischen hellem und dunklem Klanggebiet liegt und als neutral eingestuft werden kann (Volbach o. J.: 28, 31). Aufgrund des- sen, und da sie zusätzlich einen Teil der musikalischen Struktur darstellen, sollte bei einer Übersetzung versucht werden, die Reime wiederzugeben (vgl. Honolka 1978: 100).

Hejnian (1999: 102) meint allerdings, dass eine Darstellung des Reimes als „essence of poetry" und als vorrangiges formales Merkmal eines Gedichtes (oder Liedes) irreführend ist. Reime müssen weder so rein[6] noch zahlreich sein wie im Ausgangstext. Selbst eine Weglassung ist denkbar, wenn ein Reim an ei- ner bestimmten Stelle im Text keine wichtige Funktion erfüllt (Low 2005: 198, 199). Eine Möglichkeit für den Übersetzer, sich dem Reimzwang ein wenig zu entziehen, kann der Rückgriff auf unreine Reime sein (Low 2005: 199). Darunter werden Wörter verstanden, welche sich in Vokal oder Diphthong oder zumin- dest einem darauf folgenden Konsonanten dem Laut nach unterscheiden, wobei eine Unreinheit langer Vokale oder Diphthonge auffälliger ist als jene kurzer Vo- kale oder Diphthonge (Soenen 1977: 47). Auch eine inhaltliche Abweichung ist vertretbar, wenn im Liedtext z. B. die Klangwirkung der Reime im Mittelpunkt

---

6 Unter reinen Reimen werden zwei oder mehrere Wörter verstanden, welche über den gleichen Vokal oder Diphthong in der betonten Silbe sowie über identische darauf folgende Konsonanten verfügen (Soenen 1977: 47).

steht (Soenen 1977: 41). Ein weiterer Weg zur Erhaltung der Reime kann die Manipulation der grammatikalischen Struktur sein (Soenen 1977: 84).

Eine hilfreiche Unterscheidung im Hinblick auf wichtige, und somit zu erhaltende, und weniger wichtige Reime trifft Anheisser (1938: 178): Er trennt gut hörbare Reime von „Augenreimen", also jenen, die zwar auf dem Papier stehen, vom Rezipienten beim Hören aber kaum wahrgenommen werden und im Falle einer Übersetzung somit leichter aufzugeben sind.

Insgesamt kann gesagt werden, dass Reime ein schwieriges Feld innerhalb der Liedübersetzung darstellen und es beinahe unmöglich ist, einen Zieltext zu kreieren, ohne dabei gewisse Opfer zu bringen. Wie Jangfeldt (1999: 122) es formuliert:

> In any case, you can never transpose all relevant elements into another language: you always have to sacrifice something. What is sacrificed depends on the poet or the poem being translated.

Nicht das krampfhafte Erhaltenwollen eines jeden Reimes entscheidet hier über eine mehr oder weniger gelungene Übersetzung des Liedes, sondern eher der Respekt, den der Übersetzer der „Gesamtheit der dichterischen Mitteilung zeigt" (Soenen 1977: 222).

3.1.3.3 *Sangbarkeit als Gesamtkonzept vs.* Pentathlon Approach

Ein Vergleich von Dürrs Thesen für eine sangbare Übersetzung (siehe Punkt 3.1.3.1) mit den einzelnen Punkten von Lows *Pentathlon Approach* (siehe Punkt 3.1.3.2) zeigt, dass sich beide Sichtweisen ähneln. Dürrs Forderung nach Beibehaltung der originalen Metrik entspricht Lows Hinweis auf das Beachten musikalischer Zäsuren sowie der Vokallänge und -betonung (siehe Punkt 3.1.3.2.4). Auch eine gewisse Übereinstimmung der Silbenzahl von Übersetzung und Original wird von beiden gefordert. Während Dürr allerdings keine Einschränkungen der Gültigkeit dieses Punktes vornimmt, weist Low (siehe Punkt 3.1.3.2.4.2) darauf hin, dass Silben auch verlängert oder gekürzt werden können, um der vorgegebenen Musik zu entsprechen. Auch beschäftigen sich beide Sichtweisen mit Reimen und kommen zu dem Schluss, dass eine Beibehaltung zwar wünschenswert ist, es sich dabei aber nicht nur um reine Reime handeln muss. Low geht – im Gegensatz zu Dürr – sogar so weit, dass er unter gewissen Umständen selbst eine Weglassung toleriert (siehe Punkt 3.1.3.2.5). Und auch die Beachtung der Vokalfärbung, d. h. ob ein Vokal eher für tiefe oder höhere Tonlagen geeignet ist, findet sich als Forderung sowohl bei Dürr als auch bei Low (siehe Punkt 3.1.3.2.1.1).

Die unter Kapitel 3.1. 3 gegebenen Informationen zeigen, dass es nicht ausreichend wäre, bei der Librettoübersetzung nur auf Sangbarkeit im Sinne Lows zu achten. Um eine gelungene Liedübersetzung zu erstellen, gilt es auch, u. a. den Rhythmus, die Reimstruktur und den Sinngehalt der Wörter zu beachten. Das bedeutet allerdings nicht, dass Lows Sichtweise Defizite aufweist. Schließlich beschreibt er mit seinem Verständnis von Sangbarkeit nur einen Teil eines Gesamtkonzeptes. Welchen Namen man diesem Gesamtkonzept gibt – sei es nun *Sangbarkeit* im Allgemeinen oder *Pentathlon Approach* – ist nebensächlich, solange die oben aufgezeigten wichtigen Punkte bei der Liedübersetzung berücksichtigt werden.

3.2 Probleme hinsichtlich der Rezeption in der zielsprachlichen Kultur

3.2.1 Kulturelle und zeitliche Anpassung

Übersetzer arbeiten nicht in einem Vakuum, sondern in einem Kontinuum (Bassnett 1998: 93). Der Kontext, in welchem eine Übersetzung angefertigt wird, beeinflusst deren Endfassung nicht unerheblich. Im gleichen Maße, wie sich die Normen und Konventionen der Ausgangskultur auf den Ausgangstext auswirken, bestimmen die Normen und Konventionen der Zielkultur die Erschaffung der Übersetzung mit (Bassnett 1998: 93). Auch bei der Bühnenübersetzung spielen kulturelle Unterschiede und Besonderheiten von Ausgangs- und Zielkultur eine bedeutende Rolle, da eine Inszenierung immer von kulturellen Codes beeinflusst wird, welche den zielkulturellen Rezipienten u. U. nicht bekannt sind (Kraus 2014: 54). Diese kulturelle Fremdheit stellt, unabhängig von der dramatischen Gattung (sei es reines Sprechtheater, Oper oder eben Operette) bei der Bühnenübersetzung ein nicht zu unterschätzendes Problem dar (Ranke 2004: 1022): Indem das Theater die spezifische Wirklichkeit eines Landes auf der Bühne zeigt, ist es mit der Kultur des jeweiligen Landes untrennbar verbunden (Hörmanseder 2008: 53). Die Besonderheiten der Ausgangskultur spiegeln sich nicht nur in den Dialogen wider, sondern auch in vielen anderen Elementen, so z. B. in den Kulissen und Soundeffekten, im Aussehen und der Kostümierung der Schauspieler sowie in ihren Gesten (Hale/Upton 2000: 7). Vor allem der Aspekt der Gestik darf nicht außer Acht gelassen werden, da diese eng mit dem gesprochenen Wort verbunden ist (Soncini 2004: 289). Gesten sind nicht universell verständlich, sondern ebenfalls kulturgebunden, worauf auch Bassnett (1998: 107) hinweist:

Gesture and body language is represented differently, understood differently, reproduced differently in different contexts and at different time, in accordance with different conventions, different histories and different audience expectations.

Um im weiteren Verlauf der Arbeit näher auf kulturelle und auch epochenabhängige Unterschiede im Bereich des Theaters eingehen zu können, soll nun erst einmal angegeben werden, was unter *Kultur* und *Epoche* zu verstehen ist.

Für Epochen gilt:

> Epochen sind theoretische Konstrukte der Geschichtsschreibung: Produkte von Periodisierungs-Hypothesen, durch die ein historischer Zeitraum in Teil-Zeiträume zerlegt wird. Das Konstrukt ,Epoche' ist eine Abstraktion von den individuellen Besonderheiten der Phänomene eines Teil-Zeitraums, die bestimmte ihrer Merkmale/Strukturen als ,typisch' bzw. ,spezifisch' setzt (Titzmann 2007: 477).

Der Kulturbegriff hingegen hat sich über die Jahrzehnte und Jahrhunderte gewandelt (vgl. u. a. Siemes 2013: 7–11 sowie die Zusammenfassung der verschiedenen Kulturtheorien in Reckwitz 2000), sodass der Bereich der Kulturdefinition so komplex ist, dass er als Thema für eine gesamte wissenschaftliche Arbeit ausreichen würde. Lüddemann (2010: 12) fasst diese Komplexität wiefolgt zusammen:

> Kultur verfügt als polyzentrales Netz über eine niemals genau zu bestimmende Ausdehnung. Nicht nur ihre Grenze ist eher Kontaktzone als Wall der Abschottung; auch in ihrem Inneren organisiert Kultur nicht nur Identität, sondern auch deren permanente kritische Befragung.

Da ein weiteres Eingehen auf die Frage nach dem Kulturbegriff und dessen Ausdehnung den Rahmen dieser Arbeit sprengen würde, soll im Folgenden Laurians (2001: 200) Verständnis von Kultur gelten: „La culture est un ensemble de connaissances partagées par un ensemble de personnes".

Mateo (1995b: 99) weist auf die wichtige Rolle des Publikums im Kontext der Bühnenübersetzung hin, wenn sie schreibt: „A drama performance would not exist without an audience, and a translation depends – for its success and indeed for its very existence as a translation – on the interests and cultural assumptions of the receiving system". Diese spezifischen Interessen und Erwartungen des Zielpublikums sind für eine gelungene Bühnenübersetzung entscheidend, da Angehörige einer Kultur – je nach den für sie geltenden sozialen, historischen oder zeitlichen Gegebenheiten – das Stück in einer mit ihrer Wirklichkeit übereinstimmenden Weise zu interpretieren versuchen (Hörmanseder 2008: 43). Wenn das Stück für sie jedoch – um den Vergleich von Lazarowicz (1977: 52) aufzunehmen – „einer mit den Zeichen des Morse-Alphabets gesendeten Nachricht [gleicht], die zwar gehört, aber nicht verstanden wird, weil die Empfänger die Bedeutung der Funkzeichen nicht kennen", so werden sie das Stück ablehnen. Ohne Publikum jedoch hat Theater weder Sinn noch eine Überlebenschance, da die Zuschauer durch den Kauf einer Eintrittskarte die Finanzierung sichern (Hörmanseder 2008: 55).

Damit der Übersetzer für die Rezipienten der Zielkultur eine Dekodierung der Morsenachricht (um bei Lazarowicz' Bild zu bleiben) vornehmen kann, müssen verschiedene Aspekte beachtet werden.

3.2.1.1 Theatralische Konventionsunterschiede im Hinblick auf lokaldeiktische Referenzen

Unter Theaterkonventionen werden „syntaktische, semantische und/oder pragmatische Regeln [verstanden] [...], die nachweislich mehreren Aufführungen einer Epoche / einer Gattung zugrundegelegen [sic] haben bzw. zugrunde liegen" (Fischer-Lichte 1990: 35). Das bedeutet, dass Theaterkonventionen nicht nur kulturabhängig, sondern auch epochenabhängig sind (Hörmanseder 2008: 31). Um eine erfolgreiche Realisierung eines Stückes zu ermöglichen, müssen theatralische Konventionen allen am Bühnengeschehen beteiligten Personen bekannt sein (Hörmanseder 2008: 32).

Ein für die Übersetzung von Operetten – und von Bühnenstücken im Allgemeinen – sehr wichtiger Konventionsunterschied zwischen Deutschland und dem angelsächsischen Kulturraum ist der Bereich der lokaldeiktischen Referenzen für die Bühne. Durch diesen hier gesetzten Fokus wird im Folgenden nicht ausführlicher auf Theaterkonventionen im Allgemeinen eingegangen. Weitere Informationen zu Theaterkonventionen, wie z. B. zu deren Einteilung, finden sich in Erbes (1977: 69–79) Artikel *Performing Conventions: A Study in the Relationship between Stage and Audience* sowie bei Ranke (2004: 1017–1027).

Bühnenanweisungen in Bezug auf den Ort können entweder aus Sicht der Schauspieler oder aus Sicht des Publikums interpretiert werden (Mateo 1995b: 108). Die Origo wird von den Autoren – wahrscheinlich aufgrund der im Bühnenfach allgemein bekannten, kulturtypischen Konventionen – meist nicht näher spezifiziert, was wiederum dazu führt, dass dieser Aspekt von Übersetzern teilweise übersehen wird (Mateo 1995b: 108). Nach von Schmitt (2009: 3) schriftlich eingeholten Auskünften von Bühnentechnikern und Dramaturgen am Staatstheater Stuttgart, Staatstheater Karlsruhe, Schauspiel Leipzig und Nationaltheater Mannheim sowie an der Puppenbühne Gotha bezieht sich *links* auf deutschen Bühnen auf die linke Seite der Bühne von der Blickrichtung des Zuschauers aus. Im angelsächsischen Kulturraum gilt jedoch die Blickrichtung des Schauspielers, wie folgende Illustration des britischen Theaterbauunternehmens *Theatre Projects* verdeutlicht (O. A.: „Stage Directions"):

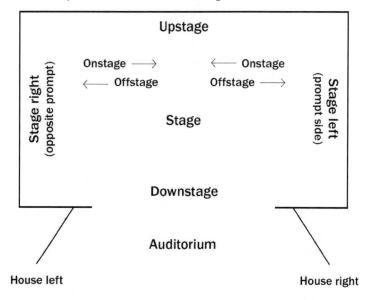

Und in den Erklärungen heißt es (mit wahrscheinlich unbeabsichtigter Auslassung des Terminus *stage left*):

stage right (SR)
(noun) the right side of the stage from the actor's viewpoint facing the audience
(adverb or adjective) toward or at the right side of the stage from the actor's viewpoint
facing the audience (O. A.: „Stage Directions").

Beachtet der Übersetzer diesen Kulturunterschied nicht, so kann es zu einer seitenverkehrten Inszenierung kommen (Schmitt 2009: 3). Wie Schmitt (2009: 4) selbst bemerkt, könnte eingewendet werden, dass dies nicht wichtig sei, da bei einer spiegelverkehrten Inszenierung die Objektrelationen auf der Bühne gegenüber dem Ausgangstext unverändert blieben. Schmitt (2009: 4) relativiert diesen Einwand jedoch, indem er erklärt, dass Ortsangaben regietechnische Bedeutung haben können, da der Raum hinter der Bühne i. d. R. asymmetrisch nutzbar ist, d. h. de facto ist links hinter der Bühne bei vielen deutschen Theatern mehr Platz als rechts. Der Autor eines Stückes könnte dies bei seinen Regieanweisungen u. U. berücksichtigt haben.

Nach Ranke (2004: 1018) kann mit kulturell gebundenen Theaterkonventionen bei der Übersetzung folgendermaßen umgegangen werden: Entweder werden die Konventionen als Bedingungsrahmen im Text vorausgesetzt, d. h. sie werden unverändert übernommen, oder sie werden partiell außer Kraft gesetzt bzw. gezielt (z. B. durch eine indirekte Thematisierung) durchbrochen, d. h. teilweise an die Zielkultur angepasst. Ein dritter Weg ist die explizite Thematisierung der Konventionen (z. B. ironisch oder parodistisch).

Einen, m. E. möglichen und vor allem in Bezug auf lokaldeiktische Referenzen sinnvollen, vierten Weg lässt Ranke dabei außer Acht: die Anpassung des Stückes an die zielkulturellen Konventionen, also z. B. die Übersetzung der Regieanweisung *left* mit ‚rechts'.

Ein kurzer Librettovergleich zeigt, dass lokaldeiktischen Referenzen in der Übersetzung anscheinend wenig Beachtung geschenkt wird. Obwohl im deutschen Libretto von Strauß' *Die Fledermaus* und Kálmáns *Die Csárdásfürstin* durchaus lokaldeiktische Referenzen im Nebentext vorkommen, ist nur ein Bruchteil davon in den Übersetzungen zu finden. Meist wurden sie ausgelassen, z. B. wenn genauere Anweisungen zum Auf- oder Abtreten einer Figur gegeben werden. „ROSALINDE: (*tritt heftig erregt von rechts auf)*" (Strauß 1983: 19) wurde zu „*Enter ROSALINDA, hurriedly*" (Strauß o. J.: 6), „*Gleichzeitig tritt Eisenstein in eleganter Balltoilette* [...] *aus dem Seitenzimmer rechts*" (Strauß 1983: 49) zu „*Enter EISENSTEIN in evening dress*" (Strauß o. J.: 15) und „Alfred (*von rechts)*" (Strauß 1983: 213) zu „*Enter ALFRED*" (Strauß o. J.: 46). Auch in *Die Csárdásfürstin* sind derartige Weglassungen zu sehen. Die genaue Anweisung „Sylva durch die Bühnentür, Edwin rechts vorn" (Kálmán o. J.d: 8) wurde mit „Exeunt both at end of duet" (Kálmán o. J.f: Act I, Scene 7) wiedergegeben; statt „Beide rechts ab" und „Lakai [...] geht rechts ab" (beides Kálmán o. J.d: 23) sowie „von rechts, begeistert" (Kálmán o. J.d: 31) und „von links" (Kálmán o. J.d: 24) finden sich nur die Nebentexte „Exeunt both" und „*Exit FOOTMAN*" (beides Kálmán o. J.f: Act II, Scene 3) sowie „*Enters enthusiastically*" (Kálmán o. J.f: Act II, Scene 12) und „*Enters* [...]" (Kálmán o. J.f: Act II, Scene 3). Auch lokaldeiktische Referenzen die Bühnenausstattung betreffend wurden nicht übernommen (vgl. u. a. Strauß 1983: 13 mit Strauß o. J.: 5 sowie Kálmán o. J.d: 1 mit Kálmán o. J.f: Act I, Scene 1). An anderer Stelle wurden die Angaben *rechts* bzw. *links* durch andere lokaldeiktische Anweisungen ersetzt. Statt „Edwin über die Wendeltreppe rechts" (Kálmán o. J.d: 42) findet sich „[...] EDWIN by one of the side entrances" (Kálmán o. J.f: Act III, Scene 3) und „zeigt Tür links" (Kálmán o. J.d: 43) wurde mit „*Pointing to one of the side exits*" (Kálmán o. J.f: Act III, Scene 3) wiedergegeben.

In beiden Werken konnten insgesamt nur zwei Beibehaltungen der genauen lokaldeiktischen Referenz gefunden werden: „EISENSTEIN: (*von links*)" (Strauß 1983: 94) wurde zu „EISENSTEIN (*entering L.*)" (Strauß o. J.: 24) und „FROSCH (*von rechts* [...])" (Strauß 1983: 200) zu „*Enter* Frosch *R.*" (Strauß o. J.: 41). Bei beiden Anweisungen wurde der Perspektivenunterschied des deutschen Kulturraumes im Vergleich zum angelsächsischen Kulturraum in der Übersetzung nicht beachtet.

3.2.1.2 Epochenabhängigkeit

Operettenlibrettisten griffen bei der Suche nach neuen Handlungen nur selten auf historische Stoffe zurück (Gier 2014: 253). Bekannte Ausnahmen bilden dabei u. a. Jacques Offenbachs *La Belle Hélène* und *Orphée aux enfers* sowie Franz von Suppés *Die schöne Galathee*, welche von Mythen der griechischen Antike inspiriert wurden; außerdem Leo Falls *Madame Pompadour*, Karl Millöckers *Der Bettelstudent* sowie Johann Strauß' *Eine Nacht in Venedig* (vgl. Klotz 1991: 313, 481, 510, 520, 593, 632). Die Handlung einer Vielzahl von Operetten ist somit in der (näheren) Gegenwart der damaligen Zuschauer angesiedelt (Gier 2014: 253). Dies wirft für heutige Aufführungen und somit auch für neue Übersetzungen der Stücke ein Problem auf, da die eigentlich beabsichtigte gegenwärtige Handlung nicht mehr der heutigen Gegenwart entspricht. Die heutigen Zieltextrezipienten sehen sich dadurch mit Elementen konfrontiert, welche für sie nicht nur kulturell, sondern auch zeitlich gesehen fremd sind (vgl. Shaked 1989: 13). Laut Shaked (1989: 13) ist die Vergangenheit eine verschlossene Welt, deren politische Umstände, soziale Normen und technische Standards heutzutage nicht mehr ausreichend verstanden werden. Es sollte daher sowohl im Hinblick auf die Sprache als auch auf die gesamte Inszenierung eine Anpassung an die heutige Zeit erfolgen, indem z. B. Kerzen durch elektrisches Licht und Schwerter durch Schusswaffen ersetzt würden (Shaked 1989: 13). Das Gegenteil der von Shaked vertretenen Modernisierung ist die Historisierung. Im Hinblick auf die Dialoge bedeutet dies eine Übertragung älterer ausgangssprachlicher Texte in eine „epochengleiche Sprachstufe der Zielsprache" (Schreiber 1993: 170). Und auch die Inszenierung entspräche den im Original zu findenden Forderungen was u. a. Kostüme, Requisiten und Bühnenbild angeht.

Historisierung und Modernisierung gehen von einer unterschiedlichen Auffassung von Wirkungsgleichheit[7] aus: Eine historisierte Übersetzung soll

---

7 Nach Koller (1972: 114) wird unter *Wirkungsgleicheit* die Forderung an eine Übersetzung verstanden, auf den über durchschnittliches enzyklopädisches Wissen verfü-

auf zielsprachliche Zuschauer so wirken, wie das Originalstück auf heutige ausgangssprachliche Rezipienten. Eine modernisierte Übersetzung hingegen soll bei heutigen Rezipienten die gleiche Wirkung erzielen, wie das Originalstück zur Zeit der Entstehung auf damalige Zuschauer (Schreiber 1993: 77).

Es stellt sich also die Frage:

> Should the translator re-create the feeling of the time period of the text for the contemporary reader [or audience]? Or, conversely, should the archaic form of the language be modernized to make the text more accessible to the contemporary reader [or audience]? (Brisset 2012: 282).

George (2004: 45) meint dazu, dass es angeraten sei, Dialoge oder auch nur einzelne Wörter oder Sätze, welche für Rezipienten des 21. Jahrhunderts zu fremd erscheinen, zu modernisieren. Und laut Hörmanseder (2008: 84) ist es auch möglich, trotz Historisierung die Sprache im Zieltext zu modernisieren, um eine bessere Verständlichkeit zu gewährleisten. Es kann also eine Kombination aus den beiden genannten Wegen angewendet werden.

Eine Schwierigkeit beim Prozess der Historisierung kann es auch sein, ein „chronologisches Äquivalent zur Ausgangssprache" zu finden, wenn der Übersetzer nicht einfach auf z. B. den Einbau mehrerer Archaismen in den Text zurückgreifen möchte (Schreiber 1993: 77).

Eine Hilfe bei der Entscheidung für oder gegen eine Historisierung oder Modernisierung eines Stückes in der Zielsprache kann der Wunsch des Regisseurs sein. Wichtig für die Übersetzung ist dabei die Frage, ob der betreffende Regisseur die damalige Welt wieder auferstehen lassen möchte oder nicht.

Zu entscheiden, ob bei einem vorliegenden übersetzten Libretto eine Historisierung oder auch Neutralisierung (also eine Auslassung der epochenspezifischen Elemente) vorliegt, ist u. U. nicht einfach, da viele Libretti keine Jahresangaben aufweisen und somit nicht geklärt werden kann, wann die betreffende Übersetzung angefertigt wurde. Handelt es sich um eine dem Erscheinungsdatum des Originallibrettos eher zeitnahe Übersetzung, so werden bestimmte Elemente aus heutiger Sicht möglicherweise als Historisierung eingeschätzt, obwohl sie lediglich den damals herrschenden Umständen und Konventionen entsprechen.

Aus den vorliegenden Übersetzungen können nur wenige Beispiele gegeben werden, da fast alle entweder zeitnah zum Original entstanden oder keine Jahresangabe enthalten. Zwar wurde bei *Ohio Light Operetta*, *Chicago Folks Operetta* und *Toronto Operetta Theater* angefragt, ob die für neue Aufführungen

---

genden „Normalleser" so zu wirken wie das Original auf den ausgangssprachlichen Rezipienten.

genutzten Libretti zur Verfügung gestellt werden könnten, doch erfolgte seitens der Ensembles leider keine Reaktion auf die Anfrage. Somit verbleibt nur ein englisches Libretto, welches nachweislich Jahrzehnte nach dem Original verfasst wurde und für einen Vergleich im Hinblick auf Historisierung, Neutralisierung und Modernisierung in Frage kommt: Kálmáns *Countess Maritza*, übersetzt von Nigel Douglas. Die genaue Jahreszahl ist auch hier unbekannt, doch weisen Quellen eindeutig darauf hin, dass das Libretto in den 1980er Jahren entstand (vgl. das Erscheinen eines weiteren Librettos von Douglas in Gänzl 2015: o. S. sowie die Angaben in Traubner 2003: xxvii).

In *Countess Maritza* finden sich sowohl Beispiele für Historisierung als auch für Neutralisierung – wenn auch sehr wenige. Vor dem Terzett *Braunes Mädel von der Puszta* bemerkt Zsupán (Kálmán o. J.b: 124): „Dort gibt's noch keinen Shimmy, Java und solche Sachen"; später im Lied singt Populescu (Kálmán o. J.b: 124): „In der Stadt da macht man Faxen, tanzt man Blues und Boston, wakkelt [sic], schiebt, verdreht die Haxen, Foxtrott nennt man dos donn [sic]!" Diese Verweise auf Modetänze der 1920er Jahre[8] wurden in der englischen Übersetzung einmal zum nicht epochenspezifischen Ausdruck „modern dances" (Kálmán o. J.c: 151) neutralisiert, aber an anderer Stelle beibehalten – was wiederum eine Historisierung bewirkt. Zwar heißt es im englischen Text: „Where nobody's ever heard of ragtime" (Kálmán o. J.c: 148), „Bunny hugs and jitter bugs" (Kálmán o. J.c: 152) und „Newfangled things called foxtrots" (Kálmán o. J.c: 152), d. h. die im Original genannten Tänze wurden teilweise ersetzt, doch sind auch die in der Übersetzung genannten Tänze Modetänze des frühen 20. Jahrhunderts – wenn auch *jitterbug* seine größte Popularität erst in den 1940ern erreichte[9].

Des Weiteren wurde „Hab' […] die Dukaten springen lassen" (Kálmán o. J.b: 40)[10] zu „And the pow'r of gold to aid me" (Kálmán o. J.c: 48) neutralisiert

---

8 Nähere Informationen zu den einzelnen Tänzen sowie deren Entstehungszeit: Java (vgl. Mass Historia: „La Java {French Waltz Variation}"), Foxtrott (vgl. Mass Historia: „The Jazz Age Foxtrot"), Shimmy (vgl. Mass Historia: „Roots – The Texas Tommy and the Shimmy"), Blues und Boston (vgl. für beides Music and Dance: „Die wichtigsten und bekanntesten Tänze").

9 Erläuterungen und weitere Informationen zu den Tänzen in der englischen Übersetzung: *ragtime* (vgl. Oxford Dictionary: s. v. *ragtime*), *bunny hug* (vgl. Oxford Dictionary: s. v. *bunny hug*) und *jitterbug* (vgl. Mortal Journey: „The Jitterbug Dance Craze of the 1940's").

10 Unter Dukaten wird eine „(vom 13. bis 19. Jahrhundert) in ganz Europa verbreitete Goldmünze" (Duden: s. v. *Dukaten*) verstanden.

sowie „Schnurrbart schwarz wie Schuwix [sic]“ (Kálmán o. J.b: 124)[11] zu „huge moustaches“ (Kálmán o. J.c: 149).

Modernisierungen konnten sowohl in *Countess Maritza* als auch in den Libretti mit fehlender Jahreszahl nicht nachgewiesen werden, sodass zwei Schlüsse möglich sind: Entweder wurden die Übersetzungen relativ zeitnah zum Original erstellt oder die Übersetzer bzw. Regisseure bevorzugten einen historisch anmutenden Stückcharakter. Die Richtigkeit der letzteren Vermutung wird u. a. gestützt durch Aussagen auf den Webseiten der bereits erwähnten größeren Ensembles *Chicago Folks Operetta* und *Ohio Light Opera*, welche sich dem Aufführen klassischer Operetten in englischer Übersetzung verschrieben haben. So heißt es auf der Seite der *Chicago Folks Operetta* „We are… unashamedly nostalgic!“ (Chicago Folks Operetta: „Press“) und die *Ohio Light Opera* unterstreicht „[t]he historical performance practices of each work premiered“ (Ohio Light Opera: „Our Mission“).

Nichtsdestotrotz finden sich auch Modernisierungen klassischer Operetten, wie z. B. bei *Concert Operetta Theater*. Dieses Ensemble präsentiert die Stücke eher minimalistisch im *concert style*, ohne Kostüme und umfassende schauspielerische Aktionen. Dies bedeutet, dass die Mitwirkenden einen Großteil der Dialoge ablesen und die Musikstücke hinter einem Notenständer vortragen (Purdom 2014: o. S., siehe dazu auch Concert Operetta Theater: „History & Staff“). Inwieweit sich dies auf eine Übersetzung des Librettos auswirkt, kann an dieser Stelle nicht beurteilt werden, da kein von *Concert Operetta Theater* genutztes Libretto vorliegt.

3.2.1.3 Realia

Einen weit bekannten, aber nichtsdestotrotz nicht zu vergessenden Stolperstein auf dem Weg der interkulturellen Kommunikation stellen sogenannte Realia dar. Dabei handelt es sich um „Elemente des täglichen Lebens, der Geschichte sowie der Kultur eines Landes oder eines Volkes bzw. einer kleineren Einheit; sie haben kein Äquivalent in anderen Ländern und bei anderen Völkern“ (Hörmanseder 2008: 68). Markstein (1999: 288) schreibt, Realia seien „Identitätsträger eines nationalen/ethnischen Gebildes, einer nationalen/ethnischen Kultur […] und werden einem Land, einer Region, einem Erdteil zugeordnet“. Der Begriff umfasst (je nachdem, wie weit er verstanden wird) nicht nur Objekte, sondern auch

---

11 Schuhwichse war ein bis Ende des 19. Jahrhunderts übliches Pflegemittel, welches von der Schuhcreme abgelöst wurde (vgl. Wikipedia: s. v. *Schuhwichse* und Wikipedia: s. v. *Schuhcreme*).

Abkürzungen, Titel, Feiertage, Anrede-, Gruß- und Abschiedsfloskeln sowie Interjektionen, Gesten und dergleichen mehr (Markstein 1999: 289).

Realia leisten einen wichtigen Beitrag zur Erschaffung einer bestimmten Atmosphäre im Text (Rozhin 2000: 142), indem sie den Rezipienten Lokalkolorit vermitteln (Markstein 1999: 289). Mit den meisten Realia ist eine bestimmte Konnotation verbunden, welche idealerweise in den Zieltext mit übernommen werden sollte. Dies erweist sich jedoch als überaus schwierig für den Übersetzer, da es beinahe unmöglich ist, die Konnotation jeder einzelnen Realie genau zu bestimmen und zudem noch dem zielkulturellen Rezipienten die Gefühle und Gedanken zu vermitteln, welche die Realie beim Rezipienten des Originals auslöst (Markstein 1999: 289, 290).

Ein erster Schritt bei der Realienübersetzung ist das Abschätzen der Wertigkeit der Realie im Ausgangstext. Das bedeutet, dass der Übersetzer herausfinden sollte, wie häufig die jeweilige Realie im Text vorkommt und ob sie für die Zeichnung der Charaktere bzw. die Stückhandlung von Bedeutung ist (Markstein 1999: 290). Je nach dem Ergebnis dieser Überlegungen kann eine der folgenden translatorischen Lösungen angewendet werden.

Bei der Direktübernahme einer Realie wird das ausgangssprachliche Wort unverändert oder entsprechend an die Zielsprache angepasst in den Zieltext übernommen (Kujamäki 2004: 921). Markstein (1999: 291) bezeichnet dies auch als *Zitatwort*. Es hat den Vorteil, dass der Bezug zu der fremden Sprache und Kultur gewahrt bleibt (Schöning 1997: 173). Allerdings wird dadurch auch ein fremdes Element in den Zieltext eingebaut, was wiederum bei den Zieltextrezipienten eine starke Vertrautheit mit der Ausgangskultur und deren Sprache und eine gewisse Toleranz gegenüber einer Fremdwerdung des Textes voraussetzt (Kujamäki 2004: 921). Selbst wenn diese Toleranz gegeben ist, die nötigen Kenntnisse über die Ausgangskultur jedoch fehlen, können die Zieltextrezipienten nur ungenaue Vorstellungen mit der Realie verbinden und nicht die gewünschte Fülle an Informationen und Gefühlen, welche der Ausgangstextrezipient mit ihr assoziiert (Rozhin 2000: 142). Trotz dieser Problematik konnten in den untersuchten Operettenlibretti Direktübernahmen gefunden werden, so z. B. für „Csardas" (auch in Alternativschreibungen; Erwähnung in den Originallibretti u. a. in Strauß 1983: 133, Strauß 1948: 99, Kálmán o. J.b: 22, Kálmán o. J.d: 42, Kálmán o. J.c: 124; Wiedergabe in den englischen Übersetzungen u. a. in Kálmán o. J.c: 26, Strauß 1989: 102, Strauß 1948: 99, Strauß o. J.: 35, Kálmán o. J.f: Act III, Scene 3, No. 14), „Gulasch" (Kálmán o. J.b: 35), was im Englischen zu „goulash" wird (Kálmán o. J.c: 42), „Paprika" (Kálmán o. J.b: 15, Kálmán o. J.c: 14), „Apollo" – ein zur Entstehungszeit der Operette *Die Csárdásfürstin* bekanntes Wiener Varietétheater

– (Kálmán o. J.d: 40, Kálmán o. J.f: Act III, Scene 3) und Ortsbezeichnungen wie „Varasdin" und „Debrecin" (Kálmán o. J.b: 34), für welche im englischen Libretto teilweise Aussprachevorgaben gegeben wurden (vgl. Kálmán o. J.c: 41). Weitere Direktübernahmen finden sich für die französischen Titel „Marquis" und „Chevalier" (Strauß 1983: 94, 111; Wiedergabe in den englischen Übersetzungen in Strauß 1989: 75, 87 sowie Strauß o. J.: 24, 28). Zusätzlich zu den Genannten gibt es teilweise Direktübernahmen für das Wort *Zigeuner*, obwohl dieses eine Entsprechung im englischen Wort *gypsy* hat (vgl. hierzu Duden: s. v. *Zigeuner* mit den Definitionen von Oxford Dictionary: s. v. *gypsy* und Cambridge Dictionary: s. v. *gypsy*). Trotzdem finden sich Direktübernahmen des deutschen Wortes in den englischen Übersetzungen (vgl. hierzu die Originallibretti von Kálmán o. J.b: 24 und Kálmán o. J.d: 41 mit den englischen Übersetzungen von Kálmán o. J.c: 28, 29 und Kálmán o. J.f: Act III, Scene 3, No. 14).

Eine weitere Strategie im Umgang mit Realia ist die Lehnübersetzung. Darunter wird eine „Glied-für-Glied-Übersetzung" (Bödeker/Freese 1987: 146) verstanden, bei welcher sich der Übersetzer an der lexikalischen Oberfläche der Realie orientiert (Kujamäki 2004: 921–922). Sie kann u. U. als Indiz dafür gesehen werden, dass der Übersetzer die eigentliche Bedeutung der Realie nicht kennt und sie somit nicht anders wiedergeben kann (Kujamäki 2004: 922). In den untersuchten Libretti konnten keine Beispiele für Lehnübersetzungen gefunden werden.

Eine Explikation – von Markstein (1999: 291) auch „kommentierende Übersetzung" genannt – erklärt ausgangskulturelle Gegebenheiten bzw. Bedeutungen, welche im ausgangssprachlichen Wort enthalten, dem Zieltextrezipient aber nicht bekannt sind (Kujamäki 2004: 922, Markstein 1999: 291). Diese Methode kann jedoch dazu führen, dass der Zieltextrezipient letztendlich mehr Informationen erhält als der Originalrezipient (Kujamäki 2004: 922). Die Methode der Explikation kann unterschiedlich weit gefasst werden. Während Kujamäki (vgl. 2004: 922, 924) Explikationen eher als kurze Zusatzinformationen sieht und Hinzufügungen (z. B. Fußnoten) in einem gesonderten Punkt beschreibt, findet sich bei Rozhin (vgl. 2000: 140) nur der Punkt *transcription*, welcher Erklärungen aller Arten umfasst. Der Übersichtlichkeit und Kürze halber wird auch in dieser Arbeit keine Unterteilung in längere und kürzere Erläuterungen (im Fließtext oder in Fußnoten) vorgenommen. Insgesamt kann gesagt werden, dass Erklärungen jedweder Form für Operetten nur wenig bis gar nicht praktikabel sind. Fußnoten können vom Schauspieler nicht mit rezitiert werden und sind daher für das Publikum nutzlos; längere Erläuterungen würden die Dynamik der Szene stören und die Illusion eines realen Gespräches durchbrechen. In der Realität begegnet man wohl kaum Situationen, in denen ein Sprecher gegenüber seinem vermeintlich aus demselben kulturellen Umfeld stammenden Partner einen kulturspezifischen Terminus benutzt und diesen anschließend erklärt. Des Weiteren sind Erläuterungen in Liedtexten aufgrund der durch die Musik vorgegebenen Einschränkungen ebenfalls kaum möglich. Es konnten in den untersuchten Libretti auch keine Fälle von Explikation oder Hinzufügung gefunden werden.

Eine nächste Möglichkeit bei der Realienübersetzung ist die Analogieverwendung, d. h. die Wiedergabe eines ausgangssprachlichen Ausdruckes durch einen zielsprachlichen Ausdruck (Kujamäki 2004: 922). Ein Beispiel dafür findet sich in der Operette *Gräfin Mariza*: „Puszta" (Kálmán o. J.b: 124, 125) wurde in der englischen Übersetzung mit „prairie" (Kálmán o. J.c: 148, 149) wiedergegeben. Beide Wörter bezeichnen laut Duden, Oxford Dictionary und Cambridge Dictionary eine weite Fläche Gras- bzw. Weidelandes. Während bei *Puszta* im Duden (s. v. *Puszta*) allerdings auf Ungarn hingewiesen wird, finden sich in den Definitionen für *prairie* die Zusätze „especially in North America" (Oxford Dictionary: s. v. *prairie*) und „in Canada and the northern US" (Cambridge Dictionary: s. v. *prairie*). Ähnlich verhält es sich bei der Wiedergabe von „Slibowitz" (Strauß 1983: 151) mit „gin" (Strauß o. J.: 41). Slibowitz (alternativ auch Sliwowitz) ist ein tschechischer Pflaumenschnaps (vgl. Duden: s. v. *Slibowitz*, Hildprandt 2004: 13) und war ein bekanntes Getränk im ehemaligen Habsburgerreich, während unter *gin* „[a] clear alcoholic spirit distilled from grain or malt and flavoured with juniper berries" (Oxford Dictionary: s. v. *gin*) verstanden wird. Im Duden (s. v. *Gin*) findet sich noch der Hinweis, dass es sich bei Gin um einen „englische[n] Wacholderbranntwein" handelt. Auch die Wiedergabe von „Mulatschag" (Kálmán o. J.b: 50) durch „new grisette" (Kálmàn o. J.c: 59) soll im Folgenden zum Bereich der Analogieverwendung gezählt werden. Die Besonderheit bei diesem Beispiel besteht einerseits darin, dass eine Realie nicht direkt durch eine zielkulturelle Entsprechung ersetzt wurde und andererseits, dass die ausgangskulturelle Realie nicht mittels eines primär zielsprachlichen, also angelsächsischen, Begriffes, sondern durch einen französischen Ausdruck wiedergegeben wurde. Unter *Mulatschag* wird laut Duden ein „ausgelassenes Fest (bei dem am Schluss Geschirr zertrümmert wird)" (Duden: s. v. *Mulatschag*) verstanden; eine *grisette* ist „an independent young woman, living on her own and supporting herself by her own work. She was sexually assertive, quite willing to pursue her own desires, changing her lovers frequently" (Manchin 2000: o. S.). Die Einordnung als Analogieverwendung soll gelten, da beide Ausdrücke im Kontext des Liedes auf angeregte Abendunterhaltung verweisen; der Unterschied besteht allein darin, dass im Original das Feiern an sich und in der

Übersetzung die weibliche Begleitung im Vordergrund stehen, was das für den Rezipienten entworfene Gesamtbild jedoch nicht erheblich verändert. Probleme kann allerdings die unterschiedliche Kulturgebundenheit hervorrufen. Während das Wort *Mulatschag* aufgrund seiner Herkunft auf Ungarn verweist (vgl. Duden: s. v. *Mulatschag*), gehört die *grisette* dem französischen und v. a. dem Pariser Kulturkreis an (vgl. Manchin 2000: o. S.).

Alle drei gegebenen Beispiele verdeutlichen das von Rozhin (2000: 141) aufgezeigte Risiko, dass bei einer Analogieverwendung Lokalkolorit verloren gehen und sich die Aussage des Textes verändern kann, da die Assoziationen, die mit den jeweiligen Ausdrücken verbunden werden, selten übereinstimmen. Während dies bei dem Paar Slibowitz/*gin* weniger verheerend für die Gesamthandlung sein dürfte, könnte es bei den Zuschauern Stirnrunzeln hervorrufen, wenn in einem Stück, welches fast ausschließlich in Ungarn spielt, statt eines „[b] raune[n] Mädel[s] von der Puszta" (Kálmán o. J.b: 124) eine „NUT-BROWN MAIDEN FROM THE PRAIRIE" (Kálmán o. J.c: 148) oder statt eines „Mulatschag" (Kálmán o. J.b: 50) eine „new grisette" (Kálmán o. J.c: 59) besungen und somit der Handlungsort kurzzeitig verlegt wird.

Eine weitere Methode der Realienübersetzung ist die Verwendung eines Hyperonyms oder Hyponyms im Zieltext. Bei hyperonymischen Übersetzungen wird die Realie durch einen allgemeineren Terminus, also einen Überbegriff, wiedergegeben, wodurch es allerdings dazu kommen kann, dass bestimmte Merkmale des Originalausdruckes und u. U. auch der Kulturbezug wegfallen (Kujamäki 2004: 922). Bei hyponymischen Übersetzungen erfolgt im Zieltext eine Spezifizierung, welche dazu führen kann, dass zu viele Informationen gegeben oder der Ausgangskultur zielkulturelle Merkmale zugeschrieben werden, die diese gar nicht besitzt (Kujamäki 2004: 923). Beispiele für diese Methode finden sich in *Die Fledermaus* und in *Gräfin Mariza*. Auf die Frage, woher er seine Taschenuhr habe, antwortet Eisenstein in *Die Fledermaus*: „Ich habe sie im Industriepalast gekauft" (Strauß 1983: 113). Laut Wikipedia (s. v. Warschauer *Straße*) war der Berliner Industriepalast in der Warschauer Straße ein großer Gebäudekomplex, welcher sowohl Fabrikräume als auch Läden und Vergnügungs-etablissements beherbergte. Im englischen Libretto (Strauß o. J.: 32) wird die Frage mit „I bought it in Berlin [...]" beantwortet. Im Lied Nr. 7 (Finale I) von *Gräfin Mariza* wollen die Figuren „in's Tabarin" (Kálmán o. J.b: 49) gehen, womit höchst wahrscheinlich auf das Kabarett *Bal Tabarin* im Pariser Montmartre angespielt wird (siehe für nähere Informationen O. A.: „Montmartre. Le Bal Tabarin"). In der Übersetzung singen die Figuren: „Off to the Cabaret!" (Kálmán o. J.c: 57–58). In beiden Fällen erfolgte eine hyperonymische Übersetzung.

Des Weiteren kann bei der Realienübersetzung die Strategie der Neutralisierung angewendet werden. Dabei wird die Realie im Zieltext durch einen nicht kulturell gebundenen Terminus ersetzt, wobei die Gefahr besteht, dass das Lokalkolorit und die mit der Realie verbundenen Assoziationen vollkommen verloren gehen (Rozhin 2000: 141). Beispiele für die Anwendung dieser Methode finden sich in *Die Csárdásfürstin*, *Die Fledermaus* und *Gräfin Mariza*. In Lied Nr. 10a von *Gräfin Mariza* wird der bereits oben angesprochene Mulatschag noch einmal besungen (Kálmán o. J.b: 89). Statt erneut auf eine Analogieverwendung zurückzugreifen, entschied sich der Übersetzer in diesem Fall für die Neutralisierung des Wortes und übersetzte es mit „nice surprise" (Kálmán o. J.c: 106). Auch das sowohl in *Die Fledermaus* als auch in *Die Csárdásfürstin* vorkommende Ritual des Du-Anbietens oder Bruderschafttrinkens wurde in der Übersetzung neutralisiert. Heißt es im Finale des zweiten Aktes im Original der *Fledermaus* (Strauß 1983: 151, Strauß 1948: 113) „Brüderlein, Brüderlein und Schwesterlein, laßt das traute ‚Du' uns schenken, für die Ewigkeit […]! Erst ein Kuß, dann ein Du, Du, Du, Du immerzu!", lautet es in der Übersetzung „Now since formal salution here is out of place, let a fond embrace be your compact's confirmation! With a kiss I claim you [sic] you, you, you till death you" (Strauß 1948: 113, in abweichender Formatierung auch in Strauß o. J.: 38) oder:

> We will banish all formality.
> And so tonight,
> Let's dear ones be,
> And tomorrow if we remember,
> First a kiss,
> Then 'my dear'.
> Dear, dear, dear,
> Evermore (Strauß 1989: 111).

Aus dem Ausspruch Bonis in *Die Csárdásfürstin* „Du darfst mir ‚du' sagen, Onkel!" (Kálmán o. J.d: 44) wurde in der englischen Übersetzung „Uncle-in-law, you may embrace me!" (Kálmán o. J.f: Act III, Scene 5). Eine weitere, jedoch kaum zu bemerkende Neutralisierung fand in der zwölften Szene des ersten Aktes der *Csárdásfürstin* statt: „Geh' inzwischen ins Kaffeehaus" (Kálmán o. J.d: 14) wurde mit „Go and wait next door in the café […]" (Kálmán o. J.f: Act I, Scene 12) wiedergegeben. Diese Übersetzung beeinträchtigt die Handlung und das Verstehen des Originals m. E. in keiner Weise, doch sollte darauf hingewiesen werden, dass im Original höchstwahrscheinlich ein Wiener Kaffeehaus gemeint ist, welches bei den ausgangskulturellen Rezipienten ganz bestimmte Assoziationen hervorruft[12]. Das englische Wort *café löst* diese bestimmten Assoziationen nicht aus. Möglichkeiten einer besseren Wiedergabe des Ausgangsausdruckes wären *Viennese café* oder *Viennese coffeehouse* (vgl. die Benennungen in den einzelnen Artikeln in Ashby/Gronberg/Shaw-Miller 2013) gewesen, doch auch hier ist es fraglich, ob die Zieltextrezipienten das gleiche Bild vor Augen gehabt hätten wie die Originalrezipienten, da Wiener Kaffeehäuser selten bis gar nicht in angelsächsischen Ländern existieren.

Eine letzte Möglichkeit zum Umgang mit Realien ist die Auslassung (Kujamäki 2004: 923) – von Rozhin (2000: 141) auch *substitution* genannt. Sie stellt einen starken Eingriff in den Ausgangstext dar, weil sie das Stück vereinfacht und dem Publikum nicht die Chance gibt, die eigentliche Tiefe des Textes zu entdecken (vgl. Kujamäki 2004: 923, Rozhin 2000: 141). In den Operettenlibretti wurde eine Auslassung meist bei im Original zu findenden ungarischen Realia angewendet, so z. B. bei „Csikos" (Kálmán o. J.b: 125) – ein ungarischer Pferdehirt (vgl. Duden: s. v. *Csikos*) –, „Betyar" (auch „Betyár"; Kálmán o. J.d: 41 sowie Kálmán o. J.e: 121) – ein ungarischer Wegelagerer (Enceclopædia Britannica: s. v. *Betyar*) – und „Pusta" (statt dem sonst üblichen *Puszta*; Kálmán o. J.b: 17). An den betreffenden Stellen in den Übersetzungen finden sich diese Realia nicht wieder (vgl. Kálmán o. J.c: 149 sowie Kálmán o. J.f: Act III, Scene 3, No. 14 und Kálmán o. J.c: 18).

Insgesamt gesehen lässt sich keine Regel für den Umgang mit Realia in den untersuchten Operettenlibretti ableiten, wie an den Wörtern *Pusta* oder *Puszta* in Kálmáns *Gräfin Mariza* gut zu erkennen ist. Wie oben erwähnt, wurde im

---

12 „[Um 1900] stand nicht nur in allen Gassen der Residenz [Wien], sondern auch in jeder großen und kleinen Stadt des Habsburgerreiches ein Wiener Kaffeehaus. Es gab darin Marmortische, geschwungene Stühle und Logen mit Lederbezug und Polsterplüsch. In korbgeflochtenen Zeitungsständern hing neben dem Lokalblatt die ‹Neue Freie Presse› an der Wand; darunter lagen Illustrierte in hohen Stößen. Hinter dem Buffet thronte, üppig und auffrisiert, die ‹Sitzkassiererin›. Neben ihr lehnte ausdruckslosen Gesichtes der Marqueur, um sich auf den Ruf «Herr Ober, zahlen!» stracks aus dem Blickfeld des Gastes zu entfernen. Kellner lauern lässig, aber sprungbereit darauf, im Nu den Eindruck eiliger Geschäftigkeit zu erwecken. Dann und wann brachte der Piccolo ein leise klirrendes Nickeltablett mit frisch gefüllten Wassergläsern an den Tisch. […] Das Kaffeehaus trug den Hauch der Großstadt in die entlegensten Provinzen des alten Österreich. Es war seine stärkste kolonisatorische Kraft. Nach dem Muster der Residenz konstituierte sich das Café ‹Engländer› in Marienbad, das Café ‹Roma› in Lemberg, das ‹Quarnero› in Abbazia, das ‹Padowetz› in Brünn und das ‹Continental› in Prag. Durch die Gazetten war man täglich mit Wien verbunden, nahm teil an seiner Politik und seinem Gesellschaftsleben, seiner Kunst und seinem Klatsch" (Spiel 1971: 124).

englischen Libretto sowohl die Methode der Analogieverwendung als auch die der Auslassung angewendet. An anderer Stelle wurde *Puszta* als Zitatwort in den Text eingefügt (vgl. Kálmán o. J.c: 151), obwohl es an dieser Stelle im Original nicht vorkommt (vgl. Kálmán o. J.b: 124).

Es kann daher Rozhin (2000: 142) zugestimmt werden, wenn sie schreibt, dass die Kommunikation oberste Priorität hat und der Übersetzer daher jene Methode anwenden sollte, welche eine möglichst reibungslose Verständigung mit dem Publikum ermöglicht und – wie im Fall der Liedtexte noch hinzugefügt werden sollte – zur musikalischen Vorgabe des Komponisten passt.

3.2.1.4 Sprachvarietäten, Akzent und fremdsprachliche Elemente

In einigen Werken über die Verwendung von Sprachvarietäten in Bühnenstücken bzw. schriftlichen Texten nutzen die Autoren ausschließlich das Wort *Dialekt*, beziehen dieses jedoch sowohl auf regionale als auch soziale Varietäten der Sprache (vgl. u. a. Rozhin 2000: 144 und Nuessel 1982: 346). Erläuterungen im weiteren Verlauf dieser Arbeit werden jedoch zeigen, dass dies nicht korrekt ist. In anderen Werken wird das Wort *Dialekt* durchaus korrekt verwendet; die jeweiligen Aussagen könnten sich allerdings nicht nur auf Dialekt, sondern u. U. auch auf andere sprachliche Varietäten beziehen (vgl. z. B. Schößler 2012: 124 und Hein 1983: 1625–1630). Es wird daher im Folgenden bei der Wiedergabe einzelner Aussagen von *Sprachvarietät* die Rede sein, auch wenn in der Originalquelle der Terminus *Dialekt* an der betreffenden Stelle verwendet wurde.

Sprachvarietäten können sowohl die geographische als auch die soziale Herkunft (Klassenzugehörigkeit) einer Figur sowie deren Geschlecht, Alter, Stand, Beruf und Bildungsgrad kennzeichnen (Rozhin 2000: 144, Hein 1983: 1627–1628, 1630, Raymond Walpole 1974: 191). Dabei können die verwendeten Varietäten mehr oder weniger positiv oder negativ konnotiert sein (vgl. hierzu die Ausführungen in Freunek 2007: 89–91). Sprachvarietäten dienen aber nicht nur der Charakterisierung der Protagonisten, sondern können auch zur Verstärkung des Lokalkolorites und zur Erhöhung der Lebensnähe eines Stückes dienen (Kolb 1999: 278, Henzen 1954: 181).

Die Verwendung von Sprachvarietäten in Texten kann von einer zufälligen Einstreuung über eine bloße Andeutung bis hin zu einem authentischen Ausschnitt aus der sprachlichen Realität *reichen. Es sollte* beachtet werden, dass eine Sprachvarietät im Text immer in einem fiktionalen Kontext gesehen werden muss, d. h. sie wurde vom Autor bewusst verwendet und ist nicht nur ein verbaler Ausrutscher des Sprechers (Hein 1983: 1625).

Die Bühne nahm eine Vorreiterrolle bei der Kombination von Standardsprache mit Sprachvarietäten ein, wobei die Verwendung einer Varietät anfänglich auf komische Figuren und *Stücke* beschränkt blieb (Hein 1983: 1631). Und noch heute werden Varietäten bevorzugt in komödiantischen Situationen eingesetzt (Schößler 2012: 124).

Im Folgenden werden nun unterschiedliche Arten von Sprachvarietäten näher erläutert, bevor anschließend auf die Darstellungsmöglichkeiten von Varietäten im Text und deren Übersetzung eingegangen wird.

Der Terminus *Dialekt* bezeichnet räumlich definierte Sprachvarietäten (Schößler 2012: 126, Kolb 1999: 278). Die Verwendung von Dialekt auf der Bühne – selbst wenn er nur angedeutet wird – erzeugt meist eine besondere Nähe zum Publikum, wenn die Zuschauer mehrheitlich ebenfalls den betreffenden Dialekt sprechen. Die Verwendung eines fremden Dialektes schafft im Umkehrschritt aber keine Distanz, sondern tritt in einen durchaus interessanten Gegensatz zur allgemein bekannten Hochsprache und zum Dialekt der Rezipienten (Hein 1983: 1631). Bereits in der Wiener Posse und auch in den Operetten finden sich sowohl verschiedene Sprachen und Sprachvarietäten des österreichischen Herrschaftsgebietes als auch andere Varietäten (Rabien 1973: 157). Die damit erreichte Betonung der fremden Herkunft einer Figur ermöglicht einen komischen Effekt im Stück (Quissek 2012: 101–102, Rabien 1973: 160).

Unter *Soziolekt* werden „für bestimmte soziale Gruppen charakteristische Varietäten" verstanden (Kolb 1999: 278). Oftmals werden sozial niedrig gestellte Figuren durch die Verwendung eines Soziolektes von den Hochsprache verwendenden Hauptfiguren abgesetzt (Schößler 2012: 124).

Eine weitere Sprachvarietät ist der Idiolekt. Darunter werden Spracheigenheiten verstanden, die einer einzelnen Person zugeschrieben werden und diese charakterisieren (Schößler 2012: 126).

Zuletzt soll nun noch auf den Terminus Akzent eingegangen werden. Als *Akzent* werden „[i]ndividuelle Ausspracheeigenheiten, speziell in Fremdsprachen durch Interferenz mit bestimmten Artikulationsgewohnheiten der Erstsprache" bezeichnet (Bußmann 2002: 63). Wenn entsprechendes Vorwissen vorhanden ist, kann ein Muttersprachler anhand des Akzentes des Sprechers dessen Herkunft ableiten (Hellwig-Fábián 2007: 19).

3.2.1.4.1 *Darstellung im Text*: eye dialect *vs. Hinweis im Nebentext*

Der Terminus *eye dialect* wurde von George Krapp (1925: 228) in seinem Werk *The English Language in America* geprägt. Zu Beginn bezog er sich nur auf unkonventionelle Schreibweisen von Wörtern. Damit wurde aufgezeigt, dass die

Person, deren Rede mittels *eye dialect* gekennzeichnet war, keine Hochsprache verwendete und einen geringeren Bildungsgrad als der Durchschnitt aufwies (Krapp 1925: 228). Mit der Zeit hat sich die Bedeutung des Terminus erweitert, sodass er sich nun auf „any variation of spelling to indicate particular pronunciations or accents" bezieht (Brett 2009: 49). *Eye dialect* ist also nicht mehr nur ein Zeichen für die geringe Bildung eines Sprechers, sondern wird auch genutzt, um bestimmte Akzente und Sprachvarietäten aufzuzeigen, indem ein Autor die konventionellen typographischen Zeichen verändert (Brett 2009: 49, Nuessel 1982: 346). Beal (2000: 347, 348) bezeichnet *eye dialect* daher auch als „semiphonetic spelling". *Eye dialect* kann sowohl für die Darstellung regionaler als auch sozial bedingter Sprachvarietäten genutzt werden (Nuessel 1982: 346).

Wie bereits bei der fingierten Mündlichkeit in Texten (siehe Punkt 3.2.4) stellt sich auch bei der Verwendung des *eye dialect* das Problem der Verschriftlichung, da es für Sprachvarietäten und Akzente keine einheitlichen graphemischen und phonetischen Normen gibt (Hein 1983: 1625–1626). Dies ermöglicht wiederum unterschiedliche und sehr individuelle Lösungen (Haas 1983: 1642). Meist wird die standardisierte Orthographie der Hochsprache modifiziert, um Abweichungen zu verdeutlichen (Nuessel 1982: 346). Die Sprachvarietäten erscheinen dabei oftmals in stilisierter, idiomatisch gereinigter Form. Die Distanz zur Hochsprache wird größtenteils auf syntaktischer und lautlicher Ebene verdeutlicht (Brett 2009: 59). Dabei wird *eye dialect* meist nicht durchgängig angewendet, da es nahezu unmöglich ist, alle dialektalen Eigenheiten mittels des Standardalphabetes wiederzugeben. Die Sprachvarietät wird nur an einigen ausgewählten Wörtern aufgezeigt, während der Rest des Textes der Hochsprache entspricht (Raymond Walpole 1974: 193). Dies birgt auch den Vorteil einer erhöhten Leserfreundlichkeit: Texte, welche beinahe vollständig mittels *eye dialect* verfasst sind, müssen vom Rezipienten u. U. mühselig Wort für Wort entziffert werden, da ein flüssiges Lesen nur schwer möglich ist. Dies würde wiederum dazu führen, dass der Text von den Rezipienten (im Fall der Operette vom Regisseur und den Schauspielern) abgelehnt wird. Die Verwendung bestimmter, in *eye dialect* geschriebener Schlüsselwörter übermittelt dagegen das Wissen um die Sprachvarietät, die eine bestimmte Figur spricht, erschwert jedoch nicht das Lesen an sich (Raymond Walpole 1974: 194).

Es sollte noch hinzugefügt werden, dass es sich bei *eye dialect* nicht immer um eine korrekte Wiedergabe einer tatsächlich existierenden Sprachvarietät handelt. Stattdessen können Merkmale verschiedener Sprachvarietäten vom Autor für das Erstellen einer künstlichen Varietät kombiniert werden (vgl. Page 1973: 55–56).

Im Folgenden soll die Verwendung von *eye dialect* im Operettenlibretto am Beispiel des Ungarischen aufgezeigt werden. In einigen Operetten – vor allem in zur Wiener Operette gehörenden Stücken – finden sich Figuren ungarischer Herkunft[13], welche sich durch ihre Sprache von den restlichen Charakteren unterscheiden. In ihren Dialogen findet sich neben falscher deutscher Syntax und Grammatik sowie der Einstreuung ungarischer Wörter auch klassischer *eye dialect*, d. h. Wörter, mit denen Ausspracheunterschiede zur deutschen Hochsprache angezeigt werden.

Um dies an einzelnen Beispielen zu verdeutlichen, wird auf ausgewählte Ausspracheunterschiede des Ungarischen zum Deutschen eingegangen, welche sich in den Operettenlibretti wiederfinden. Dabei wird sich auf die ungarische Standardaussprache bezogen, welche durch die gebildeten Schichten Budapests geprägt wurde und auch heutzutage in den Medien, auf der Bühne und in der öffentlichen Kommunikation benutzt wird (Gósy 2009: 220).

Die Realisierung von /a/ und /a:/ entspricht dem deutschen Phon [ɔ] (Gósy 2009: 221, Mády 2001: 37). Dies wurde im Libretto von *Die Csárdásfürstin* mit der Ersetzung des Graphems ‹a› durch ‹o› dargestellt: *no* (statt *na*; Kálmán o. J.d: 2, 3), *Schwob* (statt *Schwabe*; Kálmán o. J.d: 16) sowie *dos donn* (statt *das dann*; Kálmán o. J.b: 124). Des Weiteren existieren im Ungarischen keine aus zwei Vokalen bestehenden Diphthonge, sondern nur „diphthongartige einsilbige Lautverbindungen. Sie werden mit dem Approximanten [j] gebildet […]" (Gósy 2009: 221). Im Libretto spiegelt sich dies durch die Ersetzung des Graphems ‹eu› durch ‹ei› oder ‹aj› wieder: *Freind* und *Frajnd* (statt *Freund*; Kálmán o. J.d: 2, 5, 15, 16, 19, 34) sowie *Wajb* (statt *Weib*; Kálmán o. J.d: 18) und *eich* (statt *euch*; Kálmán o. J.d: 40). Ein nächster Unterschied ist die Artikulation der Vokale. Geschlossene Vokale werden im Deutschen gespannter artikuliert als es bei ungarischen Vokalen der Fall ist. Ein deutsches [o:] kann daher von einem Ungarn leicht als [u:] wahrgenommen werden (Mády 2001: 36). Ein Beispiel dafür wäre *Uje* (statt *Oje*; Kálmán o. J.d: 3).

Der ungarische Akzent einer Figur im Libretto wird zusätzlich zu den oben erläuterten orthographischen Veränderungen auch durch falsche Syntax, Kollokationsfehler und das Einfließenlassen ungarischer Wörter bzw. Endungen verdeutlicht. Ein anschauliches Beispiel dafür ist der Bühnentext Bonis und Feris in *Die Csárdásfürstin*. In beinahe jedem Satz dieser Figuren finden sich Syntax- (vgl.

---

13 Siehe für Beispiele u. a. Emmerich Kálmáns Operetten *Der Zigeunerprimas*, *Die Csárdásfürstin* und *Gräfin Mariza*, Franz Lehárs Stück *Ziegeunerliebe* sowie Johann Strauß' *Der Zigeunerbaron*.

u. a. Kálmán o. J.d: 28, 41, 44, 45) und Kollokationsfehler, z. B. „Rede sprechen" (Kálmán o. J.d: 2) und „Der ist ganz verrückt in ihr" (Kálmán o. J.d: 3). Auch ungarische Wörter, Wortgruppen und ganze Sätze werden häufig in den Text eingeflochten, z. B. „Az ebatta" (Kálmán o. J.d: 3), „Kuttya lanczos" (Kálmán o. J.d: 16), „Az Est, Pesti hirlap, Budapesti hirlap, Vendeglö ! [sic]" (Kálmán o. J.d: 34), „Eljen" (Kálmán o. J.d: 41) und „kerem" (Kálmán o. J.d: 45). Libretti, in denen *eye dialect* nicht mittels Orthographieänderungen wiedergegeben wurde, enthalten zur Kennzeichnung der ausländischen Herkunft meist nur Wörter in der Landessprache. So z. B. in Kálmáns *Gräfin Mariza*: „Tekintetesúr" (Kálmán o. J.b: 9, 11), „Zigány! Huzd rá!" (Kálmán o. J.b: 65) sowie einen gesamten Liedrefrain in ungarischer Sprache (Kálmán o. J.b: 41–42).

Die Angabe einer Sprachvarietät muss im Libretto allerdings nicht zwangsläufig mittels *eye dialect* erfolgen. Teilweise gibt es einen entsprechenden Hinweis für den Schauspieler im Nebentext (Betten 1985: 243, Rabien 1973: 161). Ein Beispiel für diese Verfahrensweise findet sich im Libretto zu *Die lustige Witwe*, wo es in Danilos Auftrittslied heißt: „Graf Danilo, harte slavische [sic] Aussprache" (Lehár o. J.a: 24).

3.2.1.4.2 Übersetzungsstrategien

In einen Text eingeflochtene Sprachvarietäten stellen ein ernstzunehmendes Übersetzungsproblem dar, da regionale oder soziale Varietäten nur sehr selten Entsprechungen in anderen Sprachen und Kulturen haben (Brett 2009: 50). Laut Kolb (1999: 278) sollte sich der Übersetzer bei der Wahl einer Übersetzungsstrategie an der Bedeutung, welche die Sprachvarietät für die ausgangskulturellen, aber auch für die zielkulturellen Rezipienten hat, orientieren. Denn die jeweiligen Assoziationen, die eine Varietät beim Publikum auslöst, sind nicht beliebig, sondern fest mit der entsprechenden Kultur verbunden. Im weiteren Verlauf der Arbeit werden nun verschiedene Übersetzungsstrategien für den Umgang mit Sprachvarietäten im Text vorgestellt. Es sollte dabei beachtet werden, dass sich der Übersetzer u. U. nicht für eine einzige Strategie entscheiden muss, sondern eine Kombination aus mehreren wählen kann (Brett 2009: 51).

Eine erste Möglichkeit stellt die Auflösung der Sprachvarietät in Standardsprache dar. Freunek (2007: 9) spricht in diesem Zusammenhang von „Eliminierung". Dabei kann es allerdings zu einem Verlust der Markierung des regionalen bzw. sozialen Anderen (Kolb 1999: 279–280) sowie der Individualität der Figuren bzw. des Textes (Rozhin 2000: 144) kommen. Leppihalme (2000: 266) weist aber auch darauf hin, dass eine Wiedergabe mittels Standardsprache nicht nur negative Auswirkungen haben muss, da die Elemente, welche durch eine

Standardisierung abgeschwächt werden oder verloren gehen, nicht so sehr ins Gewicht fallen, wenn „the [...] experience is emotionally satisfying in other ways". Nach Brett (2009: 51) sollte abgeschätzt werden, ob die Rezipienten jedes Detail, jede Nuance für wichtig erachten oder ob sie mehr am großen Ganzen der Gesamthandlung interessiert sind. Ist Letzteres der Fall, kann eine Wiedergabe mittels Hochsprache durchaus sinnvoll sein.

Des Weiteren besteht die Möglichkeit, Dialekte und Soziolekte durch unterschiedliche Stilregister der Standardsprache zu ersetzen (Ayad 1980: 163–164). Damit einhergehen kann das Einbauen grammatikalischer Fehler in den Text (Brett 2009: 59), sodass u. U. der Anschein von gebrochenem Deutsch oder Englisch entsteht (Kolb 1999: 279).

Eine weitere Möglichkeit für die Wiedergabe von Sprachvarietäten ist das Erschaffen einer Kunstsprache, welche sich aus leicht veränderten Standardwörtern und -formulierungen sowie regional gefärbten Ausdrücken zusammensetzt (Morini 2006: 130) und so die Originalvarietät nachempfinden soll (Freunek 2007: 92–93). Mittels einer Kunstsprache soll versucht werden, „das Fremde und Andere des Ausgangstextes zu erhalten und grammatikalische und phonologische Merkmale der Ausgangsvariante in der [Zielsprache] [...] durch entsprechende grammatikalische Reduktionen und orthographische Verfremdungen nachzuahmen" (Kolb 1999: 279). Freunek (2007: 92) bezeichnet dieses Verfahren auch als „Innovation" oder „Verfremdung".

Ein weiteres Verfahren für den Umgang mit Dialekt ist die Ersetzung durch einen zielkulturellen Dialekt. Zimmer (1981: 142) nennt dieses Verfahren auch „totale Transposition." Dabei kann sich das Problem ergeben, dass der Zieldialekt im Widerspruch zum Handlungsort des Stückes steht (Kolb 1999: 278). Die Ersetzung eines ausgangskulturellen Dialektes durch einen zielkulturellen Dialekt ist somit nur angeraten, wenn der Handlungsort nicht weiter spezifiziert ist (Kolb 1999: 279) und das kulturelle Umfeld des Ausgangstextes nicht unbedingt gewahrt werden soll (Rozhin 2000: 144).

Die Auflösung in einen zielsprachlichen Soziolekt kann sowohl für ausgangssprachliche Soziolekte als auch Dialekte angewendet werden (Ayad 1980: 133, 158, 169, Kolb 1999: 279). Laut Kolb (1999: 279) wirft die Ersetzung eines Ausgangssoziolektes durch einen Zielsoziolekt nur wenige Probleme auf, da in der Zielkultur meist eine entsprechende Sprachvarietät (je nach Alter, Geschlecht oder Klasse) vorhanden ist. Der Übersetzer sollte jedoch darauf achten, dass der zielkulturelle Soziolekt keine andere soziale Ebene indiziert oder eine neue Hierarchie innerhalb der Figurenkonstellation schafft, welche im Ausgangstext nicht vorhanden ist (Brett 2009: 51). Die Ersetzung eines Dialektes durch einen

Soziolekt ist nach Kolb (1999: 279) eine der am häufigsten gewählten Übersetzungsstrategien. Allerdings gehen auch hier (ebenso wie bei einer Wiedergabe mittels Hochsprache) regionale Aspekte verloren (Kolb 1999: 279).

Wird im Ausgangstext ein bestimmter ausländischer Akzent nachempfunden, so ist es möglich, diesen auch im Zieltext nachzubilden. Dazu müssen die Eigenheiten dieses Akzentes allerdings sowohl den ausgangs- als auch den zielkulturellen Rezipienten vertraut sein, da ein Erkennen der Nationalität sonst nicht gegeben ist. Brett (vgl. 2009: 57–58) illustriert dies am Beispiel der französischen Sprache. Im Fall der Operette könnte dieses Verfahren auf die unter Punkt 3.2.1.4.1 beschriebene Nachahmung des ungarischen Akzentes angewendet werden. Eine Schwierigkeit dabei könnte allerdings sein, dass die Eigenheiten des Ungarischen weniger allgemein bekannt sind als z. B. die Charakteristika des Französischen. Es kann somit dazu kommen, dass die zielkulturellen Rezipienten größere Schwierigkeiten haben, die Figur als Ungar zu erkennen.

Ayad (1980: 132) gibt als eine weitere Übersetzungsstrategie noch die Auflösung in einem Metakommentar an. Dies würde sich vielleicht für die Übersetzung der Sprachvarietätenangabe im Nebentext eignen, um dem Schauspieler zu erläutern, welche Besonderheiten die jeweilige Varietät ausmachen. Allerdings eignen sich derartige Erläuterungen m. E. eher für ausländische Akzente, als für Dialekte oder Soziolekte, da ausländische Akzente meist nicht auf einen geschlossenen Kulturkreis beschränkt sind, sondern in jeder Kultur vorkommen können. Der Übersetzer kann so auf „stereotypical features of the [...] accent" in der jeweiligen Zielsprache zurückgreifen (Brett 2009: 58).

In den Text eingebaute Wörter einer latenten Sprache[14] können entweder übernommen, weggelassen oder in die Zielsprache übersetzt werden sowie in Kombination mit zielsprachlichen Wörtern eine Hybridbildung schaffen (vgl. Albaladejo 2012: 198–199, 202).

Im Fall der vorliegenden Librettoübersetzungen wurde deutlich das Verfahren der Sprachstandardisierung präferiert. Weder finden sich die unter

---

14 Nicht nur für interkulturelle Romane, sondern auch für andere interkulturelle Texte wie Libretti gilt: „Der [...] Grundzug eines interkulturellen Romans ist seine Zwei- oder Mehrsprachigkeit, d. h. die Hauptfiguren eines interkulturellen Romans handeln in einem sprachlichen Kontext, der sich aus einer angewandten und mindestens einer latenten Sprache zusammensetzt. Unter angewandter Sprache ist die Sprache zu verstehen, in der das Werk abgefaßt vorliegt. [...] Als latente Sprache fungiert:
   – Entweder die Sprache der kulturellen Herkunft der Protagonisten [...].
   – Oder die Sprache der Raum/Zeit-Konstellation, in der das Werk zum Teil angesiedelt ist [...]" (Chiellino 2001: 109–110).

Punkt 3.2.1.4.1 aufgeführten Beispiele für *eye dialect* wieder noch wurden die eingestreuten ungarischen Wörter oder Wortgruppen unverändert übernommen. Auch Grammatik- oder Kollokationsfehler sind in den englischen Libretti nicht vorhanden. Sowohl Bonis und Feris Dialoge in *Die Csárdásfürstin* (Kálmán o. J.d: passim) als auch die oben angeführten Beispiele aus *Gräfin Mariza* (Kálmán o. J.b: passim) wurden in englischer Hochsprache wiedergegeben (Kálmán o. J.c: passim, Kálmán o. J.f: passim). Die ungarischen Ausdrücke wurden entweder ins Englische übersetzt[15], in abgewandelter Form wiedergegeben[16] oder – was meistens der Fall war – gänzlich weggelassen[17]. Auch etwaige Hinweise auf eine vom Schauspieler anzuwendende Sprachvarietät im Nebentext sind nicht vorhanden (vgl. Kálman o. J.c: passim, Kálmán o. J.f: passim); selbst die Anweisung in *Die Lustige Witwe*, Graf Danilos slawische Aussprache betreffend, fehlt (vgl. Lehár o. J.a: 24 mit Lehár 1907: 30). Es konnte nur ein (missglückter) Versuch für das Einbringen von Lokalkolorit gefunden werden: Tassilo wird in der englischen Übersetzung von *Gräfin Mariza* mit „Mr. Törek" (Kálmán o. J.c: 47, 83) angesprochen, während es im Original nur „Herr Verwalter" (Kálmán o. J.b: 39, 67) heißt. *Törek* ist aber kein bekannter ungarischer Titel oder eine Amtsbezeichnung, sondern ein altes, nicht mehr gebräuchliches Wort aus der Landwirtschaft, welches *Spelze* oder *Spreu* bedeutet (vgl. persönliche Nachricht von Veronika Kral vom 03.09.2015).

---

15 „Ilonka, Etelka sagen: Jonapot!" (Kálmán o. J.b: 13–14) wird zu „Ilonka, Etelka say 'Good day to you!'" (Kálmán o. J.c: 13). Das Wort *éljen* (ein Hochruf, vgl. persönliche Nachricht von Veronika Kral vom 03.09.2015, Kálmán o. J.b: 20) wurde mit „Long live our Maritza" (Kálmán o. J.c: 22–23) wiedergegeben. Das Kosewort *mucikám* (in abgewandelter Schreibweise, Kálmán o. J.d: 5) wurde mit „sweetheart" (Kálmán o. J.f: Act I, Scene 4) übersetzt.

16 Die förmliche, veraltete Anrede *Tekintetes úr* ('verehrter Herr', vgl. persönliche Nachricht von Veronika Kral vom 03.09.2015, Kálmán o. J.b: 9) wurde im Englischen mit „King throughout the land" (Kálmán o. J.c: 7) wiedergegeben.

17 Siehe u. a. den ungarischen Refrain in Lied Nr. 7, Finale I von *Gräfin Mariza* (Kálmán o. J.b: 41–43), den Namenszusatz *bácsi* ('Onkel', aber auch als Kosewort gebraucht, vgl. persönliche Nachricht von Veronika Kral vom 03.09.2015 sowie Kubelka 2000: 65, Kálmán o. J.b: 3, 16, 19, 34, 40, 45), die Aufzählung „Az Est, Pesti hirlap, Budapesti Hirlap, Vendeglö! [sic]" (*Az Est, Pesti Hírlap* und *Budapesti Hírlap* sind drei alte ungarische Tageszeitungen; *vendéglő* weißt auf ein Wirtshaus hin, vgl. persönliche Nachricht von Veronika Kral vom 03.09.2015; Kálmán o. J.d: 34), *kérem* ('bitte', vgl. persönliche Nachricht von Veronika Kral vom 03.09.2015; Kálmán o. J.d: 45) und die Verniedlichungsform *-kám* (vgl. persönliche Nachricht von Veronika Kral vom 03.09.2015; Kálmán o. J.b: 77, Kálmán o. J.d: 39, 40).

Es gibt allerdings ein Beispiel für das Ersetzen eines ausgangssprachlichen Dialektes durch einen zielsprachlichen Dialekt bei der Librettoübersetzung. In Benatzkys *Im weißen Rößl* spricht der Fabrikant Wilhelm Giesecke mit Berliner Dialekt; im englischen Libretto des Übersetzers Harry Graham wurde diese Figur zu John Ebenezer Grinkle (oder auch Ginkle), einem Fabrikanten aus Oldham (in den Midlands gelegen), dessen Dialekt für ein Londoner Publikum provinziell anmutet (Norton 2006: o. S.). Diese Veränderung führt jedoch dazu, dass das Zielpublikum die Figur anders wahrnimmt als das Ausgangspublikum. Der Berliner Dialekt Gieseckes zeigt dessen Stolz, Preuße zu sein und aus der Hauptstadt des Deutschen Kaiserreiches zu kommen. Gieseckes Dialekt soll also dessen gefühlte Überlegenheit verdeutlichen. Im Gegensatz dazu weist Grinkles/ Ginkles Dialekt in der englischen Übersetzung die Figur als Provinzler und als somit den anderen Protagonisten unterlegen aus (Norton 2006: o. S.).

3.2.1.5 Übergeordnete Lösungsansätze

Neben den unter den jeweiligen Unterpunkten erwähnten Lösungsmöglichkeiten existieren noch drei den spezifischeren Ansätzen übergeordnete und deren Wahl mitbestimmende Lösungsansätze im Hinblick auf kultur- und epochengebundene Übersetzungsprobleme.

Dabei stehen sich zuerst einmal zwei Extreme gegenüber: die verfremdende und die einbürgernde Übersetzung (Ranke 2004: 1019).

Unter einer einbürgernden Übersetzung wird die „Einschreibung des Textes in zielkulturelle [oder neuzeitliche] Konventionen" verstanden (Ranke 2004: 1019). Dies soll die ursprüngliche kommunikative Funktion des Ausgangstextes unter veränderten Bedingungen erhalten (Ranke 2004: 1019). Dabei werden im Text ersichtliche kulturelle und epochenspezifische Unterschiede zwischen Ausgangs- und Zielkultur sowie Vergangenheit und Gegenwart soweit „geglättet", dass schließlich die Hinweise auf die Herkunft des Stückes vollständig getilgt sind (Pavis 1989: 37).

> On peut choisir […] d'adapter la culture-source à la culture-cible, en rabotant les différences, en éliminant les aspérités exotiques, en « normalisant » la situation culturelle, au point que l'on ne comprend plus de quel endroit étrange nous vient ce texte qui paraît si familier (Pavis 1990: 157).

Rozhin (2000: 140) schreibt dazu, dass eine Übersetzung, welche die Ausgangskultur vollkommen vernachlässigt und das Bühnenstück ausschließlich in der Zielkultur ansiedelt, nicht mehr als Übersetzung gelten kann. Es handele sich stattdessen um eine Adaption, die auf der Basis des Originals ein neues Stück erschafft. Antoine (2001: 30) gibt zu bedenken, dass eine teilweise Einbürgerung durchaus an bestimmten Stellen Sinn ergibt. Als Beispiel führt er das Ersetzen eines in der Ausgangskultur allseits vertrauten Elementes an, welches an der bestimmten Stelle im Text keine eigentliche Funktion hat, sondern nur genannt wird, damit eben dort etwas Bekanntes steht. Ein solches Element (nach Antoine z. B. Abraham Lincolns *Gettysburg Adress*) könnte ohne größere Verluste oder Auswirkungen auf den Gesamttext durch ein ebenso bekanntes zielkulturelles Element (laut Antoine z. B. Dumas' berühmter Ausspruch *un pour tous, tous pour un*) ersetzt werden (Antoine 2001: 30).

Bei einer verfremdenden Übersetzung hingegen wird die Beibehaltung von Verweisen auf die Ausgangskultur und -zeit angestrebt. Unterschiede zur Zielkultur und -epoche sollen nicht getilgt, sondern explizit aufgezeigt werden. Pavis (1990: 157) schreibt dazu:

> On peut choisir de garder le plus possible, dans la traduction, les allusions à la culture-source, en n'adaptant pas les idéologèmes et les concepts philosophiques à la culture-cible, voire en accentuant les différences avec les nôtres. On court alors le risque d'incompréhension ou de rejet de la part de la culture-cible: à vouloir trop restituer de la culture-source, on finit par la rendre illisible.

Zwischen den beiden aufgezeigten Extremen gibt es aber auch noch einen Mittelweg, den der Übersetzer einschlagen kann. Bei Bassnett (1998: 93, mit Verweis auf die Ausführungen Heylens 1993: 20–23) findet sich dafür der Ausdruck „middle stage of negotiation and compromise". Pavis (1990: 157) schreibt dazu:

> Une troisième solution [...] consiste à transiger entre les deux cultures, à produire une traduction qui soit comme un « corps conducteur », entre les deux cultures et qui ménage proximité et éloignement, familiarité et étrangeté.

Dieser Ansatz entspricht der von Shaked (1989: 14) beschriebenen Funktion eines jeden Theaters, nämlich fremde Kulturen einander näher zu bringen und gleichzeitig deren einzigartige Identität zu wahren. Diese Aussage Shakeds gilt in leicht abgewandelter Form auch für die Epochenspezifik: Bei der Übersetzung einer Operette können sowohl auf die Entstehungszeit des Originals verweisende Elemente beibehalten als auch Modernisierungen vorgenommen werden, um zwischen dem in die Jahre gekommenen Stück und dem heutigen Publikum eine Brücke zu schlagen.

Des Weiteren gibt es Hilfsmittel, die dazu beitragen können, dass nicht jedes Stück kulturell und zeitlich „entschlüsselt" werden muss. Ein Schauspieler kann mit Gestik und Mimik sehr viel zum Verständnis fremder Elemente beitragen. George (2004: 45) schreibt, dass es nicht immer angeraten ist, ein den zielkulturellen Rezipienten unbekanntes Element verbal zu erläutern, da der Schauspieler mithilfe non-verbaler Zeichen die Bedeutung des Elementes oftmals ohne größere Schwierigkeiten verständlich machen kann. Und auch Mateo (1995a: 27) verweist in diesem Kontext auf die Hilfe durch die Bühnendarsteller.

Ein weiteres Mittel zur Sicherstellung der Textverständlichkeit ist das Vorbereiten des Publikums. Rozhin (2000: 139) meint dazu:

> The text will be isolated from the public only when the public isolates itself from the text. Certainly, if no effort is taken on the part of the target audience to prepare themselves for the 'journey towards otherness', [...] plays might as well be treated as culturally untranslatable.

Sie fährt fort (2000: 140): „Background reading or at least studying the programme notes prior to the show would be an ideal preparation". Gleich darauf (2000: 140) fügt sie aber hinzu: „This, however, is wishful thinking".

Die Ergebnisse der unter Kapitel 3.2.1 behandelten Teilkapitel zeigen, dass bei der Übersetzung der vorliegenden Operettenlibretti meist der Mittelweg zwischen verfremdender und einbürgernder Übersetzung gewählt wurde, wobei der imaginäre Zeiger je nach Art des Übersetzungsproblems teilweise mehr in die eine oder andere Richtung ausschlägt. Während beim Umgang mit Sprachvarietäten, Akzent und fremdsprachlichen Elementen (siehe Punkt 3.2.1.4) die Sprachstandardisierung bevorzugt wurde, konnten bei der Realienübersetzung (siehe Punkt 3.2.1.3) sowohl Neutralisierungen und Auslassungen als auch Analogieverwendungen (welche eher als einbürgernd eingestuft werden können) und Übernahmen von Realia (welche wiederum eher zur verfremdenden Übersetzung zählen) nachgewiesen werden. Die kaum zu findenden Modernisierungsbestrebungen unter Punkt 3.2.1.2 weisen darauf hin, dass eine Einbürgerung des Operettentextes in die Neuzeit bei den vorliegenden Libretti weniger gewünscht war und stattdessen eher auf eine zeitlich verfremdende Librettoübersetzung Wert gelegt wurde. Auch das (zumeist praktizierte) Weglassen genauer lokaldeiktischer Referenzen im Nebentext sowie die zweimalig durchgeführte Übernahme der Referenz aus deutscher Perspektive (siehe Punkt 3.2.1.1) zeigen, dass in diesem Bereich eher die neutralisierende bzw. verfremdende Übersetzung bevorzugt wurde.

3.2.2 Übersetzung von Humor

Bei der Aufzählung der wichtigsten inhaltlichen Operettenmerkmale unter Punkt 2.3.2 wurde bereits erwähnt, dass Humor sehr eng mit dem Genre Operette verbunden ist (vgl. Lichtfuss 1989: 96). In den besten Libretti wird in jedem zweiten oder dritten Satz eine Pointe gezündet, doch lassen sich diese Pointen kaum aus den Dialogen isolieren und als eigenständige Witze wiedergeben (Gier

2014: 169, Quissek 2012: 93). Ein Grund dafür ist einerseits, dass die humoristi-schen Textsequenzen zu eng mit den Dialogen verknüpft sind und andererseits, dass die Operette auf einer Kombination aus verbalen und nonverbalen Mitteln beruht (Quissek 2012: 93, Karsky 2004: 226). Zwar kann der Text schon an sich komisch sein, doch ist in bestimmten Situationen die physische Dimension, also z. B. die Stimmfärbung sowie die Mimik und Gestik, ausschlaggebend für die komische Wirkung der vorgetragenen Zeilen (Karsky 2004: 226).

Des Weiteren werden negative Gefühle wie Frustration oder Eifersucht in der Operette durch Humor entschärft (Gier 2014: 23). Dabei wurde in der Silbernen Ära meist nur auf den sogenannten gutmütigen Humor zurückgegriffen. Dieser stellt keine allzu hohen intellektuellen Ansprüche an die Rezipienten, sondern dient eher dazu, Vergnügen und gute Laune zu bereiten sowie Entspannung zu verschaffen (Berger 1998: 116, 131). Im Gegensatz dazu wurde in den Stü-cken der Goldenen Ära noch vermehrt auf Elemente der Parodie und der (z. T. politischen) Satire gesetzt, was dazu führte, dass die Libretti dem staatlichen Zensurbüro vorgelegt werden mussten (Berger 1998: 131). Lachen konnte somit auch eine Waffe sein und als eine Art der Auflehnung gegen Autoritäten einge-setzt werden. Das Witzemachen bot so Erholung von sozialen Klassifikationen und Hierarchien, welche zur Zeit der Jahrhundertwende, also der Hochzeit der Operette, besonders starr und streng ausgeprägt waren. Klar gezogene Grenzen wurden verwischt und die Eitelkeiten und Einbildungen von Angehörigen be-stimmter sozialer Institutionen und Klassen entlarvt (Berger 1998: 42, 67, 86, 182).

Der Gradmesser für die komische Wirkung, die *vis comica*, der Operette ist das Publikum (Rabien 1973: 196). Erst die Interaktion mit den Zuschauern lässt die im Libretto eingebauten Witze funktionieren (Selle 2004: 875). Somit ist die komische Wirkung eine relative Größe, die sich mit der Zeit und mit den Rezipienten verändert (Rabien 1973: 197). Diese Abhängigkeit der *vis comica* vom Publikum hat zur Folge, dass sowohl für den Schöpfer der Komik, also den Librettisten, als auch später für den Übersetzer Probleme bei der (Nach-)Bildung von Humor auftreten können, da ohne Rezipienten nicht geprüft werden kann, ob der eingebaute Witz letztendlich auch zündet (Berger 1998: 875). Eine weite-re Schwierigkeit dieses Interaktionszwanges ist die Tatsache, dass die komische Wirkung durch eine allzu große Bekanntheit des Werkes beim Publikum be-einträchtigt werden kann. Die Aufführungen müssen daher immer neu gestaltet werden, um die *vis comica* über Jahrzehnte oder sogar Jahrhunderte zu erhalten (Rabien 1973: 200).

Bei der Übersetzung komischer Texte stellt sich das Problem der Kulturgebundenheit des Humors. In der Literatur ist allerdings die Ansicht zu finden,
dass sowohl kulturabhängiger als auch universeller Humor existiert (vgl. u. a.
Berger 1998, Luthe 1995, Unger 1995, Newmark 1993).

Das Phänomen *Humor* an sich kann als universell betrachtet werden, da auf
der Erde keine bekannte Kultur ohne Komik existiert (Berger 1998: XV). Der
Begriff des universellen Humors wird aber auch noch in einem weiteren Sinne
gebraucht: Wie Unger (1995: 11) richti-gerweise herausstellt, lachen Menschen
überall auf der Welt nicht nur über heimische Komiker, sondern auch über Co-
medians und Komödienfilme aus den USA, Frankreich oder Großbritannien.
Daher liegt es nahe, von einer universellen Verständlichkeit der Komik auszu-
gehen. Dieser universelle Humor ist einfach, überraschend, gutmütig, sogar teilweise kindisch – und stellt kein Übersetzungsproblem dar (Newmark 1993: 22).
Auch Antoine (2001: 21) schreibt, dass Humor, der auf Ton, Situation oder auf
dem Absurden basiert, ohne größere Schwierigkeiten in die Zielsprache und
-kultur übertragen werden kann. Luthe (1995: 53) nennt diese Art des Humors
„Sachkomik". Dabei wird Humor, welcher meist auf Figuren- oder Situations-
komik basiert, normalsprachlich kodiert, was den jeweiligen Witz im Zieltext
durch eine linguistisch korrekte Übersetzung prinzipiell zugänglich macht
(Luthe 1995: 53, 64).

Allerdings ist es einleuchtend, dass Humor auch immer Ausdruck einer
bestimmten Gesellschaft ist, die ihn geprägt hat. So verfügt jedes Land, jede Nationalität und auch jede Epoche über eine eigene Art des Humors (Szende/Laurian
2001: 16). Unger (1995: 13) und Berger (1998: 81) nutzen für die Beschreibung
dieser Tatsache den Terminus (differente) Lachkultur. Unter einer *Lachkultur*
oder auch *komischen Kultur* wird die „Summe der Definitionen komischer Situationen, Rollen und akzeptabler komischer Themen in einer Gruppe oder Gesellschaft" verstanden (Berger 1998: 81). Dabei scheinen sowohl bestimmte soziale,
regionale, nationale oder historische Zuschreibungen von Komikphänomenen
als auch gewisse Vorlieben für bestimmte humorisierende Verfahrensweisen zu
existieren (Unger 1995: 13).

Die Ausgangspunkte für eine spezifische, nicht-universelle Komikerzeugung
können intrinsisch (d. h. auf die Sprache selbst bezogen) oder extrinsisch (d. h.
auf außersprachlichen, kulturellen Elementen basierend) sein (Selle 2004: 876).

Sprachbasierter Humor ist im Hinblick auf eine Übersetzung sehr problematisch, da er sich der Durchbrechung sprachlicher Regeln und der Permutation
sprachlicher Elemente bedient, welche sich von Sprache zu Sprache unterschei-

den und daher nur schwer im Zieltext nachgebildet werden können (Luthe 1995: 25, 53).

Kulturbasierte Komik beruht meist auf der Geschichte, den Gewohnheiten, den Lebensumständen und jenem nicht klar zu definierenden Begriff des Allgemeinwissens der jeweiligen Gruppe (Laurian 2001: 199). Selbst solch profan erscheinende Bereiche wie Essgewohnheiten können eine Quelle für Humor darstellen. Ein Beispiel dafür findet sich in Emmerich Kálmáns *Die Csárdásfürstin*, wenn Boni, Freund der Hauptfigur Edwin und gleichzeitig Träger eines Hauptteils der Stückkomik, sagt: „Komm ich da unschuldig in Sauce hinein wie Lämmernes" (Kálmán o. J.d: 39). Eine Kultur, in welcher Lammragout bzw. Lamm in Soße als Gericht unbekannt sind, könnte diese humorvolle Anspielung nicht nachvollziehen. Im Englischen wurde es allerdings, dank der Existenz eines vergleichbaren bekannten Gerichtes, folgendermaßen wiedergegeben: „I'm as innocent as a new-born lamb, and thanks to you I'm up to here in the mint-sauce!" (Kálmán o. J.f: Act III, Scene 1). Der Übersetzer muss also die Ausgangs- und Zielkultur sehr genau zu kennen, um die Komik des jeweiligen Stückes zu verstehen und einschätzen zu können, ob und inwieweit sie im Zieltext nachgebildet werden kann.

Eine Besonderheit der Operette und ein Verweis auf ihre Verwandtschaft mit der italienischen Commedia dell'Arte ist der doppelte Handlungsstrang: Eine komische Handlung wird in die Haupthandlung eingeflochten, sodass während des gesamten Stückes ein Wechsel zwischen der Haupthandlung und einer humorvollen Nebenhandlung erfolgt, welcher immer wieder für Erleichterung und Auflockerung sorgt (Quissek 2012: 71–72, 74).

In der Commedia dell'Arte gibt es eine Grundeinteilung der Figuren in *innamorati* (ernstes Liebespaar, meist die beiden Hauptfiguren), *maschere* (lustiges Liebespaar, meist Dienerschaft) und *vecchi* (Gegenspieler, die ebenfalls zu den komischen Figuren zählen), durch welche die seriöse von der komischen Sphäre abgesetzt wird (Rabien 1973: 11). Die strenge, auf wenige Merkmale beschränkte Typik der Masken der Commedia dell'Arte (Rabien 1973: 196) findet sich zwar in der Operette nicht, doch die oben beschriebene Grundeinteilung ist nichtsdestotrotz vorhanden, wenn auch nicht immer vollständig. Beispiele dafür wären Kálmáns *(vgl. o. J.d: passim) Die Csárdásfürstin* (Sylva/Edwin = *innamorati*, Stasi/Boni = *maschere*, Fürstin/Fürst von Lippert-Weylersheim = *vecchi*), Strauß' (vgl. 1980: passim) *Der Zigeunerbaron* (Saffi/Barinkay = *innamorati*, Arsena/Ottokar = *maschere*, Mirabella/Conte Carnero = *vecchi*) und Kálmáns (vgl. o. J.b: passim) *Gräfin Mariza* (Mariza/Tassilo = *innamorati*, Lisa/Zsupán = *maschere*).

Ein durch diese Einteilung ermöglichtes wichtiges Mittel zur Komikerzeugung ist der Spiegeleffekt: Die komische Handlung wird in Beziehung zur Haupthandlung gesetzt und spiegelt diese auf humorvolle Art und Weise (Rabien 1973: 115). Sehr gut ist dies am Musikstück Nr. 10 aus *Die Csárdásfürstin* zu sehen. Die beiden (eigentlich nicht zusammengehörenden) Paare Edwin/Stasi und Boni/Sylva tanzen Walzer. Um Sylva eifersüchtig zu machen, singt Edwin Stasi dabei eine (auch bereits leicht komisch wirkende) Liebeserklärung:

> Liebchen, mich reißt es,
> Liebchen, du weißt es,
> Glühend, sprühend zu dir!
> Herrlich ist's, mein süßes Leben,
> Toll mit dir dahin zu schweben!
> Schätzelein, gib einen Walzer zu,
> Keine kann tanzen wie du! (Kálmán o. J.d: 29).

Auf Sylvas Befehl hin, welche Edwin ihrerseits nicht nachstehen will, singt auch Boni eine Liebeserklärung an Sylva, die aufgrund seines Unwillens allerdings alles andere als schwärmerisch ausfällt und Edwins Text somit humorvoll spiegelt:

> Mutzi, mich reißt es,
> Putzi, mich schmeißt es
> Juckend, zuckend zu dir!
> Hupf' mit mir, du süsses [sic] Mopsi,
> Mach' mit mir ein klaines [sic] Hopsi!
> Zuckerweib, gib einen Walzer zu,
> Keine tanzt Polka wie du! (Kálmán o. J.d: 30).

Im Verlauf der Gattungsgeschichte kommt es zu einer beträchtlichen Variation des Verhältnisses von komischen und nicht-komischen Figuren in der Operette. Sind in den Stücken Offenbachs noch alle Figuren entweder komisch oder gar lächerlich, so betritt im *Zigeunerbaron* zum ersten Mal eine nicht komische Figur die Bühne: Saffi (Gier 2014: 291–292).

Lächerlichkeit, welche durch die Suspendierung der Logik des Alltags ermöglicht wird, ist in der Operette keine konstante Größe (Gier 2014: 54, 291). In Offenbachs Werken finden sich noch einige Beispiele für diese Art des Humors, bei der sprachliche Äußerungen keine kommunikative Funktion erfüllen und gerade deshalb albern erscheinen (Gier 2014: 307, 308). In *La vie parisienne* beispielsweise antwortet Bobinet auf die Frage des Barons, wie er denn Schweizer Admiral sein könne, wenn es in der Schweiz gar keine Marine gäbe, er habe den Titel geerbt – dies ergibt natürlich keinen Sinn und sorgt gerade deshalb für Lachen (vgl. Offenbach 2003: 26, 27).

In späteren (deutschsprachigen) Operetten sind meist nur noch Nebenfiguren lächerlich, welche für die eigentliche Handlung nicht von Belang sind, z. B. der Diener Penižek in *Gräfin Mariza* und Gefängniswärter Frosch in *Die Fledermaus* (Gier 2014: 310). In den neueren Operetten tritt die Lächerlichkeit schließlich zurück, doch noch immer gibt es kaum eine Figur, die nicht auf die eine oder andere Weise komisch ist (Gier 2014: 291).

Im Folgenden werden ausgewählte Bereiche der Komikgenerierung in der Operette näher beleuchtet und mit Beispielen aus den Originallibretti sowie deren englischen Übersetzungen illustriert.

3.2.2.1 Widerspruch

Komik entsteht immer dort, wo Anspruch bzw. Erwartung und Wirklichkeit auseinanderklaffen (Gier 2014: 291). Wohl am bekanntesten ist dabei die Diskrepanz zwischen Wort und Tat. Auch für dieses Phänomen wartet das Libretto von *Die Csárdásfürstin* mit einigen Beispielen auf. So sagt Sylva über ihre bevorstehende Abreise nach Amerika: „Man muß sich nur zusammennehmen können. […] Ich hab mich in meiner Gewalt. Ich lach … lache … bis zum letzten Moment lach' ich" (Kálmán o. J.d: 11). Noch während sie spricht, bricht sie in Tränen aus. Die an sich schon vorhandene Komik wird noch gesteigert durch Bonis Reaktion: „Na, na, lach' dich nur aus!" (Kálmán o. J.d: 11). Da der Humor in diesem Fall allein auf dem Widerspruch und nicht auf der Sprache an sich basiert, ist auch bei der Übersetzung kein Verlust an Komik auszumachen: „One just has to pull one's self together. […] I just laugh … I'll just keep on laughing till the moment I leave". – „That's right, laugh it off your chest!" (Kálmán o. J.f: Act I, Scene 8).

In Akt III, Szene 11 finden sich gleich zwei weitere Beispiele. Um Sylva dazu zu bringen, sich ihre Gefühle für Edwin einzugestehen, gibt Boni vor, mit Edwin zu telefonieren und simuliert ein Gespräch, dass in Sylvas Ohren so klingen muss, als wäre Edwin kurz davor, Selbstmord aus Liebe zu begehen. Die Tatsache des, wenn auch nicht wirklich stattfindenden, Telefongespräches steht dabei im völligen Gegensatz zu Bonis Worten. So sagt er beispielsweise zu bzw. über den fiktiven Edwin am anderen Ende: „Du siehst ja ganz blaß aus!" und „Er zielt auf mich!" (Kálmán o. J.d: 47). In der englischen Übersetzung wurde nur einer der beiden aufgezeigten Widersprüche übernommen. Der Letztgenannte wurde folgendermaßen wiedergegeben: „Don't point that thing at me!" (Kálmán o. J.f: Act III, Scene 11).

Ein weiterer Widerspruch kann zwischen Vorbild und Operettenfigur liegen. In Offenbachs *La Belle Hélène* ist z. B. Achilles ein Dummkopf und Feigling, der sich seine verwundbare Ferse hat panzern lassen (vgl. Offenbach o. J.a: 98).

Während Achilles auch in der deutschen und englischen Übersetzung als wenig intelligent dargestellt wird (vgl. Offenbach o. J.a: passim, Offenbach o. J.b: passim), wurden die Zeilen über die gepanzerte Ferse nicht übernommen (vgl. Offenbach o. J.a: 98 und Offenbach o. J.b: Act II, No. 13).

Eine nicht zu vergessende Quelle der Komik ist auch die Diskrepanz zwischen literarischem Anspruch und tatsächlichem Text. So reimt Kálmán – oder die Figur des Zsupán – in Lied Nr. 6 von *Gräfin Mariza*: „Denn meine Leidenschaft brennt heißer noch als Gulaschsaft" (Kálmán o. J.b: 35)[18]. Und im Duett Nr. 9 besingt Lisa in einem Liebeslied den Traum von der Liebe: „Wenn der Mond, mein alter Freund, von eins bis vier, mir auf's Nasenspitzerl scheint, dann komm zu mir!" (Kálmán o. J.b: 77). Aus der Erfahrung heraus erwartet der Rezipient bei einem Liebeslied einen schwelgerischeren, romantischeren Text als den eben zitierten, was wiederum den gewünschten komischen Effekt der Zeilen hervorruft. Noch deutlicher wird dies bei der englischen Übersetzung, in welcher Lisa singt: „But when I drop off to sleep / And start to snore, / When those crafty moonbeams creep / Beneath my door [...]" (Kálmán o. J.c: 94).

Eine weitere Quelle des Widerspruchs liegt in der Abweichung von der Normalität des durchschnittlichen Rezipienten. Ein Beispiel findet sich in *Die Csárdásfürstin*, wenn Feri nach Beendigung der Feier in den frühen Morgenstunden sagt: „Was soll ich jetzt anfangen? Ich kann doch nicht schon um 3 Uhr abends nach Haus geh'n!" (Kálmán o. J.d: 19)[19].

Als letzte Möglichkeit kann Humor mittels eines Widerspruches im Libretto selbst erzeugt werden. In diesem Fall birgt der das Gelächter des Publikums hervorrufende Textteil keine Diskrepanz in sich, steht jedoch im Widerspruch zur allumfassenden Handlung. Wenn z. B. der Protagonist Eisenstein in *Die Fledermaus* aufbricht, um vermeintlich seine Haftstrafe anzutreten, beklagt Rosalinde ihr Schicksal als verlassene Ehefrau, obwohl aus den vorhergehenden Szenen längst klar ist, dass sie am Abend Besuch von ihrem ehemaligen Liebhaber bekommen wird: „So muß allein ich bleiben, acht Tage ohne dich! Wie soll ich dir beschreiben mein Leid, so fürchterlich! Wie werd' ich es ertragen, daß mich mein Mann verließ? Wem soll mein Leid ich klagen? O Gott, wie rührt mich dies!" (Strauß 1948: 36). Die Komik wird schließlich noch gesteigert, wenn Eisenstein selbst und Hausmädchen Adele in die Zeile „O Gott, wie rührt mich dies!" mit

---

18 In der englischen Übersetzung heißt es: „My blood since I met you Burns [sic] hotter than a goulash stew [...]" (Kálmán o. J.c: 42).

19 Die englische Übersetzung lautet folgendermaßen: „And what am I supposed to do now? I can't go home – it's only three o'clock in the evening!" (Kálmán o. J.f: Act I, Scene 15).

einfallen, da auch diese beiden keinen Grund zum Klagen haben, sondern sich am Abend auf einem Ball vergnügen wollen (Strauß 1948: 37). In der englischen Übersetzung klagt Rosalinde: „So I must stay and languish, without you eight whole days! The prospect of such anguish my loving heart dismays! This time of seperation, is sad beyond belief. Can there be consolation? For such o'erwhelming grief!" (Strauß 1948: 36). Und Adele und Eisenstein fallen mit ein: „How sad beyond belief!" (Strauß 1948: 37).

Alle gegebenen Beispiele für Komikerzeugung aus einem Widerspruch heraus stellten kein großes Problem bei der Übersetzung dar.

3.2.2.2 Stil- und Konventionsbruch

Streng genommen handelt es sich auch bei diesem Punkt um einen Widerspruch (siehe Punkt 3.2.2.1), doch wurde der Übersichtlichkeit halber entschieden, diesen Punkt gesondert aufzuführen.

Das Aufeinanderprallen zweier unterschiedlicher Stillagen, die sich eigentlich gegenseitig ausschließen, ruft oftmals sowohl Kopfschütteln als auch Heiterkeit hervor, denn durch eine Kombination verschiedener Ebenen kann sich eine ernst gemeinte Äußerung in ihr Gegenteil verkehren (Lichtfuss 1989: 100–101).

Auch der Verstoß gegen in bestimmten Situationen bzw. gegenüber gewissen Personen geltende Konventionen dient der Komikerzeugung. Dabei kann sowohl eine gehobene Sprechweise innerhalb einer Nähesituation als auch, wie im folgenden Beispiel, Nähesprache innerhalb einer Distanzsituation komisch wirken (Freunek 2007: 52). In *Die Csárdásfürstin* ist Fürst Leopold Maria von Lippert-Weylersheim eine angesehene Persönlichkeit von Rang und Namen, welcher gegenüber es angebracht wäre, einen adäquaten sprachlichen Stil zu wahren. Nach Stasis Einwilligung in die Ehe vergisst Boni dies jedoch im Überschwang seiner Gefühle und sagt: „Schwiegerdurchlaucht, alter [sic], kannst mir gratulieren!" (Kálmán o. J.d: 44). In der Übersetzung wurde dieser Stilbruch jedoch nicht ganz so offensichtlich herausgearbeitet, was die komische Wirkung leicht abschwächt, da sich vor allem das sehr flapsig wirkende *Alter* nicht wiederfindet: „Uncle-in-law, you may embrace me!" (Kálmán o. J.f: Act III, Scene 5). Ein Einschub wie z. B. *my man, old fellow* oder *my mate* wäre in diesem Fall wünschenswert gewesen, obwohl das Umarmen einer derart hochgestellten Person gerade im britischen Kontext und in Verbindung mit etwaigen gestischen und mimischen Ausschmückungen ebenfalls einen scharfen Bruch der Konventionen darstellt und somit großes Komikpotential bietet.

3.2.2.3 Musik

Die komische Wirkung der Operette ist auch noch einer weiteren Komponente zu verdanken: der Spannung zwischen Libretto und Musik (vgl. Berger 1998: 132). Obwohl auch dieser Fall als Widerspruch gesehen werden kann (siehe Punkt 3.2.2.1), wurde die Entscheidung getroffen, den Punkt gesondert zu behandeln.

Komik kann z. B. durch den Kontrast zwischen ernstem Text und beschwingt wirkender Musik entstehen (Lister 1994: 71). So erinnert die Melodie in dem bereits unter Punkt 3.2.2.1 angesprochenen Abschiedslied Eisensteins in Strauß' *Fledermaus* anfänglich an ein Klagelied, was dem Verhalten der Protagonisten und dem von ihnen gesungenen Text entspricht. Dann verändert sich die Musik jedoch und wird zu einer schwungvollen, heiteren Polka, die im Zusammenspiel mit den noch immer kummervollen Worten „O je, o je, wie rührt mich dies" Heiterkeit erzeugt – zumal dem Publikum bekannt ist, dass keine der drei Figuren wirklich trauert (Strauß 1948: 37–38).

Die durch Musik erzeugte Komik in der Operette ist allerdings nicht immer auf Worte angewiesen, sondern kann auch auf dem Widerspruch zur schauspielerischen Aktion beruhen. Die Musik interpretiert bestimmte Handlungen, legt sie fest und schafft so eine Bewegungsvorschrift für den Schauspieler. Heiterkeit kommt immer dann auf, wenn die durch die Musik geschürten Erwartungen an das Verhalten des Darstellers unerfüllt bleiben (Rabien 1973: 192). Dies stellt allerdings kein Problem bei der Wiedergabe im Zieltext dar.

3.2.2.4 Sprachliche Komik

Eine sehr ergiebige Quelle für die Komikgenerierung stellen Sprachspiele dar, die in vielerlei unterschiedlichem Gewand auftreten können. Dabei ist zu beachten, dass in verschiedenen Sprachen unterschiedliche Präferenzen in Bezug auf sprachliche Komik vorherrschen, da der Code einer jeden Sprache ein bestimmtes Potential für diese Art der Komik enthält, welches sich vom Phonem über das Wort und den Satz bis hin zur Verknüpfung von Sätzen verwirklichen kann (Gier 2014: 319, Luthe 1995: 54). So finden sich in französischen Libretti vermehrt Aussprachefehler, unkorrekte oder ungebräuchliche grammatische Formen oder Sondersprachen (Gier 2014: 320). Die englische und die französische Sprache sind, im Gegensatz zum Deutschen, reich an sogenannten *puns*, deren Effekt weitgehend darauf beruhen, dass sie gleich klingen, doch unterschiedliche Bedeutungen haben (Oxford Dictionary: s. v. *pun*). Im Deutschen beruht die komische Wirkung oftmals auf der großen syntaktischen Flexibilität, aber auch auf komisch deformierten oder umgangssprachlichen Wörtern und Wendungen (Gier 2014: 320, Selle 2004: 876). Doch auch hier findet sich (teilweise) Homophonie und Polysemie. So heißt es z. B. in *Die Csárdásfürstin*: „Wir sind furchtbar glücklich miteinander. Nicht wahr, Bonifaz?" – „Furchtbar." (Kálmán o. J.d: 25). Auf den ersten Blick erscheint dieser Dialogteil kaum komisch, doch durch Mimik und Betonung wird während der Aufführung sehr deutlich, dass das Wort *furchtbar* in Bonis Fall keineswegs im Sinne von *sehr* oder *unglaublich* verstanden werden darf, sondern sich auf die für Boni ganz und gar nicht schöne Situation bezieht, in die ihn Sylva mit der Vortäuschung einer Heirat gebracht hat.

Ein weiteres Beispiel für Polysemie findet sich in *Die Fledermaus*. In Akt II, Szene 3 sagt Prinz Orlofsky zu Adele: „Ich liebe die Künstlerinnen, besonders die angehenden. Sie sind also eine angehende?", worauf sie antwortet: „Man hat wenigstens schon öfter bei meinen Leistungen gesagt: ‚Es geht an'" (Strauß 1983: 93). Im Gegensatz zu dem oben gegebenen Beispiel[20] kann das Wortspiel in diesem Fall nicht einfach ins Englische übernommen werden. Nichtsdestotrotz wurde auch in der englischen Übersetzung an der betreffenden Stelle ein Wortspiel eingebaut: „I love artists, specially beginners. Just starting? Have you had your send-off yet?" – „Oh yes, they have often tried to send me off!" (Strauß o. J.: 23).

Komikgenerierung durch Homophonie findet sich in zahlreichen Operettenlibretti. Allerdings handelt es sich im Deutschen – anders als z. B. im Englischen oder Französischen – meist nur um eine teilweise Homophonie der Wörter. Ein Beispiel dafür ist folgende Zeile in Leo Falls (1907: 24) *Die Dollarprinzessin*: „Seine Moneten, neten, neten, hab' ich vonnöten, nöten, nöten".[21]

In *Gräfin Mariza* legte Kálmán dem Diener Penižek lustige, auf teilweiser Homophonie basierende Sätze in den Mund. Diese können in dieser Arbeit nur nach den Angaben Quisseks (2012: 64) wiedergegeben werden, da für Kálmáns Operette nur die Texte der Lieder zu erhalten waren, aber nicht das Gesamtlibretto mit Dialogen.

Vor seinem Posten als Kammerdiener war Penižek Souffleur beim Theater und neigt daher dazu, in jeder passenden oder unpassenden Situation mit einem – leider niemals korrekten – Zitat aufzuwarten. So wird „Durch diese hohle Gasse muss er kommen […]" aus *Wilhelm Tell* (Schiller 2005: 98) zu „durch diese

---

20 Im englischen Libretto (Kálmán o. J.f: Act II, Scene 7) wurde Bonis Wortspiel wiefolgt wiedergegeben: „We're frightfully happy together, aren't we Bonifazius?" – „*(Hollowly)* Frightfully".

21 In der englischen Übersetzung konnte ein auf Homophonie basierendes Wortspiel nicht beibehalten werden. Stattdessen wurde eine auf einem Reim basierende Lösung gewählt: „Then I will collar, collar, collar / Every dollar, dollar, dollar" (Fall 1909: 46).

holde Gasse". Schillers *Verschwörung des Fiesco zu Genua* verwandelt Penižek in das „Fiasko zu Genua" und statt wie im Originalzitat „Der Mohr hat seine Arbeit getan, der Mohr kann gehen" (Schiller 1966: 192) heißt es bei Marizas Kammerdiener, dass der Mohr „kaum mehr gehen" kann.

Auch in *Die Csárdásfürstin* bedient sich Kálmán der teilweisen Homophonie zur Komikerzeugung. In dem bereits unter Punkt 3.2.2.1 erwähnten vorgetäuschten Telefonat Bonis mit Edwin heißt es: „In so jungen Jahren – bist ja noch Knospe! Kannst ja noch spriessen [sic]! (Aufschreiend, sich die Haare verwirrend) Ha! Wart' doch noch!" (Kálmán o. J.d: 47). Kálmán setzt dabei auf den ähnlichen Klang der Wörter *sprießen* und *schießen*, welcher gerade bei einer schlechten Telefonverbindung leicht zu Verwechslungen führen kann. Dem Übersetzer ist es sogar gelungen, an dieser Stelle im Englischen ein polysemes Wort einzubauen, was natürlich gleichzeitig einen vollkommenen Gleichklang mit sich bringt: „Your life is like a plant in bud. It may still shoot – no, cancel that last message!" (Kálmán o. J.f: Act III, Scene 9).

Vollkommene Homophonie ist in deutschen Libretti selten anzutreffen. In *Die Fledermaus* ist es Strauß jedoch (kombiniert mit einem Aussprachefehler bei einem Wort) geglückt. Auf die Frage „Vous êtes aussi français?" des sich als Franzose tarnenden, jedoch der französischen Sprache nur bedingt mächtigen Gefängnisdirektors Frank, antwortet der ebenfalls als Franzose auftretende Eisenstein: „Aussi, aussi, aussi *(für sich)* Außi möcht' ich!" (Strauß 1983: 111). *Außi* ist eine österreichische und süddeutsche Variante für *weg* (Duden s. v. *hinaus*). Natürlich ist eine Homophonie in diesem Fall nur gegeben, wenn der Darsteller des Frank mittels seiner Aussprache deutlich macht, dass ein falscher Franzose spricht, und *aussi* nicht wie eigentlich richtig [osi], sondern wie [aʊsi] klingen lässt.

In der englischen Übersetzung wurde diese Stelle ebenfalls mittels annähernder Homophonie gelöst. Auf Franks Frage antwortet Eisenstein: „Aussi, aussi, aussi. I wish I could, oh, see the way out of this" (Strauß o. J.: 29).

Auch die Einflechtung von Redewendungen als Pointe dient der Erzeugung von Komik. Ein Beispiel dafür findet sich in *Die Csárdásfürstin*. Im Libretto sagt Boni zu Sylva vor der Abreise nach Amerika: „So. Alles ist gepackt. Nur den Schuhknöpfler kann ich nicht unterbringen. [...] Mach dich auf Strümpfe!" (Kálmán o. J.d: 18). Der letzte Satz ist eine (wahrscheinlich österreichische) Variante des bekannten Sprichwortes „Mach dich auf die Socken". Im Englischen existiert leider keine Redewendung, die sich auf Strümpfe oder bloße Füße bezieht und in den Kontext passen würde. Allgemein bekannte Varianten des deutschen Sprichwortes wären: „Get a move on!" oder „You'd better make tracks now!". In der englischen Übersetzung wurde das Problem daher auf eine vielleicht etwas ungewöhnliche Weise gelöst. Im Libretto steht: „There we are, everything's packed. *(Producing one of SYLVA's boots from behind his back)* I couldn't quite get this in, so you'll have to dance on one foot! *(Realises that his joke has fallen flat.)*" (Kálmán o. J.f: Act I, Scene 12). Ohne den Nebentext wäre die englische Variante nur mäßig lustig, doch so entsteht – wahrscheinlich im Zusammenhang mit passender Mimik und Gestik seitens Boni – die komische Wirkung eben gerade aus dem misslungenen Scherz.

Des Weiteren können Reime als Komikquelle genutzt werden. Gefängniswärter Frosch aus der *Fledermaus* fasst Direktor Franks Problem mit dem Auftauchen der Ballbekanntschaften Olga (eigentlich Adele in Verkleidung) und Ida treffend wie folgt zusammen: „Die Olga und die Ida, die waren ja noch nie da und heut sind sie so früh da, da legst di nider [sic], mit der Olga und der Ida" (Strauß 2012: Akt III, Szene 4). Ein auf Reimen basierendes Wortspiel ist jedoch in der Übersetzung fast unmöglich beizubehalten und konnte im englischen Libretto nicht gefunden werden. Die gesamte Textstelle fehlt gänzlich.

Sprachkomik kann allerdings nicht nur in Bezug auf Worte oder Laute, sondern auch auf Taten erzeugt werden. In *Die Csárdásfürstin* schüttelt Edwin Boni aus Wut. Wenn Sylva Boni später fragt, was er denn habe, antwortet er: „Schüttelfrost!" (Kálmán o. J.d: 26). Im Englischen wird zwar auf eine andere Krankheit Bezug genommen, doch bleibt der komische Effekt erhalten. Hier lautet die Antwort auf Sylvas Frage: „The shakes!" (Kálmán o. J.f: Act II, Scene 9), also Tremor (vgl. Brain & Spine Team: „What Could Be Causing 'The Shakes'").

Und auch Wortabwandlungen bieten viel komisches Potential. Ebenfalls in *Die Csárdásfürstin* äußert sich Graf Lippert-Weylersheim sehr überrascht über die völlig unerwartete Hochzeit Bonis. Dieser erklärt mit einem Seitenhieb auf Sylvas erst kurz zuvor ausgeheckten Plan bezüglich der Scheinehe: „Wir sind also auf Hochzeitsreise – sozusagen in Flitterstunden" (Kálmán o. J.d: 23). In der englischen Übersetzung wurde dieses auf dem Wort *Flitterwochen* beruhende Wortspiel nicht beibehalten, obwohl es dazu Möglichkeiten gegeben hätte. Zwar bleibt ein Rest der originalen Komik in den Worten „It … er … came as a surprise … did it in a hurry, don't yer know! […] Honeymoon starting any minute now" (Kálmán o. J.f: Act II, Scene 3) erhalten, doch wären auch Varianten denkbar, welche ebenfalls auf einer Wortabwandlung basieren. Zum Beispiel hätte Boni statt der gängigen Wendung „we're honeymooning" sagen können: „we're honeyminuting".

3.2.2.5 Anachronismus

Ein weiteres Mittel zur Komikerzeugung sind Anachronismen. Ein Beispiel dafür findet sich in *La Belle Hélène*: Die Lösung der Scharade im Intelligenzwettstreit der Könige ist das Wort *locomotive*. Paris bemerkt daraufhin treffend, dass viertausend Jahre vor Erfindung der Eisenbahn dies herauszufinden wirklich eine große Leistung ist (Offenbach o. J.a: 59). Während diese Textstelle sich in der englischen Übersetzung genau so wiederfindet (vgl. Offenbach o. J.b: Act I, No. 7b), lautet die Lösung im deutschen Libretto nicht *Lokomotive*, sondern *Bundestag* (vgl. Offenbach o. J.a: 58). Zwar stellt auch dies einen Anachronismus dar, doch ist unklar, warum der Übersetzer eine Veränderung vorgenommen hat, da dies nicht nötig gewesen wäre.

3.2.2.6 Aktuelle Themen

Eine weitere Quelle für die Komikgenerierung in der Operette ist die Verspottung zeitgenössisch aktueller (umstrittener) Themen (Schmidl 2013: o. S.).

Um die Jahrhundertwende machte Sigmund Freud die Psychoanalyse bekannt und populär. Seine *Drei Abhandlungen zur Sexualtheorie* sowie die schon früher von Jean-Martin Charcot in Wien eingeführte Hypnose waren bald in aller Munde (Schmidl 2013: o. S.). Die Operette bediente sich beider Sujets und verarbeitete sie auf humorvolle Weise. So heißt es im *Hypnotisierduett* in Strauß' (1893: 101–102) Operette *Fürstin Ninetta*:

> S'ist wirklich interessant sich im Schlafe zu verwandeln; fehlt Geist, Genie, Verstand lass hypnotisch dich behandeln; drückt dich dieses Lebens Pein, ärgert dich dein Los auf Erden, schlaf nur ein, schlaf nur ein und du wirst ein And'rer werden.

Und in *Die Fledermaus* wird die geheuchelte sexuelle Strenge der Wiener Belle-Époque-Gesellschaft aufs Korn genommen, wenn Eisenstein seine Ehefrau belügt, um mit seinem Freund auf eines der berüchtigten Feste des Prinzen Orlofsky zu gehen, bei welchem „Damen [...] von der Kamelie bis zum Veilchen" anwesend sind (Strauß 1983: 37). Zwar überführt Rosalinde ihren Gatten der (zumindest versuchten) Untreue, doch kann sie sich selbst nicht zum Moralapostel aufschwingen, da auch sie während Eisensteins Abwesenheit ihren ehemaligen Liebhaber Alfred empfing und ihn sogar, wenn auch gezwungenermaßen, küsste (Strauß 1983: 39–84).

Aktuelle Themen als Komikquelle stellen den Übersetzer vor das Problem der Aktualität der komischen Wirkung (Ranke 2004: 1022), denn wie Hausmann (1995: 32) richtig bemerkt, muss etwas, dass damals komisch war, es heute noch lange nicht sein. Auch Karsky (2004: 225) schreibt, dass es eine der schwersten Aufgaben ist, die komische Wirkung bestimmter Textstellen über die Jahre hinweg aufrechtzuerhalten, selbst wenn keine Übertragung in eine andere Sprache erfolgt, da unvermeidlich stattfindende Veränderungen diese Wirkung beeinträchtigen oder gar zunichtemachen können. Zwar können manche Anspielungen auch heutzutage noch immer ein Lächeln beim Publikum hervorrufen, wie z. B. das oben gegebene Zitat über die Hypnose, doch haben sie ihre Brisanz längst verloren. Dies führt u. U. dazu, dass der Übersetzer eine Modernisierung vornimmt, weil meist nur das als komisch empfunden wird, was einen Bezug zur Gegenwart hat (Karsky 2004: 225, Hausmann 1995: 32). Ansatzpunkte für solche Modernisierungen bieten u. a. Komik generierende Bezugnahmen auf die jetzige Alltagsrealität und auf heutiges Bildungsgut (Ranke 2004: 1022). Ein Beispiel für eine Veränderung des Librettos zugunsten der Komikgenerierung mittels eines heutzutage aktuellen Themas (nämlich dem Ausbau der Kindertagesstätten) findet sich im Libretto *Die Fledermaus* für die Musikalische Komödie Leipzig. Dort beschwert sich Gefängniswärter Frosch: „Die Politiker meinen's gut mit uns. Bei den Kindergärten san's a sie no net so einig. Aber gut – ich versteh's. In Kindergarten werden's wahrscheinlich nimmer mehr kommen" (Strauß 2012: Akt III, Szene 1). Eine Übersetzung dieser Stelle konnte nicht gefunden werden, was darauf zurückzuführen ist, dass das betreffende deutsche Libretto aus dem Jahr 2012 stammt und auch das verarbeitete Thema im selbigen Jahr aktuell war. Die gefundenen englischen Libretti sind älter.

3.2.2.7 Zusammenfassung Humor

Humor hängt einerseits von kulturellen, sozialen, linguistischen, stilistischen oder auch literarischen Konventionen ab und lebt andererseits vom Bruch mit solchen Konventionen (Selle 2004: 875). Aufgrund dieser wichtigen Rolle, die Konventionen bei der Schaffung und Rezeption humoristischer Texte spielen, ist Humor sehr eng mit der jeweiligen Ausgangskultur verbunden (Selle 2004: 875).

Antoine (2001: 21) warnt davor, dass ein Übersetzer darauf achten sollte, nicht zu einem „traductueur" zu werden, welcher „humoricide" begeht. Die Ursache eines solchen „Mordes" können Auslassung, Unvorsichtigkeit, Nachlässigkeit, aber auch Hast und Überstürzung sein.

Der Übersetzer sollte sich immer vor Augen halten, dass eine humoristische Stelle im Libretto, an welcher das Publikum nicht lacht, als verfehlt gelten muss (Ranke 2004: 1021, King 2004: 56). Denn es ist eben der Skopos der Humorübersetzung, das Publikum zum Lachen zu bringen. Um diesen Skopos zu erfüllen, ist es allerdings – neben der Kenntnis über kulturelle und soziale Gegebenheiten – auch notwendig zu wissen, was in der Entstehungszeit des Stückes als lustig

angesehen wurde und was heutzutage als witzig gilt (King 2004: 56–57). Wie
Ritter (1940: 79) schreibt:

> Weil für sie [die komische Wirkung des Textes] die den Menschen je bestimmende
> Lebensordnung entscheidend ist, darum muß das Komische mit der Verschiedenheit
> der Epochen, der Völker, der sozialen Schichten, der landschaftlichen und individuel-
> len Lebenseigentümlichkeiten variierend mitgehen. Das Mitlachenkönnen und d. h. die
> Aktualisierung des komischen Gehalts ist daher nicht schon durch die Verständlichkeit
> des stofflichen Geschehens ermöglicht. Es ist daran gebunden, daß die Ordnung, aus
> der und mit der der Stoff zum Lächerlichen wird, lebensmäßig wirksam ist. Die mittel-
> alterliche Karikatur, der Wortwitz des 16. und 17. Jahrhunderts etwa können geistesge-
> schichtlich ihrem sachlichen Gehalt nach noch durchaus verständlich sein. [...] Aber die
> zündende Kraft, die ihnen innewohnte, das Treffende ihres Witzes ist weithin verloren.
> Sie haben nicht mehr die Kraft, das Lachen zu wecken, weil ihre Welt tot und nicht mehr
> die unsere ist.

Die komische Wirkung ist also abhängig von der Lebenswelt, in welcher sie
sich ereignet. Der Humor einer Lebenswelt bleibt Menschen aus einer anderen
Welt verschlossen, da sie ihn nicht begreifen. Dabei kann diese Welt sich von
der Ausgangswelt zeitlich, räumlich, kulturell und sozial unterscheiden (Berger
1998: 39).

Zusammenfassend kann gesagt werden, dass die Hauptübersetzungsproble-
me im Bereich Humor folgende sind: die Historizität eines Textes, die kulturellen
bzw. sozialen Unterschiede zwischen Ausgangs- und Zielpublikum und fehlende linguistische Wiedergabemöglichkeiten (z. B. bei Wortspielen). Diese Fülle
an zu beachtenden Punkten führt dazu, dass es sehr schwierig ist, erfolgreiche
Lösungsansätze aufzuzeigen. So heißt es bei Szende und Laurian (2001: 17) nur:

> Le traducteur doit restituer des formes tout en garantissant leur intelligibilité. De plus,
> privilégiant tantôt le délire verbal, tantôt le sens, il doit tenir compte de toute une série
> de paramètres pragmatiques et culturels qui, sans notes explicatives, risquent de ne plus
> êtres comprises et savourées dans la langue d'arrivée.

Wie bereits unter den Punkten 3.2.2.1 sowie 3.2.2.2 und 3.2.2.3 ersichtlich, stellt
Komikerzeugung aus einem (wie auch immer gearteten) Widerspruch heraus
ein geringeres Übersetzungsproblem dar, da die Sprache in diesen Fällen nicht
reglementiert ist und so vom Übersetzer leichter ein der Situation, dem Stil oder
der Musik widersprechender Dialog oder Liedtext geschaffen werden kann. Glei-
ches gilt für Humorgenerierung aus Anachronismen (siehe Punkt 3.2.2.5), da alle
bekannten Kultur- und Sprachgemeinschaften eine Geschichte aufweisen und
somit historisch nicht Zusammenpassendes gefunden werden kann. Es kann dabei zwar vorkommen, dass sich der Übersetzer vom Inhalt des Ausgangstextes

lösen und, je nach Zielkultur, einen anderen Anachronismus finden oder bilden muss, doch ist die Beibehaltung eines Anachronismus an sich gut möglich.

Bei Humor, der auf (zur Entstehungszeit der Operette) Aktuellem basiert, kann auf die bereits unter Punkt 3.2.1.5 angegebenen übergeordneten Lösungsansätze für kultur- und epochenspezifische Übersetzungsprobleme (verfremdende oder einbürgernde Übersetzung) zurückgegriffen werden. Der Übersetzer muss dabei entscheiden, ob er den „alten" Witz beibehalten möchte und dann darauf hoffen, dass das Wissen des Zielpublikums über die Entstehungsepoche der jeweiligen Operette so profund ist, dass es den Scherz erkennen und darüber lachen kann. Eine andere Möglichkeit wäre, ein in den Kontext passendes, heutzutage aktuelles Thema zu bemühen und darauf einen neuen Witz aufzubauen.

In einer Übersetzung wohl am schwierigsten zu erhalten ist die auf der Sprache an sich basierende Komik (siehe Punkt 3.2.2.4). Delabastita (1999: 286–287) nennt in seinem Artikel acht Verfahren zur Wortspielübersetzung: die Beibehaltung des Wortspieles, die Weglassung der Textstelle mit dem Wortspiel, die Ersetzung des Wortspieles durch ein ähnliches rhetorisches Mittel, die Wiedergabe durch eine Wendung ohne Wortspielcharakter oder rhetorisches Mittel, die Reproduktion des ausgangssprachlichen Wortspieles in der Originalformulierung („d. h., ohne es wirklich zu übersetzen"), das Einfügen eines Wortspieles an einer anderen Stelle im Text (sozusagen als Kompensation; dabei wird der im Ausgangstext vorgegebene Kontext genutzt), das Erschaffen eines vollkommen neuen Kontextes zur Wortspielgenerierung im Zieltext (als Kompensation) und das Einfügen einer erklärenden Fußnote. Mit Ausnahme des letztgenannten Verfahrens sind alle von Delabastita genannten Vorschläge bei der Operettenübersetzung durchaus anwendbar. Der Übersetzer muss je nach Situation entscheiden, welches (oder welche Kombination aus mehrerern Verfahren) er anwenden kann, um einen gelungenen Zieltext zu schaffen.

Generell gilt – für die Librettoübersetzung im Allgemeinen und die Humorübersetzung im Besonderen – dass der Übersetzer geduldig und kreativ sein und mehrere Möglichkeiten ausprobieren sollte, um zu einer zufriedenstellenden Lösung zu gelangen.

3.2.3 Intertextualität der Operettendialoge

Operettentextbücher sind u. U. „Flickenteppiche", zusammengesetzt aus intertextuellen Referenzen auf allen möglichen Ebenen: vom knappen, wörtlichen Zitat bis hin zur (teilweisen) Übernahme des Handlungsverlaufes eines älteren Stückes (Gier 2014: 111). Dabei lassen sich intertextuelle Rückbezüge durchaus als eine Hommage – auch eine ironisch gemeinte – an ein anderes Stück oder als Überbietung des Vorbildes verstehen (Gier 2014: 111). Zur Enstehungszeit der Ursprungslibretti griffen die Librettisten bei den intertextuellen Referenzen auf die gesamte bildungsbürgerliche Tradition, auf Schauspiel, Oper, Operette, Dichtung und das umfassende Feld der Unterhaltungsliteratur zurück (Gier 2014: 111). Teilweise sind derartige intertextuelle Bezüge – wenn sie sich nicht auf allgemein bekannte Zitate beschränken – jedoch schwer zu identifizieren und fallen nur jener Minderheit des Publikums auf, die über eine solide literarische Bildung verfügt bzw. regelmäßig Theatervorstellungen besucht (Gier 2014: 111). Dies gilt sowohl bereits für die Entstehungszeit der jeweiligen Operette, als auch – im vermehrten Maße – für die heutigen Zuschauer. Damit sind nicht nur Rezipienten des Zieltextes gemeint, sondern auch das deutschsprachige Publikum, das einer zeitgenössischen Aufführung einer Operette beiwohnt, da einige zitierte Werke u. U. in der Gegenwart kaum noch oder gar nicht mehr bekannt sind.

Wenn ein Operettentext auf einen anderen Bezug nimmt, handelt es sich jedoch nicht immer um eine bewusste und gewollte Referenz. Die Operette ist (ebenso wie die komische Oper und die Komödie) eine paradigmatische Gattung. Dies bedeutet, dass die gezeigten Situationen im Wesentlichen Variationen von meist seit der Antike konstanten Basiselementen sind, wie z. B. des Identitätstausches, der Verwechslung, des Missverständnisses und des Betruges bzw. der Täuschung (Gier 2014: 111, 112; zur Paradigmatik in der Komödie siehe Warning 1976: 287–294). Wie Gier (2014: 112) richtigerweise formuliert: „Wenn Dutzende Autoren in wenigen Versen dieselbe, eng begrenzte Thematik behandeln, sind wörtliche Übereinstimmungen kaum zu vermeiden […]".

Jacques Offenbach und seine Librettisten nahmen oftmals Bezug auf Gattungen der zeitgenössischen Literatur, wie z. B. Feuilleton-Romane, und des Theaters, u. a. Melodram, romantisches Drama und Grand Opéra. Es finden sich aber auch Bezüge auf Märchen und antike Mythen, meist jedoch, um sie zu parodieren (Gier 2014: 113). Dies geschieht z. B. durch Trivialisierung, d. h. in diesem Fall Verkleinbürgerlichung, oder auch Illusionsdurchbrechung (vgl. Gier 2014: 113, 114). Ein Beispiel für die Verkleinbürgerlichung eines antiken Epos findet sich in Offenbachs Operette La Belle Hélène: In Hélènes, also Helenas, Schlafzimmer befindet sich ein „Familienporträt", nämlich Leda mit dem Schwan (Offenbach o. J.a: 87), über welches Helena sagt: „J'aime à me recueillir devant ce tableau de famille! … Mon père, ma mère, les voici tous les deux…" (Offenbach o. J.a: 89). Der griechischen Sage zufolge näherte sich der Göttervater Zeus Leda in Gestalt eines Schwanes. Helena wurde infolgedessen aus einem Ei geboren (Grant/Hazel 2008: 263–264). Diese Verkleinbürgerlichung findet sich sowohl in der deutschen (vgl. Offenbach o. J.a: 87) als auch z. T. in der englischen Übersetzung wieder. Dort wurde das Bildnis Ledas allerdings durch ein Mosaik ersetzt – was weniger Ähnlichkeit mit einem bürgerlichen Familienporträt besitzt. Außerdem wird es nicht bereits im Nebentext zu Beginn des zweiten Aktes erwähnt, sondern erst bei Helenas oben angeführter Aussage (vgl. Offenbach o. J.b: Act II, No. 10).

Ebenfalls in *La Belle Hélène* enthalten ist ein Beispiel für die Illusionsdurchbrechung. Dabei wissen oder ahnen die Operettenfiguren, dass sie Protagonisten einer Geschichte sind (Gier 2014: 114). So sieht Orestes schon als junger Lebemann voraus:

> Et moi!... pourquoi est-ce que je sens là qu'il y aura dans mon existence des évènements prodigieusement dramatiques?... ces furies que j'entrevois là-bas... là-bas... et, plus tard, ce tas de tragédies... dont je serai le héros... fatalité!... (Offenbach o. J.a: 27).

Der griechischen Mythologie zufolge tötete Orestes' Mutter dessen Vater Agamemnon und heiratete ihren Geliebten. Orestes wurde von seiner Schwester Elektra in Sicherheit gebracht und wuchs bei einem Schwager seines Vaters auf. Als junger Mann beschloss er, den Tod Agamemnons zu rächen und tötete seine Mutter sowie deren Geliebten. Unmittelbar nach dem Muttermord bestraften die Furien Orestes für sein Verbrechen, indem sie ihn durch Griechenland hetzten und so in den Wahnsinn trieben. Die griechischen Dichter Aischylos und Euripides verarbeiteten die Geschichte des Orestes jeweils in einem Drama (Grant/ Hazel 2008: 310–311).

In der deutschen Übersetzung heißt es (Offenbach o. J.a: 27):

> Nun, und ich! Mein Leben wird eine Reihenfolge dramatischer Ereignisse sein; ich sehe weit von mir, – dort, dort Furien, die mich verfolgen, die mich in fünfactigen Trauerspielen verarbeiten werden – Hand des Verhängnisses.

Im englischen Libretto hingegen fehlt diese Textstelle gänzlich (vgl. Offenbach o. J.b: Act I, No. 3).

Ein Bezug auf ein Märchen findet sich beispielsweise in Lehárs *Eva* (1911). Im Duett Nr. 13 sagt Eva über sich selbst, dass sie „[d]em Aschenbrödel im Königssaal" gleiche (Lehár 1911: 94) und Octave singt: „Bäumchen, Bäumchen rütt'le dich, Bäumchen, Bäumchen, schüttle dich, mach mich reich, allsogleich, wirf Gold und Kleider über mich!" (Lehár 1911: 96). Es ist klar zu erkennen, dass dieser Text auf das Märchen *Aschenputtel* der Gebrüder Grimm verweist. Dort heißt es: „Bäumchen, rüttel dich und schüttel dich, wirf Gold und Silber über mich" (Grimm 1963: 112). In der englischen Übersetzung des Librettos wurde der Bezug zum Märchen der Gebrüder Grimm beibehalten. Octaves und Evas Lied wurde mit der Zusatzüberschrift „Cinderella Duet" (Lehár 1912: 72) ver-

sehen und Eva sagt auch hier über sich selbst: „I'm Cinderella, I'm at the ball!"
(Lehár 1912: 73). Weiter im Text heißt es: „Little tree, oh, little tree, Now [sic] a
gift we ask of thee! From thy boughs pray cast down a pearly necklace for this
girl!" (Lehár 1912: 75). Die Ähnlichkeit zum Text des Märchens ist allerdings
weniger ausgeprägt als im Original, denn in *Fairy Tales of the Brothers Grimm*
(Grimm 2009: 247) heißt es:

> Shake, shake, hazel-tree,
> Gold and silver over me!

Und in *Grimm's Fairy Tales* (Grimm 1903: 161) lautet die betreffende Stelle:

> Rustle and shake
> Dear little tree!
> For the king's ball,
> I pray, dress me.

Eine Anspielung auf ein bekanntes Bühnenstück findet sich in Kálmáns
(o. J.d: 39) *Die Csárdásfürstin*, wenn Boni zu Sylva sagt: „[…] aber du hast dich
benommen wie Titelrolle [sic] in „Wildente"". In der englischen Übersetzung
wurde die Referenz auf Ibsens Drama durch eine Anspielung auf Donizettis Oper
Lucia di Lammermoor ersetzt: „I hate to criticize, but your behaviour was like an
audition for the Mad Scene from "Lucia" " (Kálmán o. J.f: Act III, Scene 1). Ein
Blick auf die Inhalte beider Stücke zeigt, ob der gewünschte Effekt erhalten blieb:
Die Hauptfigur in Ibsens *Die Wildente* ist Gregers Werle, welcher seinem Freund
Hjalmar dabei helfen will, sein altes Leben und die damit verbundenen Lügen
hinter sich zu lassen. Dafür konfrontiert Gregers Hjalmar mit der Wahrheit
über dessen Ehe. Statt seinem Freund und dessen Frau Gina einen Neuanfang
zu ermöglichen, zerstört Gregers jedoch mit dem Aussprechen der Wahrheit
Hjalmars und Ginas Leben (Norwegische Nationalbibliothek o. J.: o. S.). Die
angesprochene *Mad Scene* (oder *Scena della pazzia*) in Donizettis Oper findet
sich in *Parte Seconda, Atto secondo, Scena ed aria*: In der vorhergehenden Szene unterbrach Raimondo die Hochzeitsfeier und berichtete, Lucia habe ihren
Bräutigam Arturo erstochen. Nun erscheint Lucia in einem weißen Kleid, mit
zerzaustem Haar und angsteinflößendem Gesichtsausdruck. In Gedanken stellt
sie sich eine Hochzeit mit ihrem Geliebten Edgardo vor, welche sie in der Arie
besingt (vgl. Donizetti 2006: 212–253). Der direkte Vergleich zeigt, dass die Anspielung auf *Lucia di Lammermoor* weniger gut in den Kontext passt, als Ibsens
Die Wildente. Wie Sylva (allerdings in abgeschwächter Operettenform, ohne
echte Konsequenzen) beschwört auch Gregers Werle mit dem Aussprechen der

Wahrheit Zerstörung herauf; Lucia hingegen besingt in einem Anfall von Wahn ihre Hochzeit mit dem Geliebten, welche sie ersehnt, aber niemals erleben wird. Teilweise werden sogar ganze Handlungsstränge einer Oper zitiert. So ist Lehárs Hauptfigur Frasquita aus der gleichnamigen Operette (vgl. Lehár 1922: 2) eindeutig eine andere Carmen aus der gleichnamigen Oper Georges Bizets aus dem Jahr 1875 (Gier 2014: 114). Es gibt sogar unter den Figuren in *Carmen* eine Zigeunerin mit dem Namen Frasquita (vgl. Bizet 1964: Personen). Ein Vergleich der gesamten Operettenhandlung (vgl. Operetten-Lexikon: s. v. *Frasquita*) mit der Oper (vgl. Bizet 1964: passim) zeigt erstaunliche Parallelen zwischen beiden Werken auf, so z. B. den die Männer provozierenden Tanz der weiblichen Hauptfiguren und deren Streit mit einer anderen Frau, das Hin- und Hergerissensein zwischen zwei Frauen der männlichen Hauptfigur sowie die Ansiedlung des zweiten Aktes in einem Lokal und die sich dort ereignende Eifersuchtsszene. Nur das tragische Ende der Oper ist in der Operette wie zu erwarten nicht beibehalten worden.

Weiterhin finden sich Anspielungen auf einzelne Musiknummern aus bekannten Opern und Operetten. In Falls *Dollarprinzessin* (1907) vereinbaren Hans und Daisy, in der Ehe wie Geschwister zu leben und singen im Duett Nr. 10: „Wir tanzen Ringelreih'n einmal hin und her. Dem Hänsel und der Gretel fällt das gar nicht schwer" (Fall 1907: 46). So ähnlich heißt es auch in Humperdincks Oper *Hänsel und Gretel*: „Brüderchen, komm tanz mit mir, beide Händchen reich' ich dir, einmal hin, einmal her, rund herum, es ist nicht schwer!" (Humperdinck o. J.: 23–24). Dieser intertextuelle Bezug wurde auch in der englischen Übersetzung beibehalten. So heißt es in der Operette: „Together hand in hand only you and I. Like little Hansel and his Gretel used to do" (Fall 1909: 101–102). Im Unterschied zum Original herrscht allerdings keine teilweise wörtliche Übereinstimmung von Falls Text mit Humperdincks Lied vor, da es in der englischen Übersetzung von *Hänsel und Gretel* lautet:

> Brother, come and dance with me,
> both my hands I offer thee;
> > right foot first,
> > left foot then,
> round about and back again! (Humperdinck 1905: Act I, Scene 1).

Ein weiterer Bezug auf eine Musiknummer findet sich in Kálmáns *Die Bajadere* (Uraufführung 1921). In dieser Operette nehmen sich Marietta und Napoleon im Duett Nr. 6 vor: „Heute sind wir einmal schlimm, heut geh'n wir ins Maxim!" (Kálmán o. J.a: 41) – ebenso wie Graf Danilo in Lehárs *Die lustige Witwe* (Uraufführung 1905) (vgl. Lehár o. J.a: 26). In der Übersetzung findet sich diese

Referenz allerdings nicht wieder. Dort heißt es nur: „In the glamour of the night, / Eyes are bright! / Heart [sic] are light! / The stars that shine above / Induce the world to love!" (Kálmán 1921: 3).

Neben Liedern aus Bühnenwerken werden auch bekannte Volkslieder zitiert. So findet sich z. B. in *Die lustige Witwe* eine Anspielung auf das Volkslied *Es waren zwei Königskinder*. Im zweiten Finale singt Graf Danilo: „Es waren zwei Königskinder, ich glaube, sie hatten sich lieb. Die konnten zusammen nicht kommen, wie einst ein Dichter beschrieb!" (Lehár o. J.a: 112–113). Im Original (nach einer Fassung aus dem 19. Jahrhundert) lautet der Text: „Es waren zwei Königskinder, die hatten einander so lieb, sie konnten zusammen nicht kommen, das Wasser war viel zu tief" (Grote 1999: 97). Im englischen Libretto findet sich die Geschichte der zwei Königskinder zwar wieder (vgl. Lehár 1907: 152–157), doch besteht hier kein intertextueller Bezug, da eine englische Variante des deutschen Volksliedes – einer selbst durchgeführten Google-Recherche zufolge – wohl nicht bekannt ist (zumindest nicht im Wortlaut des englischen Operettentextes). Dabei wurde nur auf englischsprachigen Seiten nach dem genauen Wortlaut der Anfangszeile „There once were two princes' children" gesucht. Es ergaben sich 413 Treffer, welche sich ausschließlich auf Lehárs Operette bezogen.

Ein weiterer Bezug auf eine andere Operette findet sich in Kálmáns *Gräfin Mariza* (Uraufführung 1924). Mariza denkt sich darin einen fiktiven Bräutigam aus, um unwillkommene Heiratsanträge abzuwehren. Sie entscheidet sich für den Namen Kolomán Zsupán – eine Anlehnung an den „Schweinefürsten" Kálmán Zsupán aus Strauß' *Zigeunerbaron* (Uraufführung 1885) (vgl. Strauß 1980: Personen mit Kálmán o. J.b: Personen). Diese Anspielung wurde auch in der englischen Übersetzung beibehalten (vgl. Park/Carter 1956: 2 sowie Kálmán o. J.c: Characters).

Neben Verweisen auf andere Theatergattungen, Märchen und die Mythologie bauten Operettenlibrettisten auch Anspielungen auf Werke der Unterhaltungsliteratur ein (Gier 2014: 169, 170). In Offenbachs *Un mari á la porte* ist Florestan stolzer Komponist einer Oper mit dem Titel *Les Mystère d'Udolphe*, welche jedoch vom Theater abgelehnt wurde (vgl. Offenbach o. J.c: 46). Der Operntitel entspricht dem Titel eines – vormals sehr bekannten, aber zu Offenbachs Zeiten bereits angestaubten und schon in Jane Austens *Northanger Abbey* zitierten und verlachten – Schauerromans von Anne Radcliffe: *The Mysteries of Udolpho* von 1794 (für ausführlichere Informationen siehe Austen 2012: passim). In der deutschen Übersetzung der Operette wurde der Verweis auf Radcliffes Werk nicht beibehalten. Florestans Oper trägt hier den Titel *Die wandelnde Leiche um Mitternacht* (vgl. Offenbach o. J.d: 47). Dies entspricht dem Titel einer

Kurzgeschichte in der Zeitschrift *Die Gartenlaube* (O. A. 1853: 164). Die von Ernst Keil gegründete Illustrierte war zwar ein großer Erfolg und legte gar den Grundstein zur Entwicklung moderner Boulevardmagazine, doch war sie „zugleich [...] Synonym für eine idyllische und rührselige Bilder- und Romanwelt" (Deutsche Nationalbibliothek 2013: o. S.). Somit entspricht die Reputation der beiden genannten Werke einander, was wiederum bei den deutschen Rezipienten ähnliche Assoziationen und Gefühle auslösen dürfte wie beim Originalpublikum.

Des Weiteren nutzten Librettisten Zitate aus Klassikern. Beispielsweise ist eine der Figuren in Lehárs Operette *Friederike* Johann Wolfgang von Goethe. Um ihn authentisch und lebendig wirken zu lassen, bauten die Librettisten Herzer und Löhner-Beda zahlreiche Zitate des Dichters in den Text ein. So singt Goethe in Lied Nr. 7 die ersten zwei Strophen seines bekannten Gedichtes *Heidenröslein*[22] (Lehár 1936: 34–35; zum Vergleich siehe Goethe 1955: 41–42). In der Übersetzung wurde diese Anspielung nicht beibehalten; der Liedtext[23] erinnert in keiner Weise an die englische Übersetzung des Gedichtes[24]. Auch die

---

22 „Sah ein Knab' ein Röslein stehn... Röslein auf der Heiden... War so jung und morgenschön, lief er schnell, es nah' zu sehn... sah's mit vielen Freuden. Röslein, Röslein, Röslein rot, Röslein auf der Heiden. [...] Knabe sprach: Ich breche dich, Röslein auf der Heiden. Röslein sprach: Ich steche dich, daß du ewig denkst an mich, und ich will's nicht leiden. Röslein, Röslein, Röslein rot, Röslein auf der Heiden [...]" (Lehár 1936: 34–35).

23 „Wayside Rose, I live again / All the moments over. / Bound to her by love's sweet chain, / Tho' it bring me nought but pain, I must be her lover. Wayside Rose, my wayside Rose, my wayside Rose, / This I do discover: / Tho' it bring me nought but pain, I must be her lover.
[Alternative erste Strophe:] When the winter winds draw near, summer days are flying; If perchance my hopes have fled and your petals old and dead round my feet are lying. Wayside Rose, my wayside Rose, if we're left behind her love will bloom for us anew when once more we find her.
Soon the joyous hours are fled, dead the little token, soon my heart, with anguish slain, mad with grief and mad with pain, may lie still and broken. They will tind my wayside rose there, when I am dying, In my hand; and on my heart wayside roses lying" (Lehár o. J.b: 6–7).

24 „ONCE a boy a Rosebud spi'd,
Heathrose fair and tender,
All array'd in youthful pride,–
Quickly to the spot he hi'd,
Ravish'd by her splendor.
Rosebud, rosebud, rosebud red,
Heathrose fair and tender !

Titel unterscheiden sich. Während der Gedichttitel mit *The Heathrose* (Goethe 1885: 9) übersetzt wurde, heißt das Lied in der Operette *Wayside Rose* (Lehár o. J.b: 5).

Ein weiterer intertextueller Bezug ist Friederikes Zeile „Liebster; ach, Liebster; ich fürcht' mich so sehr und meine Ruhe, ich find' sie nicht mehr" (Lehár 1936: 61). Sie stellt eine Anspielung auf Gretchens Lied in Goethes *Faust* dar (2010: 96):

> Meine Ruh ist hin,
> Mein Herz ist schwer;
> Ich find sie nimmer
> Und nimmermehr.

In der englischen Übersetzung des *Faust* lautet die Stelle:

> My peace is gone,
> My heart is sore;
> I find it never
> And nevermore (Goethe 1961: 321).

Zum Vergleich die Zeilen, die Friederike in der englischen Operette singt (Lehár o. J.b: 13): „How can I live if you find them so fair? How can I love with my soul in despair?". Auch hier ging die Anspielung in der Übersetzung verloren.

In *Die lustige Witwe* (Lehár o. J.a: 103) findet sich eine Abwandlung des berühmten Satzes aus Shakespeares *Hamlet*: „Etwas ist faul im Staate Dänemarks" (Shakespeare 2011: 23). Diese eigentlich geradezu für eine Übernahme ins englische Libretto prädestinierte Anspielung erscheint nicht in der Übersetzung, da darin eine große Änderung erfolgte: Der betreffende Liedteil, welcher im Original von Danilo gesungen wird, gehört hier zur Rolle des Camille (vgl. Lehár 1907: 137). An der bezeichneten Stelle heißt es schlicht: „We are a pair entirely up to date!" (Lehár 1907: 139).

Die Schwierigkeit bei der Übersetzung derartiger intertextueller Bezüge liegt darin, dass sowohl (in erster Linie) der Übersetzer als auch die Zieltextrezipienten die Anspielung als solche erkennen müssen. Probleme können v. a. bei stark kulturgebundenen Texten wie Volksliedern (z. B. *Es waren zwei Königskinder*)

> Said the boy, "I'll now pick thee,
> Heathrose fair and tender !"
> Said the rosebud, "I'll prick thee,
> Ne'er will I surrender !"
> Rosebud, rosebud, rosebud red,
> Heathrose fair and tender !" (Goethe 1885: 9).

auftreten, da diese meist nur in der jeweiligen Ausgangskultur existieren und derselbe intertextuelle Bezug in der Übersetzung somit nicht aufrechterhalten werden kann.

Auch Anspielungen auf Operetten, Opern und anderweitige Theaterstücke können Probleme bereiten. Um derartige Bezüge auch im Zieltext beizubehalten und für das Zielpublikum wahrnehmbar zu machen, könnte auf bereits existierende zielsprachige Libretti des jeweiligen zitierten Werkes zurückgegriffen werden. Dies wird allerdings dadurch erschwert, dass es – wie bereits in der Einleitung angesprochen – meist keine allein autorisierte Übersetzung gibt.

Der oben durchgeführte Librettovergleich hat gezeigt, dass sich insgesamt eher weniger um die Beibehaltung intertextueller Referenzen in der Übersetzung bemüht wurde. Während im Hinblick auf Anspielungen auf eine andere Operette die Referenz einmal erhalten blieb (Kolomán Zsupán vs. Kálmán Zsupán) und einmal weggelassen wurde (*Die Lustige Witwe* in *Die Bajadere*), fehlen die Verweise auf Goethes *Heidenröslein* und *Faust* sowie der (eigentlich für eine Übernahme ins Englische geradezu geschaffene) Bezug auf Shakespeares *Hamlet* gänzlich. Vor allem im Falle Goethes ist dies sehr ungünstig, da die Zitate, wie bereits erwähnt, extra eingebaut wurden, um der Bühnenfigur Goethe größere Authentizität zu verleihen. Diese fehlt in der englischen Übersetzung.

Neben den Auslassungen finden sich auch Ersetzungen einer Anspielung durch eine andere Anspielung (vgl. *Die Wildente* durch *Lucia di Lammermoor* und *The Mysteries of Udolpho* durch eine Geschichte aus *Die Gartenlaube*). Auch wenn in diesen Fällen die Originalanspielung fehlt, wurde sich dennoch um die Beibehaltung des intertextuellen Bezuges an der betreffenden Stelle bemüht.

Des Weiteren gibt es aber auch Beispiele für eine teilweise Beibehaltung des Bezuges in der Übersetzung (vgl. Anspielungen auf *Hänsel und Gretel* sowie *Aschenputtel*). Zwar ist beide Male keine große Übereinstimmung des Werktextes mit dem Operettentext gegeben, doch wird an anderer Stelle explizit auf das Werk verwiesen, was die Verbindung wieder herstellt.

Überraschenderweise scheint es keinen Zusammenhang zwischen der Kulturgebundenheit oder internationalen Bekanntheit eines Werkes und der Beibehaltung eines darauf zielenden intertextuellen Bezuges zu geben. Inwieweit sich diese Erkenntnis sowie die anscheinende Vernachlässigung intertextueller Bezüge in den Übersetzungen im größeren Forschungsrahmen bestätigen oder widerlegen lässt, kann jedoch an dieser Stelle nicht näher beleuchtet werden, da in dieser Arbeit nur stichprobenartige Untersuchungen vorgenommen wurden.

3.3 Probleme hinsichtlich der Relation von Ausgangs- und Zieltext

3.3.1 Die Treue zum Ausgangstext

Im Allgemeinen wird von einer Übersetzung erwartet, dass sie treu ist (Nord 2009: 24), doch was ist damit gemeint? Koller (1972: 112) schreibt:

> Unter Treue ist je etwas anderes zu verstehen, wenn man von der Treue gegenüber den inhaltlichen, formalen, stilistischen und wirkungsmäßigen Elementen eines Textes im Blick auf den Ausgangstext oder den Zieltext, die ausgangssprachlichen Merkmale oder die zielsprachlichen Bedingungen und Voraussetzungen ausgeht.

Eine exakte, immer gültige Definition von Treue zu geben, ist somit kaum möglich. Im Zusammenhang mit Treue fällt oftmals auch das Wort *Äquivalenz* oder die Forderung an den Zieltext, dass er gegenüber dem Ausgangstext äquivalent sei. Die Umstrittenheit dieses Wortes zeigen schon Reiß und Vermeer (1991: 124) auf, wenn es bei ihnen heißt: „[...] kaum ein translationswissenschaftlicher Begriff [sic] ist so wenig eindeutig definiert und wird in so schillernder Vielfalt verwendet wie diese beiden Begriffspaare [*Äquivalenz* und *Adäquatheit*].“ Fedorow (1953: o. S.[25], Übersetzung aus dem Russischen zit. in Cary 1957: 185) versteht unter Äquivalenz eine große Genauigkeit bei der Wiedergabe des semantischen Gehaltes der Vorlage sowie eine gleichwertige Übereinstimmung mit dem Original was Funktion und Stil betrifft. Und auch Koller (1972: 69, 114) schreibt, dass Äquivalenz sowohl im semantischen als auch stilistischen und funktionellen Bereich sowie in der Textwirkung (Wirkungsgleichheit) gefordert wird. Im Kontext der Librettoübersetzung verwendet Honolka (1978: 110–111) den Terminus Sinntreue, welcher den gesamten Kontext des Librettos sowie den Charakter einer jeden Figur und ihr Sprachklima umfasst.

Hale und Upton (2000: 7) geben allerdings zu bedenken, dass die Beziehung zwischen Ausgangs- und Zieltext im Bühnenfach meist asymmetrisch ist. Das Original sollte daher in der Übersetzung zwar nicht verfälscht, aber bewusst umgearbeitet werden, um den neuen Gegebenheiten zu entsprechen. Dies führt dazu, dass im Fall des Bühnentextes die Grenze zwischen Übersetzung und Adaption weniger klar markiert ist als in anderen Genres (Greiner/Jenkins 2004b: 1013, Schultze 2004: 1029). Auch Wertenbaker (2006: 35) schreibt, dass eine Bühnenübersetzung nicht nur zu Veränderungen, sondern meist auch zu

---

25 Fedorow, Andrej Wenediktowitsch (1953): *Введение в теорию перевода*. Moskau: o. V.

einer Verschiebung führt. Und Newmark (1993: 142) meint gar: „The lighter the play, the more it can be 'adapted', the less closely it need be translated".

Um den Wahrheitsgehalt dieser Aussage zu prüfen, muss eine Unterscheidung zwischen Adaption, Version und dem Hinweis, etwas basiere auf etwas anderem, getroffen werden. Timberlake Wertenbaker versteht darunter Folgendes: Adaptieren ist für sie gleichzusetzen mit der Anpassung an eine neue Umwelt. Sie verweist dabei auf die Bedeutung des Wortes in der Biologie, nämlich das Anpassen eines Organismus an eine neue Umgebung, um somit dem Aussterben zu entgehen. Im Falle des Theaters ist es die Anpassung an ein verändertes, modernes Publikum, welche dem Stück hilft, über Generationen hinweg nichts von seiner Popularität einzubüßen (Wertenbaker 2006: 36). Eine Version wird geschaffen, wenn ein zielsprachlicher Bühnenautor die Sprache des Originals nicht beherrscht und es daher nicht übersetzen kann. Stattdessen greift er die dahinter stehende Idee auf und setzt sie frei in seinem Sinne um (Wertenbaker 2006: 37). Wenn geschrieben steht, dass ein Werk auf einem anderen basiert, dann bedeutet dies, dass das Original als Grundlage genutzt wurde, auf welcher der zielsprachliche Autor ein neues Stück konstruiert, welches seinen eigenen Vorstellungen entspricht. Dieses Werk ist allerdings noch enger am Original orientiert als eine Version (Wertenbaker 2006: 36).

Aaltonen (1995: 89) nimmt ebenfalls eine Dreiteilung in *transformation*, *intersection* und *borrowing* vor, welche inhaltlich grob der Auffassung Wertenbakers entspricht. *Transformation* bedeutet, dass die dramatischen Strukturen bzw. der Stil der Darstellung beibehalten werden, während bei einer *intersection* aufgrund einer Veränderung der Anordnung der Szenen oder Charaktere neue oder teilweise besondere Akzente gesetzt werden. Beim *borrowing* wird nur die zentrale Idee des Originals übernommen, um im Folgenden ein neues Stück rund um diese Idee aufzubauen.

Obwohl Treue und Äquivalenz in den Werken der Übersetzungswissenschaft eine große Rolle spielen, scheinen sie im Fach der Bühnenübersetzung weniger streng gesehen zu werden. So meint Kaindl (1995: 160), dass von genauen Textrekonstruktionen über Kürzungen und Umstellungen innerhalb eines Textes bishin zu völligen Neugestaltungen, bei welchen das Original vom Regisseur und Dramaturgen als Rohmaterial betrachtet und genutzt wird, um eine eigene Geschichte zu erzählen, alles denkbar und möglich ist. Daher ist es laut Kaindl (1995: 161) auch kaum sinnvoll, Begriffe wie z. B. Übersetzung und Adaption voneinander abzugrenzen und somit die Aufgaben des Übersetzers einzuschränken. Und auch Ranke (2004: 1016) schreibt, dass zwar eine Unterscheidung zwischen Übersetzung und Bearbeitung in jeglicher Form getroffen werden kann, doch dies nicht mit einem Qualitätsurteil über die jeweiligen Texte gleichgesetzt werden sollte. Bassnett (1992: 132) ist der Meinung, dass der Bühnenübersetzer sich vorrangig auf den Erhalt der Beziehung des Publikums zum Stück konzentrieren sollte, was wiederum einige Abwandlungen des Originales rechtfertigt. In ihrem späteren Artikel *Still Trapped in the Labyrinth: Further Reflections on Translation and Theatre* warnt sie jedoch davor, dass der bereits besprochene, schwammige Begriff Aufführbarkeit teilweise von Übersetzern als Ausrede für größere Freiheiten benutzt wird (Bassnett 1998: 96).

Vor allem im Bereich der Liedübersetzung sind die Grenzen zwischen Übersetzung und Bearbeitung verwischt (Susam-Sarajeva 2008: 189, Franzon 2005: 263). Es kann zwischen zwei Arten von Liedern unterschieden werden: logozentrischen und musikozentrischen. Bei logozentrischen Liedern steht die Textaussage im Vordergrund und dominiert über die Musik (Low 2013: 72). Musikozentrische Lieder sind, wie der Name bereits verrät, vor allem auf die Musik konzentriert und weniger auf den zu singenden Text (Low 2013: 72, Low 2005: 187). Diese strikte Einteilung ist jedoch nicht generell anwendbar, da es auch Lieder gibt, in welchen Musik und Text von gleicher Wichtigkeit sind (Low 2005: 200). Dies ist auch in der Operette der Fall, da die eingebauten Lieder einen Teil der Handlung darstellen und somit der Text nicht beliebig abgeändert werden kann. Allerdings ist bei Operettenliedern – im Gegensatz zu Opernarien – zu beobachten, dass sie nicht nur innerhalb des Werkes ihre Bestimmung finden, sondern auch als Auskopplungen, d. h. als sogenannte Hits oder Schlager (Quissek 2012: 77, Klügl 1992: 113). Wie bereits unter Punkt 2.3.2 erwähnt, gehört es zum Wesen der Operette, dass sie meist ein bis zwei Schlager enthält (Lichtfuss 1989: 62). Es kann sogar gesagt werden, dass die Operette die Urquelle des Schlagers ist, da der Terminus 1881 in einer Rezension von Johann Strauß' Operette *Der lustige Krieg* geprägt wurde (Worbs 1963: 11). Ursprünglich leitete sich das Wort von der „Schlagkraft zündender Melodien" (Worbs 1963: 11) ab. Heutzutage wird unter einem Schlager eher „jedes durch technische Medien in Massenproduktion verbreitete, urheberrechtlich geschützte, geflissentlich auf den Augenblickserfolg zielende Tanz- oder Stimmungslied" verstanden (Worbs 1963: 12). Vor allem nach dem Ersten Weltkrieg wurden aufgrund der neuen Verbreitungsmöglichkeiten per Schallplatte und Radio immer mehr Lieder mit Schlagercharakter in die Operetten eingebaut (Gier 2014: 94). Ein Meister dieses Faches war Paul Abraham, wie Klotz (1991: 95) bemerkt:

> Abraham hat da, unverkennbar, von vornherein eingängige Schlager geschrieben zur Weiterverwertung über den Bühnenzweck hinaus, für Tanzlokale und Platten, Funk und Kino.

Um zu einem Schlager zu werden, musste ein Lied mindestens zwei Bedingungen erfüllen. Erstens durfte es die Länge von wenigen Minuten nicht überschreiten, da Schallplatten anfänglich pro Seite nur über eine begrenzte Spieldauer verfügten (Kaindl 2013: 154). Zweitens musste es eine gewisse Eigendynamik besitzen, d. h. es musste von der Operettenhandlung isolierbar sein und auch außerhalb des dramaturgischen Kontextes seine Wirkung beibehalten (Lichtfuss 1989: 62). Diese Wirkung gründete sich nicht zuletzt auf eine eingängige, populäre Melodie (Quissek 2012: 78), was eine, zumindest teilweise gültige, Dominanz der Musik gegenüber dem Text nahelegt (Kaindl 2013: 154). Es ist daher kaum verwunderlich, dass bei Schlagerübersetzungen der Originalmusik u. U. vollkommen neue Texte beigefügt werden (Kaindl 2013: 151).

Sobald allerdings die Form bei einer Übersetzung wichtiger ist als der Informationsgehalt des Textes, nähert sich der Übersetzer einer Grenze, an welcher gefragt werden muss, ob es sich noch um eine Übersetzung handelt oder um ein neues literarisches Produkt (Olkkonen 2008: 22).

Low (2005: 191) und Tråvén (2005: 107) geben zu, dass bei Liedübersetzungen aufgrund des Formzwanges unweigerlich Informationen verloren gehen und sich der Übersetzer oftmals einige Freiheiten herausnimmt.

Mounin (1967: 137) schließlich fasst die Besonderheit der Treuefrage im Fall der Bühnenübersetzung wiefolgt in Worte:

> Vor der Treue zum Wortlaut, zur Grammatik, zur Syntax und sogar zum Stil jedes einzelnen Satzes im Text muß die Treue zu dem kommen, was diesem Stück in seinem Ursprungsland seinen Erfolg auf der Bühne verschafft. Man muß die Bühnenwirksamkeit übersetzen, bevor man sich um die Wiedergabe der literarischen oder poetischen Qualitäten kümmert, und wenn dabei Konflikte entstehen, muß man der Bühnenwirksamkeit den Vorzug geben.

Unter *Bühnenwirksamkeit* wird verstanden, dass nicht allein die Aussagen, sondern auch die Kontexte und Situationen so übersetzt werden, dass die Zieltextrezipienten sie unmittelbar verstehen, „um darüber lachen oder weinen zu können" (Mounin 1967: 138). Bednarz (1969: 177–178) ist ebenfalls der Meinung, dass nicht das Gesagte ausschlaggebend ist, „sondern das, was auf andere Weise ausgedrückt wird." Und auch Pelletier (1988: 32) schließt sich diesen Aussagen an, wenn sie schreibt:

> […] what is important in the theatre is not the exactness of the words but the effect they create in the context in which they have been placed. If an actor has to sustain an intention or a change of intention on a certain word, I would prefer that the word be strong rather than exact, vivid rather than correct.

Honolka (1978: 110) betont, dass das Werk in seiner Gesamtheit vor den einzelnen Teilkomponenten rangiert, d. h. Texttreue allein ist nicht ausreichend, wenn der Text z. B. nicht zu den Noten passt oder den emotionalen Gehalt einer Dialogszene nicht unterstützt. Letztendlich ist es manchmal einfach nicht möglich, eine inhaltlich treue und gleichzeitig der Form entsprechende, ästhetisch befriedigende, „schöne" Übersetzung zu erschaffen (Koller 1972: 53). So muss festgestellt werden, dass gerade bei der Operettenübersetzung die sprichwörtlich gewordene Wendung von der „schönen Ungetreuen" oftmals zutrifft: „Les belles traductions, comme les belles épouses, ne sont pas toujours les plus fidèles" (Esaias Tegnér in einem Brief an Brinkmann vom 07. April 1825, zit. in Delisle 2007: 21).

Nichtsdestotrotz dürfen die Freiheiten nicht auf die Spitze getrieben werden. Wie Franzon (2005: 266) richtigerweise anmerkt: „Fidelity (of some kind) is what distinguishes a translated song from all-new lyrics to old music". Diese Aussage kann problemlos auf das gesamte Libretto ausgeweitet werden. Der Übersetzer muss eine Balance finden und sich die Treuefrage für jeden Librettoteil, d. h. Dialogszenen, Lieder und Nebentexte, einzeln stellen. Bei einem derart heterogenen Text wie dem Operettenlibretto kann es keine allumfassende Werktreue geben. Der Übersetzer wird sich oftmals entscheiden müssen, welchem Punkt er den Vorzug gibt: dem semantischen Inhalt oder der Form.

3.3.2 Die Rolle des Übersetzers vor und während des Inszenierungsprozesses

> Dem Librettisten flicht die Mitwelt keine Kränze, / sein Schaffen bleibt verborgen in der Gänze. / Wer Mozart ist, das weiß ein jeder, / doch niemand kennt den Schikaneder ... / Man merkt sich nur die Komponisten, / kein Mensch gedenkt der Librettisten ... / Der Komponist genießt die Huld / – wenn's durchfällt, sind die Dichter schuld! / So war's schon Anno Offenbach, / die Nachwelt macht es einfach nach (Albert Grünwald 1924[26], zit. in Frey 2003: 178).

In diesem Gedicht von Grünwald ließe sich das Wort *Librettist* ohne weiteres durch *Übersetzer* ersetzen, ohne dass der Wahrheitsgehalt der Aussage sinken würde, denn obwohl der Sprachmittler eine durchaus aktive Rolle bei der Erschaffung einer zielsprachigen Operetteninszenierung spielt, wird sein Wirken im Theaterkontext oftmals marginalisiert oder gar ganz unter den Teppich

---

26 Bei Frey findet sich keine genaue Quellenangabe für Grünwald. Unter Berücksichtigung des Kontextes stammt das Zitat wahrscheinlich aus einem Brief an Kálmán aus dem Jahr 1948 oder 1949.

gekehrt (Krebs 2007: 15). Während ein Bühnenautor in die Inszenierungsarbeit eingebunden und regelmäßig zu Rate gezogen wird sowie die Möglichkeit hat, bei den Proben anwesend zu sein und so seinen Text an die Inszenierung anzupassen, wird der Übersetzer kaum als Bestandteil des Theaterprozesses wahrgenommen (Hale/Upton 2000: 10). Dies ist allerdings angesichts der bis zu diesem Punkt ausführlich aufgezeigten und beschriebenen Komplexität der Operette, d. h. dem Aufeinandertreffen musikalischer, sprachlicher und szenischer Elemente innerhalb einer einzigen Kunstform, nur als Nachlässigkeit oder gar als grober Fehler zu bezeichnen, welcher sich auf die Qualität des zielsprachlichen Endproduktes nicht unerheblich auswirken kann.

Die Gültigkeit von Kaindls (1995: 43) Feststellung, ein Opernlibretto dürfe nicht als isoliertes Gebilde aufgefasst werden, welches nach literarisch-ästhetischen Kriterien analysiert werden kann, wurde mittels dieser Arbeit auch für Operettenlibretti bestätigt. Ein Libretto (sowohl für die Oper als auch die Operette) sollte vielmehr als ein „simultanes Ineinander von Sprache-Musik-Szene" (Kaindl 1995: 40) gesehen werden, welches einen funktionalen Bestandteil des Bühnenwerkes darstellt (Kaindl 1995: 43). Noch mehr als beim reinen Dramenstück ist es bei der Übersetzung eines Operettenlibrettos zwingend notwendig, die Bühnendarstellung in die Übersetzungsarbeit einzubeziehen, da bestimmte Elemente wie Tanz in Verbindung mit Dialogen oder Musik und die eventuell daraus entstehende Komik nur visuell fassbar sind (Quissek 2012: 293). Und da sich Inszenierungen ein und desselben Stückes signifikant voneinander unterscheiden können, ist es ebenfalls wichtig, dass der Übersetzer die Möglichkeit – und Fähigkeit – hat, „die literarischen, szenischen und musikalischen Kriterien zunächst in ihrer werksgeschichtlichen Bedeutung und ihrem Zusammenwirken" zu analysieren und innerhalb des Übersetzungsprozesses u. U. neu zu bestimmen bzw. zu gewichten (Kaindl 1995: 51). Es kann daher, auch im Kontext der Operette, den Worten Georges Mounins (1963: 14) nur zugestimmt werden, wenn er schreibt, ein Stück sei „le produit d'une activité non pas linguistique, mais dramaturgique".

Der Besitz der sogenannten Übersetzungskompetenz (d. h. Sprach-, Sach-, Textsorten-, Transfer- und Kulturkompetenz sowie Technische Kompetenz) ist somit nicht ausreichend für eine erfolgreiche Arbeit als Operettenübersetzer. Der Übersetzer sollte zusätzlich auch noch thea-tralische und musikalische Kompetenzen aufweisen können (vgl. dazu auch Hale/Upton 2000: 11). Vereinfacht gesagt: Ein Übersetzer sollte, wie auch ein Bühnenautor, nicht in zwei, sondern (mindestens) in drei Dimensionen denken, denn: „A script written by someone who customarily sees things written down, and a script by someone who sees things spoken and moved, are very dissimilar [...]" (McCormack 2004: 266).

Ein Operettenübersetzer sollte sich somit selbst als Bühnenautor sehen (Johnston 2004: 25) und zusätzlich „die Leistung eines Regisseurs vollbringen" (Rismondo 1959: 288), denn wie Sahl (1965: 105) richtig bemerkt: „Übersetzen heißt, ein Stück in einer andern Sprache *inszenieren*".

Dies würde bedeuten, dass ein Operettenübersetzer idealerweise eine theaternahe Ausbildung oder zumindest eingehende Theatererfahrung vorweisen kann, um seiner zusätzlichen Rolle als Spezialist im Bühnenfach gerecht zu werden (Peghinelli 2012: 26). Diese Forderung wird umso wichtiger angesichts der Tatsache, dass eine mangelnde Bühnenerfahrung des Übersetzers nicht mehr durch den Regisseur oder Dramaturgen ausgeglichen werden kann, da eine Bearbeitung ihrerseits das Urheberrecht des Übersetzers verletzen würde und sie andererseits der Ausgangssprache des Original oftmals nicht mächtig sind und somit mögliche Fehler (nicht nur sprachlicher Natur, sondern auch z. B. den Nebentext betreffend) nicht erkennen können (Bednarz 1969: 269). Allerdings ist es noch keine selbstverständliche Maxime, dass Theaterübersetzer – und demnach auch Operettenübersetzer – eine solche „Theatermächtigkeit", wie Kahlbeck (1959: 284) sie nennt, besitzen müssen.

Doch selbst wenn ein Vorhandensein der theatralischen Kompetenz in Zukunft bei der Auswahl des Übersetzers stärker beachtet würde, wäre dies noch immer nicht ausreichend, um ein zufriedenstellendes zielsprachliches Operettenlibretto zu erschaffen.

> Theories of acting, from Stanislawski through Brecht, have evolved the notion of the gestic text [welcher dem unter Punkt 3.1.1 beschriebenem Untertext entspricht] that is somehow encoded in the written and can then be deciphered by an actor. […] If the written text is merely a blueprint, a unit in a complex of sign systems including paralinguistic and kinesic signs, and if it contains some secret gestic code that needs to be realised in performance, then how can the translator be expected not only to decode those secret signs in the source language, but also to re-encode them in the target language? […] To do such a thing a translator would not only have to know both languages and theatrical systems intimately, but would also have to have experience of gestic readings and training as a performer or director in those two systems (Bassnett 1998: 92).

Muss ein Operettenübersetzer demnach Übersetzer, Musikexperte, Regisseur, Dramaturg und Schauspieler in einer Person sein, um erfolgreich arbeiten zu können? Es braucht nicht viel, um eine solche Forderung als unrealistisch zu entlarven. Ist es somit unmöglich, eine Operettenübersetzung durchzuführen? Mitnichten. Zwar bedarf es u. U. all der aufgezählten Kompetenzen, doch müssen diese nicht in einer einzigen Person vereint sein. Die Zusammenarbeit verschiedener Experten und die Einbindung des Übersetzers in den gesamten Inszenierungsprozess kann Abhilfe schaffen (vgl. Bassnett 2011: 100).

Besonders im Hinblick auf die Operettenübersetzung ist ein solches Vorgehen eigentlich keine neuartige, revolutionäre Idee, da schon das Entstehen einer Operette auf der Zusammenarbeit meist mehrerer Librettisten mit einem Komponisten beruht (siehe ausführlichere Erläuterungen unter Punkt 2.3.3). Wäre es dann nicht logisch, auch die Übersetzung einer Operette zur Gemeinschaftsarbeit zu machen?

> Wenn die Übersetzung zum Zwecke einer möglichen Aufführung gewisse Anforderungen erfüllen soll, kann der Bühnenübersetzer nicht allein in seinem Elfenbeinturm arbeiten, sondern muss in die tatsächliche Bühnen- und Regiearbeit integriert werden (Hörmanseder 2008: 15).

Bei einer Zusammenarbeit mit dem Ensemble wäre es möglich, das Libretto im Zuge der Proben zu verändern und an die Wünsche der Schauspieler sowie an die Inszenierung anzupassen, genauso, wie es auch ein Bühnenautor machen würde (Bassnett 2011: 101, Pavis 1989: 28). Es besteht also eine gegenseitige Abhängigkeit des Übersetzers auf der einen und des Theaterensembles einschließlich des Regisseurs auf der anderen Seite, welcher erhöhte Aufmerksamkeit geschenkt werden sollte (Bassnett 2011: 107). In der Praxis herrscht jedoch oftmals eine Trennung von Übersetzungs- und Inszenierungsarbeit vor: Der Regisseur erhält den übersetzten Text und verwendet ihn als Grundlage für seine Inszenierung, ohne dass weiterer Kontakt mit dem Übersetzer besteht (Hörmanseder 2008: 68). Schon der Versuch einer Kooperation wird teilweise bereits im Keim erstickt: Eva Espasa bat darum, bei Proben anwesend sein zu dürfen. Der Regisseur verweigerte dies jedoch mit der Begründung, dass Proben wie eine Liebesaffäre zwischen ihm und den Schauspielern seien und er keine Voyeure wünsche (Espasa 2000: 61).

Dieses Beispiel verdeutlicht anschaulich, dass ein Umdenken dringend erforderlich ist. Die Arbeit des Übersetzers sollte nicht länger als eine Tätigkeit fernab der Bühnenrealität betrachtet werden, sondern als ein Netz aus Beziehungen gestaltet sein (Kaindl 1995: 164). Das Libretto ist die Ausgangsbasis für eine Bühnenproduktion und dem Übersetzer (als Erschaffer des zielsprachigen Librettos) sollte daher eine Schlüsselposition innerhalb des Inszenierungsprozesses zuerkannt werden, auf Augenhöhe mit dem Bühnenautor, dem Dramaturgen und dem Regisseur (Hale/Upton 2000: 9).

Bassnett (2011: 100) hebt schließlich in diesem Zusammenhang noch einen weiteren Punkt hervor:

> […] it is significant that where translators have been involved in production, they feel more empowered and do not rabbit on about performability and speakability and any other -*bility*, because they are not working in a vacuum but are actually, physically engaged.

4 Fazit

Richard Wagner (1852: 216–217) beklagte einmal in Hinblick auf die Übersetzung von Opernlibretti:

> Bei diesen Uebersetzungen ist nie weder ein dichterischer noch musikalischer Verstand thätig gewesen, sondern sie wurden von Leuten, die weder Dichtkunst noch Musik verstanden [...] ungefähr so übersetzt, wie man Zeitungsartikel oder Kommerznotizen überträgt.

Die vorangehenden Kapitel dieser Arbeit haben deutlich gezeigt, wie sehr sich Librettoübersetzungen von Übersetzungen anderer Textsorten unterscheiden, wie viel komplexer und facettenreicher, doch gleichzeitig weniger dauerhaft gültig sie sind. Gesprochene Sprache ist einer größeren Flüchtigkeit unterworfen als geschriebene Sprache (Bassnett 2011: 107, Greiner/Jenkins 2004b: 1013). Aufgrund des Wunsches, die fingierte Oralität der Dialoge aktuell zu halten, werden Bühnenstücke häufiger neu übersetzt als andere Textsorten (Bassnett 2011: 107, Mateo 1995b: 105).

Bühnenstücke reagieren immer auf die bestimmten Umstände, in denen sie stattfinden, auf kulturelle und soziale Gegebenheiten der Jetztzeit. Dies macht sie weniger fassbar, fixierbar und kontrollierbar (Griesel 2000: 9). Das übersetzte Libretto, der geschriebene Text auf Papier, ist nicht ausreichend. Das Stück erwacht erst mit den Kulissen und den Darstellern zum Leben, erlangt erst in diesem Gesamtkontext Vollständigkeit. Dies führt dazu, dass „[...] theatre translation is never where one expects it to be: not in words, but in gesture, not in the letter, but in the spirit of a culture, ineffable but omnipresent" (Pavis 1989: 42).

Während sich Pavis mit seiner Aussage erst einmal nur auf gesprochene Theaterstücke bezieht, muss sich der Übersetzer eines Operettenlibrettos noch mit einer zusätzlichen Dimension, nämlich der Musik, befassen. Wie Kapitel 3.1.3 gezeigt hat, sind Musik und Text in den Liedern untrennbar miteinander verbunden. Es ist daher nicht ausreichend, wenn eine Librettoübersetzung von einem „reinen" Übersetzer vorgenommen wird. Wie exzellent er seine Kunst auch beherrschen mag, er wird höchstwahrscheinlich an der erfolgreichen Übertragung der Operette scheitern, wenn ihm das musikalische Wissen fehlt.

Es liegt daher nahe, dass bei der vorherrschenden Komplexität der Operettenlibretti eine Zusammenarbeit des Übersetzers mit dem Theaterensemble dringend anzuraten ist. Wie Kapitel 3.3.2 gezeigt hat, ist es für einen Übersetzer sehr schwer, eine Librettoübersetzung allein an seinem Schreibtisch vorzunehmen. Mithilfe des Regisseurs und der Schauspieler bzw. Sänger kann das

fremdsprachige Libretto bereits im Entstehungsprozess an die jeweilige Inszenierung angepasst werden, was wiederum die Arbeit der Theaterverantwortlichen und der Bühnendarsteller erleichtert. Es ist nur wünschenswert, dass die
beteiligten Seiten sich dieser Sichtweise annehmen und dem jeweils anderen bei
dessen Aufgabe zur Seite stehen, anstatt sich gegenseitig die Arbeit zu erschweren und somit u. U. auch den Erfolg des Gesamtprojektes zu beeinträchtigen.

Im Verlauf dieser Arbeit fand eine Auseinandersetzung mit den in der einschlägigen Literatur häufig anzutreffenden Schlagwörtern *Aufführbarkeit*,
Sprechbarkeit und *Sangbarkeit* statt. In Kapitel 3.1.1 wurde festgestellt, dass Aufführbarkeit allein sehr schwer fassbar ist. Die Beschäftigung mit Sprechbarkeit
und Sangbarkeit sowie anderen für eine Librettoübersetzung wichtigen Punkten
(wie z. B. Kultur- und Epochenspezifik) hat es allerdings erlaubt, den Terminus
Aufführbarkeit in ein klareres Licht zu rücken. Die aus dieser Arbeit gewonnenen
Erkenntnisse zeigen, dass ein Libretto *aufführbar* genannt werden kann, wenn es
sprechbar, sangbar und atembar sowie für die Angehörigen der Zielkultur und
-epoche verständlich und nachvollziehbar ist. Es kann somit gesagt werden, dass
Aufführbarkeit die anderen in dieser Arbeit bearbeiteten Punkte (Sprechbarkeit,
Sangbarkeit, kulturelle und zeitliche Anpassung, Humorübersetzung, Intertextualität des Textes und Treue) in sich vereint. Nur wenn der Übersetzer die sich
ihm in diesen Bereichen stellenden Probleme erfolgreich bewältigt, kann er einen aufführbaren Zieltext erschaffen. Man könnte diese Herangehensweise – an-
gelehnt an Peter Lows Konzept – *Hexathlon Approach* nennen. In den einzelnen
Kapiteln wurde immer wieder aufgezeigt, dass bei der Operettenübersetzung
kein hundertprozentiger Erfolg nötig (oder erreichbar) ist. So verfügen beispielsweise ausgebildete Schauspieler über Methoden, auch schwer sprechbare
Textstellen zu rezitieren; Sänger erlernen während der Ausbildung Atemtechni-
ken, die es ihnen erlauben, ihren Luftverbrauch so zu regulieren, dass sie Textunzulänglichkeiten ausgleichen können. Und beispielsweise auch der Begriff der
Texttreue kann (und muss teilweise) bei einer Librettoübersetzung weiter und
lockerer gefasst werden als bei anderen Textsorten, wie Kapitel 3.3.1 gezeigt hat.

Es ist nun die Aufgabe des Übersetzers, in jedem Teilbereich ein bestmög-
liches Ergebnis zu erreichen, ohne dabei einen Aspekt der Aufführbarkeit als
sakrosankt zu betrachten oder für einen anderen zu vernachlässigen. Letztendlich zählt ein ausgeglichenes Verhältnis der einzelnen Teile untereinander, um
dem zielkulturellen Publikum einen zufriedenstellenden Theaterbesuch ohne
störende Momente oder schalen Beigeschmack zu ermöglichen.

Abschließend soll noch einmal auf die in der Einleitung erwähnte Meinung
eingegangen werden, die Operette sei Kitsch und keine Kunst und somit der

Mühe einer eingehenderen Betrachtung nicht wert. Der Journalist Günther Nenning (1997: 14–15) hat für einen derartigen Vorwurf eine treffende Antwort formuliert:

> Hoch- und Höchstkulturmenschen sind bedauernswert. Sie sind keine kompletten Menschen. Der komplette Mensch ist, außer komplett, auch noch überkomplett: er schließt ein und bewahrt, was Hermann Broch wegwerfend den ‚Kitschmenschen' genannt hat. [...]
>
> Nur wer den Kitsch liebt, versteht das Leben. Wie die Operette sich das Leben vorstellt, so ist es. Das Leben ist die Fortsetzung der Operette mit anderen Mitteln, die die gleichen sind, nur ärger. – Nicht der Kitsch übertrifft das Leben; das Leben übertrifft den Kitsch.

Und auch Berger (1998: 136) verteidigt den gutmütigen Humor, der sich in der Operette findet und diese prägt:

> Die vielen Menschen, die sich ihm [dem Zauber des gutmütigen Humors] überlassen haben (sei es, weil sie schon immer unkomplizierte Naturen waren, sei es, weil sie ihre Komplexitäten, ihre *sophistication,* eine Zeitlang ablegten) haben das begriffen. Sie hatten Recht. Und diejenigen, welche diese Ferien vom Ernst verachtet haben, hatten unrecht [...].

Endre Ady (1975: 28[27], deutsche Übersetzung des ungarischen Originals zit. in Csáky 1996: 71) schließlich bringt es auf den Punkt, wenn er schreibt:

> Erschlagen Sie die Sache nicht dadurch, daß Sie meinen, hier spräche eine Operette zu uns, eine süße, naive, verrückte. In Wirklichkeit ist die Operette eines der ernstesten Bühnengenres, das allerschönste und freieste, mit welchem wir Königen ohne Gefahr eine Ohrfeige geben können. Die Operette ist gehaltvoll, einfallsreich, sie geht von Neuerern aus und vermag in dieser verdorbenen Welt mehr einzureißen und besser auf das zukünftige Gute vorzubereiten, – als fünf parlamentarische Obstruktionen...

Zusammenfassend kann angemerkt werden, dass die Operette aufgrund ihrer Komplexität unleugbar eines der am schwersten zu übersetzenden Genres ist und vom Übersetzer die Beherrschung einer Vielzahl unterschiedlichster Kompetenzen fordert. Allerdings: Es ist der Mühe wert. Eine Kunstgattung, welche es den Menschen ermöglicht, für kurze Zeit dem Alltag zu entfliehen und in eine bunte Welt einzutauchen, in welcher Sorgen vergessen und Träume wahr werden können, hat es nicht nur verdient, vor dem Vergessen bewahrt, sondern auch über Sprachgrenzen hinweg verbreitet zu werden. Schließlich gibt es wohl kaum

---

27 Ady, Endre (1975): *Péntek esti levelek.* Budapest: Zeneműkiadó Vállalat.

eine Region auf dieser Erde, in der die Menschen nicht glücklich sein wollen – und sei es nur für die Dauer einer Aufführung.

Das Operettenlibretto zählt wohl zu den interessantesten Textsorten, die einem Übersetzer im Verlauf seiner Karriere begegnen können. Es ist daher nur schwer nachvollziehbar, warum diesem Gebiet bisher so wenig Aufmerksamkeit zuteil wurde. Für die Zukunft wäre es wünschenswert, dass die Operettenübersetzung endlich aus ihrem Schattendasein befreit und ihr so viel Beachtung geschenkt wird, wie sie verdient. Dann kann vielleicht sogar im Bereich der Operette erreicht werden, was Apter (1985: 318–319) für die Zukunft der Oper erhofft: „Let us offer the lyric muse good translations. She may reward us by inspiring good new librettists".

Literaturverzeichnis

Aaltonen, Sirkku (1995): „Translating plays or baking apple pies: A functional approach to the study of drama translation". In: Snell-Hornby, Mary et al. (Hrsg.) (1997): *Translation as Intercultural Communication. Selected Papers from the EST Congress – Prague 1995.* Amsterdam: Benjamins, 89–97.

Abercrombie, David (1963): „Conversation and Spoken Prose". In: *ELT Journal* XVIII (1), 1963, 10–16.

Aderhold, Egon (1963): *Sprecherziehung des Schauspielers. Grundlagen und Methoden.* Berlin: Henschelverlag.

Anheisser, Siegfried (1938): *Für den deutschen Mozart. Das Ringen um gültige deutsche Sprachform der italienischen Opern Mozarts.* Emsdetten i. Westf.: Verlags-Anstalt Heinr. & J. Lechte.

Albaladejo, Juan Antonio (2012): „Interkulturelle und interlinguale Sprach-elemente als Phänomen und Translationsproblem der deutschsprachigen Migrationsliterartur". In: Lawick, Heike van / Jirku, Brigitte E. (Hrsg.) (2012): *Übersetzen als Performanz. Translation und Translationswissenschaft in performativem Licht.* Berlin/Wien: LIT Verlag, 193–205.

Antoine, Fabrice (2001): „L'humoriste et le traducteur *ou* quand la traduction s'en mêle...". In: Laurian, Anne-Marie / Szende, Thomas (Hrsg.) (2001): *Les mots du rire: comment les traduire? Essais de lexicologie contrastive.* Bern: Peter Lang, 19–34.

Apter, Ronnie (1985): „A Peculiar Burden: Some Technical Problems of Translating Opera for Performance in English". In: *Meta: Translator's Journal* 30, Nr. 4, 309–319.

Ashby, Charlotte / Gronberg, Tag / Shaw-Miller, Simon (2013) (Hrsg.): *The Viennese Café and Fin-de-siècle Culture.* New York/Oxford: Berghahn Books.

Austen, Jane (2012): *Northanger Abbey.* London: Collins Classics.

Ayad, Aleya Ezzat (1980): *Sprachschichtung und Sprachmischung in der deut-schen Literatur und das Problem ihrer Übersetzung.* Inaugural-Dissertation. Freiburg i. Br.: Albert-Ludwigs-Universität mit Unterstützung des Deutschen Akademischen Austauschdienstes.

Baker, Mona (Hrsg.) (2008): *The Translator. Studies in Intercultural Communi-cation* 14, Nr. 2. *Translation and Music.* Manchester. St. Jerome Publishing.

Bassnett, Susan (1985): „Ways Through the Labyrinth. Stategies and Methods for Translating Theatre Texts". In: Hermans, Theo (Hrsg.) (1985): *The*

Manipulation of Literature. Studies in Literary Translation. London/Sydney: Croom Helm, 87–102.

Bassnett, Susan (1992): *Translation Studies. Revised Edition.* London/New York: Routledge.

Bassnett, Susan (1998): „Still Trapped in the Labyrinth: Further Reflections on Translation and Theatre". In: Bassnett, Susan / Lefevere, André (Hrsg.) (1998): *Constructing Cultures. Essays on Literary Translation.* Clevedon/Philadelphia/Toronto/Sydney/Johannesburg: Multilingual Matters, 90–108.

Bassnett, Susan (2011): *Reflections on Translation.* Bristol/Buffalo/Toronto: Multilingual Matters.

Beal, Joan C. (2000): „From Geordie Ridley to *Viz*: popular literature in Tyneside English". In: *Language and Literature,* 9 (4), 343–359.

Beck, Thomas (1997): *Bedingungen librettistischen Schreibens. Die Libretti Ingeborg Bergmanns für Hans Werner Henze.* Würzburg: Ergon Verlag.

Beckmann, Mary (1982): „Segment Duration and the 'Mora' in Japanese". In: *Phonetica* 39, 113–135.

Bednarz, Klaus (1969): *Theatralische Aspekte der Dramenübersetzung. Dargestellt am Beispiel der deutschen Übertragungen und Bühnenbearbeitungen der Dramen Anton Čechovs.* Wien: Verlag Notring.

Benestad, Finn / Brock, Hella (Hrsg.) (1997): *Edvard Grieg. Briefwechsel mit dem Musikverlag C. F. Peters. 1863–1907.* Leipzig: C. F.Peters.

Berger, Peter L. (1998): *Erlösendes Lachen. Das Komische in der menschlichen Erfahrung.* Berlin: Walter de Gruyter.

Betten, Anne (1985): *Sprachrealismus im deutschen Drama der siebziger Jahre.* Heidelberg: Carl Winter Universitätsverlag.

Bilsing, Peter (Hrsg.) (o. J.): „Der Opernfreund". http://www.deropernfreund.de/ (besucht am 17.10.2015).

Bizet, Georges (1964): *Carmen.* Klavierauszug mit Text. Kassel: Alkor-Edition.

Blech, Volker (2012): „Was Barrie Kosky mit der Komischen Oper vorhat". In: *Berliner Morgenpost* (Onlineausgabe). http://www.morgenpost.de/kultur/berlin-kultur/article112047726/Was-Barrie-Kosky-mit-der-Komischen-Oper-vorhat.html (veröffentlichst am 16.12.2012, besucht am 30.10.2015).

Bödeker, Birgit / Freese, Katrin (1987): „Die Übersetzung von Realienbezeichnungen bei literarischen Texten: Eine Prototypologie". In: *TEXTconTEXT* 2, Nr. 2–3. Heidelberg: Julius Groos, 137–165.

Brain & Spine Team: „What Could Be Causing ‚The Shakes'". http://health.clevelandclinic.org/2013/10/what-could-be-causing-the-shakes/ (veröffentlicht am 28.10.2013, besucht am 01.11.2015).

Brecher, Gustav (1924): *Opern-Übersetzungen*. Leipzig: Otto Junne.

Brett, David (2009): „Eye Dialect: Translating the Untranslatable". In: *Annali della Facoltà di Lingue e Letterature Straniere di Sassari, Vol 6, Lost in Translation. Testi e culture allo speccio*, 49–62. http://www.uniss.it/lingue/annali_file/vol_6/4_Brett_Lost.pdf (besucht am 31.08.2015).

Brisset, Annie (2012): "The Search for a Native Language: Translation and Cultural Identity". In: Venuti, Lawrence (Hrsg.) (2012): *The Translation Studies Reader*. London/New York: Routledge, 281–311.

Bußmann, Hadumod (Hrsg.) (2002): *Lexikon der Sprachwissenschaft*. Stuttgart: Alfred Kröner Verlag.

Cambridge Dictionary: s. v. *gypsy*. http://dictionary.cambridge.org/dictionary/english/gypsy (besucht am 09.09.2015).

Cambridge Dictionary: s. v. *operetta*. http://dictionary.cambridge.org/dictionary/british/operetta (besucht am 09.09.2015).

Cambridge Dictionary: s. v. *prairie*. http://dictionary.cambridge.org/dictionary/english/prairie (besucht am 09.09.2015).

Carr, Philipp (2013): *English Phonetics and Phonology. An Introduction*. Chichester: Blackwell Publishing.

Cary, Edmond (1957): „Théories Soviétiques de la Traduction". In: *Babel* 3, Nr. 4, 179–190.

Chicago Critic: "The Circus Princess". http://chicagocritic.com/the-circus-princess/ (veröffentlicht am 23.06.2012, besucht am 17.10.2015).

Chicago Folks Operetta: „Home". http://www.chicagofolksoperetta.org/ (besucht am 01.11.2015).

Chicago Folks Operetta: „Press". http://www.chicagofolksoperetta.org/about-us/press/ (besucht am 09.09.2015).

Chiellino, Carmine (2001): *Liebe und Interkulturalität*. Tübingen: Stauffenburg Verlag.

Coelsch-Foisner, Sabine (2004): „*Così fan tutte* – 'They All Do It': English Translation of Lorenzo da Ponte's Libretto". In: Coelsch-Foisner, Sabine / Klein, Holger (Hrsg.) (2004): *Drama Translation and Theatre Practice*. Frankfurt am Main: Peter Lang GmbH, 273–293.

Concert Operetta Theater: „History & Staff". http://www.concertoperetta.com/history.html (besucht am 09.09.2015).

Csáky, Moritz (1996): *Ideologie der Operette und Wiener Moderne. Ein kulturgeschichtlicher Essay zur österreichischen Identität*. Wien/Köln/Weimar: Böhlau Verlag GmbH & Co.KG.

Deckert, P. Markus (2007): *Anatomie der Sprache, Stimme und Atmung. Ein Arbeitsbuch für Studierende der Logopädie, Sprachheilpädagogik und Stimm- und Atemtherapie.* 4., überarbeitete und erweiterte Auflage. Köln: Lehmanns Media.

Delabastita, Dirk (1999): „Wortspiele". In: Snell-Hornby, Mary / Hönig, Hans G. / Kußmaul, Paul / Schmitt, Peter A. (Hrsg.) (2006): *Handbuch Translation.* Unveränderter Nachdruck der 2. Auflage 1999. Tübingen: Stauffenburg Verlag, 285–288.

Delisle, Jean (2007): *La traduction en citations.* Ottawa: Les Presses de l'Université d'Ottawa.

Denk, Rudolf / Möbius, Thomas (2010): *Dramen- und Theaterdidaktik. Eine Einführung.* Berlin: Erich Schmidt Verlag.

Deutsche Nationalbibliothek (2013): „Illustrierte Idylle? Die Gartenlaube: Gesichter eines Massenblattes". Pressemitteilung. http://www.dnb.de/DE/Aktuell/Presse/aeGartenlaube.html (veröffentlicht am 30.10.2013, besucht am 08.09.2015).

Dieth, Eugen (1950): *Vademekum der Phonetik. Phonetische Grundlagen für das wissenschaftliche und praktische Studium der Sprachen.* Bern: A. Francke AG. Verlag.

Donizetti, Gaetano (2006): *Lucia di Lammermoor. Opera completa per canto e pianoforte.* San Giuliano Milanese: BMG Publications.

Duden: s. v. *Csikos.* http://www.duden.de/rechtschreibung/Csikos (besucht am 09.09.2015).

Duden: s. v. *Drama.* http://www.duden.de/rechtschreibung/Drama (besucht am 09.09.2015).

Duden: s. v. *dramatisch.* http://www.duden.de/rechtschreibung/dramatisch (besucht am 09.09.2015).

Duden: s. v. *Dukaten.* http://www.duden.de/rechtschreibung/Dukaten (besucht am 09.09.2015).

Duden: s. v. *Gin.* http://www.duden.de/rechtschreibung/Gin (besucht am 09.09.2015).

Duden: s. v. *hinaus.* http://www.duden.de/rechtschreibung/hinaus (besucht am 17.09.2015).

Duden: s. v. *Mulatschag.* http://www.duden.de/rechtschreibung/Mulatschag (besucht am 09.09.2015).

Duden: s. v. *Operette.* http://www.duden.de/rechtschreibung/Operette (besucht am 09.09.2015).

Duden: s. v. *Puszta.* http://www.duden.de/rechtschreibung/Puszta (besucht am 09.09.2015).

Duden: s. v. *Slibowitz.* http://www.duden.de/rechtschreibung/Slibowitz (besucht am 09.09.2015).

Duden: s. v. *szenisch.* http://www.duden.de/rechtschreibung/szenisch (besucht am 21.10.2015).

Duden: s. v. *Zigeuner.* http://www.duden.de/rechtschreibung/Zigeuner (besucht am 09.09.2015).

Dürr, Walther (2004): „Wort und Musik: Liedtexte und Libretti als Übersetzungsphänomen". In: Kittel, Harald / Frank, Armin Paul / Greiner, Norbert / Hermans, Theo / Koller, Werner / Lambert, José / Paul, Fritz (Hrsg.) (2004): *Übersetzung. Translation. Traduction. Ein internationales Handbuch zur Übersetzungsforschung.* 1. Teilband. Berlin/New York: Walter de Gruyter, 1036–1047.

Ebert, Gerhard / Penka, Rudolf (Hrsg.) (1981): *Schauspielen. Handbuch der Schauspieler-Ausbildung.* Berlin: Henschelverlag Kunst und Gesellschaft.

Eggers, Hans (1962): „Zur Syntax der deutschen Sprache der Gegenwart". In: *Studium Generale* 15, Nr. 1. Berlin/Göttingen/Heidelberg: Springer-Verlag, 49–59.

Eisenberg, Peter (1991): „Syllabische Struktur und Wortakzent. Prinzipien der Prosodik deutscher Wörter". In: *Zeitschrift für Sprachwissenschaft* 10, Nr. 1, 37–64.

Enceclopædia Britannica: s. v. *Betyar.* http://www.britannica.com/topic/betyar (besucht am 09.09.2015).

Erbe, Berit (1977): „Performing Conventions: A Study in the Relationship Between Stage and Audience". In: Institut für Publikumsforschung der Österreichischen Akademie der Wissenschaften / Commission Universitaire de la Fédération Internationale pour la Recherche Théâtrale (Hrsg.) (1977): *Das Theater und sein Publikum. Referate der Interationalen theaterwissenschaftlichen Dozentenkonferenzen in Venedig 1975 und Wien 1976.* Wien: Verlag der Österreichischen Akademie der Wissenschaften, 69–79.

Espasa, Eva (2000): „Performability in Translation. Speakability? Playability? Or just Saleability?". In: Upton, Carole-Anne (Hrsg.) (2000): *Moving Target. Theatre Translation and Cultural Relocation.* Manchester: St. Jerome Publishing, 49–62.

Essen, Otto von (1953): *Allgemeine und angewandte Phonetik.* Berlin: Akademie-Verlag.

Fall, Leo (1907): *Die Dollarprinzessin*. Klavierauszug mit Text. Berlin: Harmonie Verlagsgesellschaft für Literatur und Kunst, Wien: W. Karczag & C. Wallner Musikverlag, Bühnenverlag und Vertrieb.

Fall, Leo (1909): *The Dollar Princess*. Übersetzer: George Grossmith Jr. New York: T. B. Harms & Francis, Day & Hunter.

Fall, Leo (1916): *Die Rose von Stambul*. Vollständiges Regiebuch. Wien: Karczag.

Féry, Caroline (2000): *Phonologie des Deutschen: Eine optimalitätstheoretische Einführung. Teil II*. Potsdam: Universitätsbibliothek Publikationsstelle.

Fischer-Lichte, Erika (1988a): „Die Inszenierung der Übersetzung als kulturelle Transformation". In: Fischer-Lichte, Erika / Paul, Fritz / Schultze, Brigitte / Turk, Horst (Hrsg.) (1988): *Soziale und theatralische Konventionen als Problem der Dramenübersetzung*. Tübingen: Gunter Narr Verlag, 129–144.

Fischer-Lichte, Erika (1988b): *Semiotik des Theaters. Eine Einführung. Band 1: Das System der theatralischen Zeichen*. Tübingen: Gunter Narr Verlag.

Fischer-Lichte, Erika (1990): „Zum kulturellen Transfer theatralischer Konventionen". In: Schultze, Brigitte / Fischer-Lichte, Erika / Paul, Fritz / Turk, Horst (Hrsg.) (1990): *Literatur und Theater. Traditionen und Konventionen als Problem der Dramenübersetzung*. Tübingen: Gunter Narr Verlag, 35–62.

Franzon, Johan (2005): „Musical Comedy Translation: Fidelity and Format in the Scandinavian *My Fair Lady*". In: Gorlée, Dinda L. (Hrsg.) (2005a): *Song and Significance. Virtues and Vices of Vocal Translation*. Amsterdam/New York: Editions Rodopi B. V., 263–297.

Freunek, Sigrid (2007): *Literarische Mündlichkeit und Übersetzung. Am Beispiel deutscher und russischer Erzähltexte*. Berlin: Frank & Timme GmbH Verlag für wissenschaftliche Literatur.

Frey, Stefan (2003): *»Unter Tränen lachen« Emmerich Kálmán. Eine Operettenbiographie*. Berlin: Henschel Verlag.

Gabriel, Christoph (2013): „Guglielmo Tell und Les Noces du Figaro: Einzelsprachliche Prosodie und Textvertonung in der italienischen und französischen Oper". In: Heinz, Matthias / Overbeck, Anja (Hrsg.) (2013): *Sprache(n) und Musik*. München: Lincom, 59–73.

Gänzl, Kurt (2015): „Emmerich Kálmán's "Die Csárdásfürstin": A Historic Overview". http://operetta-research-center.org/emmerich-kalmans-die-csardasfurstin-historic-overview/ (veröffentlicht am 05.09.2015, besucht am 09.09.2015).

George, Jodi-Anne (2004): „In Praise of Inauthenticity:'Translating' Medieval and Tudor Plays". In: Coelsch-Foisner, Sabine / Klein, Holger (Hrsg.) (2004): *Drama Translation and Theatre Practice*. Frankfurt am Main: Peter Lang GmbH, 39–47.

Gier, Albert (1998): *Das Libretto. Theorie und Geschichte einer musikoliterarischen Gattung.* Darmstadt: Wissenschaftliche Buchgesellschaft.

Gier, Albert (2014): *Wär' es auch nichts als ein Augenblick. Poetik und Dramaturgie der komischen Operette.* Bamberg: University of Bamberg Press.

Goethe, Johann Wolfgang von (1885): *Goethe's Works.* Vol. 1. Philadelphia/New York/Boston: George Barrie.

Goethe, Johann Wolfgang von (1955): *Gesammelte Werke in sieben Bänden.* Erster Band: Gedichte. Bielefeld: C. Bertelsmann Verlag.

Goethe, Johann Wolfgang von (1961): *Faust. Part One and Sections From Part Two.* Übersetzer: Walter Kaufmann. Garden City: Doubleday & Company.

Goethe, Johann Wolfgang von (2010): *Faust. Erster Teil.* Husum: Hamburger Lesehefte Verlag.

Golomb, Harai (2005): „Music-Linked Translation (MLT) and Mozart's Operas: Theoretical, Textual, and Practical Perspectives". In: Gorlée, Dinda L. (Hrsg.) (2005a): *Song and Significance. Virtues and Vices of Vocal Translation.* Amsterdam/New York: Editions Rodopi B. V., 121–161.

Gorlée, Dinda L. (1997): „Intercode Translation: Words and Music in Opera". In: *Target* 9: 2, 235–270. Amsterdam: John Benjamins.

Gorlée, Dinda L. (Hrsg.) (2005a): *Song and Significance. Virtues and Vices of Vocal Translation.* Amsterdam/New York: Editions Rodopi B. V.

Gorlée, Dinda L. (2005b): „Prelude and Acknowledgements". In: Gorlée, Dinda L. (Hrsg.) (2005a): *Song and Significance. Virtues and Vices of Vocal Translation.* Amsterdam/New York: Editions Rodopi B. V., 7–15.

Gósy, Mária (2009): „Ungarisch". In: Krech, Eva-Maria / Stock, Eberhard / Hirschfeld, Ursula / Anders, Lutz Christian (Hrsg.) (2009): *Deutsches Aussprachewörterbuch.* Berlin: Walter de Gruyter, 220–223.

Grant, Michael / Hazel, John (2008): *Lexikon der antiken Mythen und Gestalten.* München: Deutscher Taschenbuch Verlag.

Greiner, Norbert / Jenkins, Andrew (2004a): „Sprachwissenschaftliche Aspekte der Theaterübersetzung". In: Kittel, Harald / Frank, Armin Paul / Greiner, Norbert / Hermans, Theo / Koller, Werner / Lambert, José / Paul, Fritz (Hrsg.) (2004): *Übersetzung. Translation. Traduction. Ein internationales Handbuch zur Übersetzungsforschung.* 1. Teilband. Berlin/New York: Walter de Gruyter, 669–675.

Greiner, Norbert / Jenkins, Andrew (2004b): „Bühnensprache als Übersetzungsproblem". In: Kittel, Harald / Frank, Armin Paul / Greiner, Norbert / Hermans, Theo / Koller, Werner / Lambert, José / Paul, Fritz (Hrsg.) (2004): *Übersetzung. Translation. Traduction. Ein internationales Handbuch zur Übersetzungsforschung.* 1. Teilband. Berlin/New York: Walter de Gruyter, 1008–1015.

Griesel, Yvonne (2000): *Translation im Theater. Die mündliche und schriftliche Übertragung französischsprachiger Inszenierungen ins Deutsche.* Frankfurt am Main: Peter Lang GmbH.

Griesel, Yvonne (2014): „Welttheater verstehen". In: Griesel, Yvonne (Hrsg.) (2014): *Welttheater verstehen.* Übertitelung, Übersetzen, Dolmetschen und neue Wege. Berlin: Alexander Verlag, 11–21.

Grimm, Jacob / Grimm, Wilhelm (1903): *Grimm's Fairy Tales.* New York: Maynard, Merrill, & Co.

Grimm, Jacob / Grimm, Wilhelm (1963): *Die Kinder- und Hausmärchen der Brüder Grimm.* Berlin: Der Kinderbuchverlag.

Grimm, Jacob / Grimm, Wilhelm (2009): *Fairy Tales of the Brothers Grimm. From a 1826 edition.* Auckland: The Floating Press.

Grote, Manfred (Hrsg.) (1999): *Liederbuch für den Musikunterricht an allgemein bildenden Schulen ab Klasse 5.* Berlin: Volk und Wissen Verlag.

Grun, Bernard (1967): *Kulturgeschichte der Operette.* Berlin: VEB Lied der Zeit, Musikverlag.

Gumbrecht, Hans Ulrich (1986): „Musikpragmatik – Gestrichelte Linie zur Konstitution eines Objektbereichs". In: Gier, Albert (Hrsg.) (1986): *Oper als Text. Romanistische Beiträge zur Libretto-Forschung.* Heidelberg: Carl Winter Universitätsverlag, 15–23.

Haas, Walter (1983): „Dialekt als Sprache literarischer Werke". In: Besch, Werner / Knoop, Ulrich / Putschke, Wolfgang / Wiegand, Herbert Ernst (Hrsg.) (1983): *Dialektologie. Ein Handbuch zur deutschen und allgemeinen Dialektforschung.* Zweiter Halbband. Berlin: Walter de Gruyter, 1637–1651.

Hale, Terry / Upton, Carole-Anne (2000): „Introduction". In: Upton, Carole-Anne (Hrsg.) (2000): *Moving Target. Theatre Translation and Cultural Relocation.* Manchester: St. Jerome Publishing, 1–13.

Hall, T. Alan (2000): *Phonologie. Eine Einführung.* Berlin/New York: Walter de Gruyter.

Hamburger, Käte (1968): *Die Logik der Dichtung.* Stuttgart: Ernst Klett Verlag.

Hamburger Engelsaal: „Spielplan". http://www.engelsaal.de/index2.html (besucht am 01.11.2015).

Hausmann, Frank-Rutger (1995): „Differente Lachkulturen? – Rabelais und Fischart". In: Unger, Thorsten / Schultze, Brigitte / Turk, Horst (Hrsg.) (1995): *Differente Lachkulturen? Fremde Komik und ihre Übersetzung.* Tübingen: Gunter Narr Verlag, 31–45.

Hein, Jürgen (1983): „Darstellung des Dialektsprechers in der neueren deutschen Dichtung". In: Besch, Werner / Knoop, Ulrich / Putschke, Wolfgang

/ Wiegand, Herbert Ernst (Hrsg.) (1983): *Dialektologie. Ein Handbuch zur deutschen und allgemeinen Dialektforschung.* Zweiter Halbband. Berlin: Walter de Gruyter, 1624–1636.

Hejnian, Lyn (1999): „Forms in Alterity". In: Allén, Sture (Hrsg.) (1999): *Translation of Poetry and Poetic Prose. Proceedings of Nobel Symposium 110.* Singapur/New Jersey/London/Hong Kong: World Scientific, 101–117.

Hellwig-Fábián, Inessa (2007): *Deutsch mit ausländischem Akzent. Eine empirische Studie zu Einstellungen junger Deutscher gegenüber Sprechern mit ostslavischer Muttersprache.* Frankfurt a. M.: Peter Lang.

Henzen, Walter (1954): *Schriftsprache und Mundarten. Ein Überblick über ihr Verhältnis und ihre Zwischenstufen im Deutschen.* Bern: Francke Verlag.

Herz-Kestranek, Miguel (2006): „Operette und Europa – ein Bund fürs Leben? Eröffnungsrede der Operettenfestspiele Bad Ischl". http://www.herz-kestranek.com/wp-content/uploads/2012/03/Eroeffnungsrede_Operettenfestspiele.pdf (veröffentlicht am 09.07.2006, besucht am 17.10.2015).

Heylen, Romy (1993): *Translation, Poetics and the Stage. Six French Hamlets.* London/New York: Routledge.

Hildprandt, Jan (2004): „Der Sliwowitz – das Nationalgetränk Tschechiens". In: *Prager Zeitung*, 13. http://www.eu-consult-plus.com/Artikel/SLIWOWITZ.pdf (veröffentlicht am 23.09.2004, besucht am 09.09.2015).

Hofmann, Norbert (1980): *Redundanz und Äquivalenz in der literarischen Übersetzung dargestellt an fünf deutschen Übersetzungen des* Hamlet. Tübingen: Max Niemeyer Verlag.

Honolka, Kurt (1978): *Opernübersetzungen. Zur Geschichte der Verdeutschung musiktheatralischer Texte.* Wilhelmshaven: Heinrichshofen's Verlag.

Hörmanseder, Fabienne (2008): *Text und Publikum. Kriterien für eine bühnenwirksame Übersetzung im Hinblick auf eine Kooperation zwischen Translatologen und Bühnenexperten.* Tübingen: Satuffenburg Verlag.

Humperdinck, Engelbert (o. J.): *Hänsel und Gretel. Klavierauszug mit Text.* Frankfurt a. M./Leipzig/London/New York: C.F. Peters.

Humperdinck, Engelbert (1905): *Hansel and Gretel.* New York: F. Rullman.

Imbert, Charles (1967): *Geschichte des Chansons und der Operette.* Lausanne: Editions Rencontre.

Internationale Stiftung Mozarteum Salzburg (Hrsg.) (1963): *Mozart. Briefe und Aufzeichnungen. Gesamtausgabe. Band III: 1780–1786.* Kassel: Bärenreiter-Verlag.

Jangfeldt, Bengt (1999): „Body and Soul of Poetry". In: Allén, Sture (Hrsg.) (1999): *Translation of Poetry and Poetic Prose. Proceedings of Nobel Symposium 110.* Singapur/New Jersey/London/Hong Kong: World Scientific, 118–126.

Jezek, Magdalena Maria (2011): *Rhythmus und Sprache. Zusammenhänge und gegenseitige Beeinflussung von musikalischem und sprachlichem Rhythmus.* Wien: Praesens Verlag.

Johnston, David (2004): „Securing the Performability of the Play in Translation". In: Coelsch-Foisner, Sabine / Klein, Holger (Hrsg.) (2004): *Drama Translation and Theatre Practice.* Frankfurt am Main: Peter Lang GmbH, 25–38.

Kahlbeck, Florian (1959): Titelloser Beitrag zur Umfrage „‚Mensch, Maier! sagte der Lord' oder Die Übersetzungs-Misere auf dem deutschen Theater". In: *Forum. Österreichische Monatsblätter für Kulturelle Freiheit* 61, 284.

Kaindl, Klaus (1995): *Die Oper als Textgestalt. Perspektiven einer interdisziplinären Übersetzungswissenschaft.* Tübingen: Stauffenburg Verlag.

Kaindl, Klaus (2013): „From Realism to Tearjerker and Back: The Songs of Edith Piaf in German". In: Minors, Helen (Hrsg.) (2013): *Music, Text and Translation.* London/New York: Bloomsbury, 151–161.

Kálmán, Emmerich (o. J.a): *Die Bajadere.* Klavierauszug mit Text. Berlin/München: Dreiklang-Dreimasken Bühnen- und Musikverlag.

Kálmán, Emmerich (o. J.b): *Gräfin Mariza.* Klavierauszug mit Text. London: Octava.

Kálmán, Emmerich (o. J.c): *Countess Maritza.* Übersetzer: Nigel Douglas. London: Josef Weinberger.

Kálmán, Emmerich (o. J.d): *Die Csárdásfürstin.* Wiesbaden: Musik und Bühne Verlagsgesellschaft.

Kálmán, Emmerich (o. J.e): *Die Csárdásfürstin.* Wien/Frankfurt a. M./London: Josef Weinberger.

Kálmán, Emmerich (o. J.f): „Gypsy Princess". http://www.naxos.com/education/opera_libretti.asp?pn=&char=ALL&composer=Kalman&opera=Gypsy_Princess&libretto_file=Act1_English.htm (besucht am 11.09.2015).

Kálmán, Emmerich (1921): *The Yankee Princess.* Übersetzer: B. G. De Sylva. New York: Harms.

Kammeroper Köln: „Spielplan" http://www.kammeroper-koeln.de/programm-und-tickets/ (besucht 01.11.2015).

Karsky, Maria Nadia (2004): „‚Je vous prie de me laisser rire': Translating Laughter in Molière". In: Coelsch-Foisner, Sabine / Klein, Holger (Hrsg.) (2004): *Drama Translation and Theatre Practice.* Frankfurt am Main: Peter Lang GmbH, 225–237.

Kaubisch, Hermann (1955): *Operette. Ein Streifzug durch ihr Reich – unternommen von Hermann Kaubisch.* Berlin: Henschelverlag.

Keller, Otto (1926): *Die Operette in ihrer geschichtlichen Entwicklung.* Leipzig/ Wien/New York: Stein-Verlag.

King, Sharon D. (2004): „*Les Enfants Sans Abri*: Early Modern Theatre in a Postmodern World". In: In: Coelsch-Foisner, Sabine / Klein, Holger (Hrsg.) (2004): *Drama Translation and Theatre Practice.* Frankfurt am Main: Peter Lang GmbH, 49–60.

Klatwitter, Klaus / Minnich, Herbert (1981): „Sprechen". In: Ebert, Gerhard / Penka, Rudolf (Hrsg.) (1981): *Schauspielen. Handbuch der Schauspieler-Ausbildung.* Berlin: Henschelverlag Kunst und Gesellschaft, 247–263.

Klotz, Volker (1991): *Operette. Porträt und Handbuch einer unerhörten Kunst.* München: R. Piper GmbH & Co. KG.

Klügl, Michael (1992): *Erfolgsnummern. Dramaturgie der Operette.* Laaber: Laaber-Verlag.

Koch, Peter / Oesterreicher, Wulf (2011): *Gesprochene Sprache in der Romania. Französisch, Italienisch, Spanisch.* Berlin: Walter de Gruyter.

Kolb, Waltraut (1999): „Sprachvarietäten (Dialekt / Soziolekt)". In: Snell-Hornby, Mary / Hönig, Hans G. / Kußmaul, Paul / Schmitt, Peter A. (Hrsg.) (2006): *Handbuch Translation.* Unveränderter Nachdruck der 2. Auflage 1999. Tübingen: Stauffenburg Verlag, 278–280.

Koller, Werner (1972): *Grundprobleme der Übersetzungstheorie. Unter besonderer Berücksichtigung schwedisch-deutscher Übersetzungsfälle.* Bern: A. Francke AG Verlag.

Koller, Werner (2001): *Einführung in die Übersetzungswissenschaft.* Wieberlsheim: Quelle & Meyer Verlag.

Komische Oper Berlin: „Spielplan" https://www.komische-oper-berlin.de/spiel-plan/ (besucht am 01.11.2015).

König, Brigitte (2002): *Speech Appeal. Metasprache und fingierte Mündlichkeit im Werk von Mario Vargas Llosa.* Tübingen: Gunter Narr Verlag.

Korff, Malte (2000): *Kleines Wörterbuch der Musik.* Stuttgart: Philipp Reclam jun.

Krapp, George Philip (1925): *The English Language in America.* Volume 1. New York: The Century Co.

Kraus, Karl (1930): *Die Fackel*, Nr. 838–844, September 1930. Wien: Verlag Die Fackel.

Kraus, Thomas (2014): „Mehr als Worte: Die Sprachübertragung aus den Augen eines Festivalleiters". In: Griesel, Yvonne (Hrsg.) (2014): *Welttheater verstehen.*

Übertitelung, Übersetzen, Dolmetschen und neue Wege. Berlin: Alexander Verlag, 50–58.

Krebs, Katja (2007): *Cultural Dissemination and Translational Communities. German Drama in English Translation, 1900–1914*. Manchester/Kinderhook: St. Jerome Publishing.

Kubelka, Susanne (2000): *Das gesprengte Mieder. Roman aus der österreichungarischen Belle Epoque*. Bergisch Gladbach: Gustav Lübbe Verlag.

Kujamäki, Pekka (2004): „Übersetzung von Realienbezeichnungen in literarischen Texten". In: Kittel, Harald / Frank, Armin Paul / Greiner, Norbert / Hermans, Theo / Koller, Werner / Lambert, José / Paul, Fritz (Hrsg.) (2004): *Übersetzung. Translation. Traduction. Ein internationales Handbuch zur Übersetzungsforschung*. 1. Teilband. Berlin/New York: Walter de Gruyter, 920–925.

Ladefoged, Peter (2001): *A Course in Phonetics*. New York: Harcourt College Publishers.

Larthomas, Pierre (1980): *Le langage dramatique. Sa nature, ses procédés*. Paris: Presses Universitaires de France.

Laurian, Anne-Marie (2001): „La compréhension de l'humour: question de langue ou question de culture?". In: Laurian, Anne-Marie / Szende, Thomas (Hrsg.) (2001): *Les mots du rire: comment les traduire? Essais de lexicologie contrastive*. Bern: Peter Lang, 183–201.

Lazarowicz, Klaus (1977): „Triadische Kollusion über die Beziehungen zwischen Autor, Schauspieler und Zuschauer im Theater". In: Institut für Publikumsforschung der Österreichischen Akademie der Wissenschaften / Commission Universitaire de la Fédération Internationale pour la Recherche Théâtrale (Hrsg.) (1977): *Das Theater und sein Publikum. Referate der Internationalen theaterwissenschaftlichen Dozentenkonferenzen in Venedig 1975 und Wien 1976*. Wien: Verlag der Österreichischen Akademie der Wissenschaften, 44–60.

Lehár, Franz (o. J.a): *Die lustige Witwe*. Klavierauszug mit Text. München/Wien: Musikverlag Doblinger.

Lehár, Franz (o. J.b): *Songs From Frederica*. Übersetzer: Harry S. Pepper. London: Glocken Verlag.

Lehár, Franz (1907): *The Merry Widow*. Übersetzer: Adrian Ross. London/New York/Melbourne: Chappel & Co.

Lehár, Franz (1911): *Eva*. Klavierauszug mit Text. Wien: Ludwig Doblinger (Bernhard Herzmansky) K.-G.

Lehár, Franz (1912): *Eva. A Comic Opera in Three Acts*. Übersetzer: Glen MacDonough. New York: G. Schirmer.

Lehár, Franz (1922): *Frasquita*. Klavierauszug mit Text. Leipzig: Joseph Weinberger.

Lehár, Franz (1936): *Friederike*. Klavierauszug mit Text. Wien: Glocken-Verlag.

Lehár, Franz (1954): *Der Zarewitsch*. Textbuch der Gesänge. Wien: Glocken-Verlag.

Leppihalme, Ritva (2000): „The Two Faces of Standardization: On the Translation of Regionalisms in Literary Dialogue". In: *The Translator* 6, Nr. 2. Guildford: Biddles, 247–269.

Levitin, Daniel (2008): *This is your brain on music. Understanding a Human Obsession*. London: Atlantic Books.

Lichtfuss, Martin (1989): *Operette im Ausverkauf. Studien zum Libretto des musikalischen Unterhaltungstheaters im Österreich der Zwischenkriegszeit*. Wien/Köln: Böhlau Verlag GmbH & Co. KG.

Lister, Laurie-Jeanne (1994): *Humor as a Concept in Music. A theoretical study of expression in music, the concept of humor and humor in music with an analytical example – W. A. Mozart, Ein musikalischer Spaß, KV 522*. Frankfurt am Main: Peter Lang Verlag.

Low, Peter (2005): „The Pentathlon Approach to Translating Songs". In: Gorlée, Dinda L. (Hrsg.) (2005a): *Song and Significance. Virtues and Vices of Vocal Translation*. Amsterdam/New York: Editions Rodopi B. V., 185–212.

Low, Peter (2013): „Purposeful Translating: The Case of Britten's Vocal Music". In: Minors, Helen (Hrsg.) (2013): *Music, Text and Translation*. London/New York: Bloomsbury, 69–79.

Lüddemann, Stefan (2010): *Kultur. Eine Einführung*. Wiesbaden: VS Verlag für Sozialwissenschaften.

Luthe, Heinz Otto (1995): „Komikübersetzung – ein Feld auszuhandelnder symbolischer Ordnung". In: Unger, Thorsten / Schultze, Brigitte / Turk, Horst (Hrsg.) (1995): *Differente Lachkulturen? Fremde Komik und ihre Übersetzung*. Tübingen: Gunter Narr Verlag, 47–66.

Mády, Katalin (2001): „Kontrastive Phonetik deutsch–ungarisch in Hinblick auf zu erwartende Interferenzphänomene". In: Szigeti, Imre (Hrsg.) (2001): *Germanistische Linguistik aus dem Ambrosianum. Festschrift für György Hell*. Piliscsaba: Pázmány Péter Katolikus Egyetem Bölcsészettudományi Kar, 29–51.

Manchin, Hanna (2000): „The Grisette as the Female Bohemian". https://www.mtholyoke.edu/courses/rschwart/hist255-s01/grisette/manchin.htm (veröffentlicht im Zetraum vom Februar bis Mai 2011, besucht am 20.08.2015).

Manhart, Sibylle (1999): „Synchronisation (Synchronisierung)". In: Snell-Hornby, Mary / Hönig, Hans G. / Kußmaul, Paul / Schmitt, Peter A. (Hrsg.)

(2006): *Handbuch Translation*. Unveränderter Nachdruck der 2. Auflage 1999. Tübingen: Stauffenburg Verlag, 264–266.

Markstein, Elisabeth (1999): „Realia". In: Snell-Hornby, Mary / Hönig, Hans G. / Kußmaul, Paul / Schmitt, Peter A. (Hrsg.) (2006): *Handbuch Translation*. Unveränderter Nachdruck der 2. Auflage 1999. Tübingen: Stauffenburg Verlag, 288–291.

Mass Historia: „The Jazz Age Foxtrot". http://www.walternelson.com/dr/foxtrot (besucht am 09.09.2015).

Mass Historia: „La Java (French Waltz Variation)". http://www.walternelson.com/dr/java-danse (besucht am 09.09.2015).

Mass Historia: „Roots – The Texas Tommy and the Shimmy". http://www.walternelson.com/dr/texas-tommy (besucht am 09.09.2015).

Mateo, Marta (1995a): „Constraints and Possibilities of Performance Elements in Drama Translation". In: Dollerup, Cay / Gottlieb, Henrik / Pedersen, Viggo Hjørnager (Hrsg.): *Perspectives: Studies in Translatology*, 1995:1. Kopenhagen: Museum Tusculanum Press, 21–33.

Mateo, Marta (1995b): „Translation strategies and the reception of drama performances: a mutual influence". In: Snell-Hornby, Mary / Jettmarová, Zuzana / Kaindl, Klaus (Hrsg.) (1997): *Translation as Intercultural Com-munication. Selected Papers from the EST Congress – Prague 1995*. Amsterdam/Philadelphia: John Benjamins Publishing Company, 99–110.

McCormack, Rhonwen (2004): „*La Dispute*: The Modern Director's Viewpoint". In: Coelsch-Foisner, Sabine / Klein, Holger (Hrsg.) (2004): *Drama Translation and Theatre Practice*. Frankfurt am Main: Peter Lang GmbH, 265–271.

Metropolitan Opera: „Die Fledermaus". http://www.metopera.org/Season/2015-16-Season/fledermaus-strauss-tickets/ (besucht am 01.11.2015).

Metropolitan Opera: „The Merry Widow". http://www.metopera.org/Discover/video/ (besucht am 01.11.2015).

Minors, Helen (Hrsg.) (2013): *Music, Text and Translation*. London/New York: Bloomsbury.

Morini, Massimiliano (2006): „Norms, Difference and the Translator: or, How to Reproduce Double Difference". In: *RiLUnE* 4, 123–140.

Mortal Journey: „The Jitterbug Dance Craze of the 1940's". http://www.mortaljourney.com/2011/01/1940-trends/jitterbug-dance (besucht am 09.09.2015).

Mounin, Georges (1963): *Les problèmes théoriques de la traduction*. O. O.: Éditions Gallimard.

Mounin, Georges (1967): *Die Übersetzung. Geschichte, Theorie und Anwendung*. München: Nymphenburger Verlagshandlung.

Music and Dance: „Die wichtigsten und bekanntesten Tänze". http://www. musicanddance.de/tanz/ (besucht am 09.09.2015).

Musikalische Komödie Leipzig: „Spielplan". http://www.oper-leipzig.de/de/programm (besucht am 01.11.2015).

Nagy, András (2000): „A Samovar Is A Samovar Is A Samovar. Hopes and Failures of the Author as the Object and Subject of Translation". In: Upton, Carole-Anne (Hrsg.) (2000): *Moving Target. Theatre Translation and Cultural Relocation*. Manchester: St. Jerome Publishing, 151–158.

Neckers, Jan (2014): „Goethe as a musical hero: The case of Lehár's ‚Friederike'". http://operetta-research-center.org/johann-wolfgang-von-goethe-mus ical-hero-case-lehars-friederike/ (veröffentlicht am 14.07.2014, besucht am 01.11.2015).

Nenning, Günther (1997): „Die Kunst der Kanaille". In: Adam, Erik / Rainer, Willi (Hrsg.) (1997): *Das Land des Glücks. Österreich und deine Operetten*. Klagenfurt/Ljubljana/Wien: Verlag Hermagoras/Mohorjeva, 9–16.

Newmark, Peter (1993): *Paragraphs on Translation*. Clevedon/Philadelphia/ Adelaide: Multilingual Matters Ltd.

Nord, Christiane (2009): *Textanalyse und Übersetzen. Theoretische Grundlagen, Methode und didaktische Anwendung einer übersetzungsrelevanten Textanalyse*. Tübingen: Julius Groos Verlag.

Norton, Richard C. (2006): „The English Language Adventures of "Im weißen Rössl"". http://operetta-research-center.org/give-regards-broadway-english-language-adventures-im-weisen-rossl/ (veröffentlicht am 01.09.2006, besucht am 06.09.2015).

Norwegische Nationalbibliothek (o. J.): „Personen und Handlung – Die Wildente". http://ibsen.nb.no/id/2073.0 (besucht am 08.09.2015).

Noske, Frits (1970): *French Song from Berlioz to Duparc*. New York: Dover Publications.

Nuessel, Frank H. (1982): „Eye Dialect in Spanish: Some Pedagogical Applications". In: *Hispania* 65, September 1982, 346–351.

O. A.: „Montmartre. Le Bal Tabarin". http://www.montmartre-secret.com/arti cle-montmartre-le-bal-tabarin-65534899.html (veröffentlicht am 09.02.2011, besucht am 25.10.2015).

O. A.: „Stage Directions". http://theatreprojects.com/files/pdf/Resources_Ideas-Info_stagedirections.pdf (besucht am 06.08.2015).

O. A. (1853): „Die wandelnde Leiche um Mitternacht". In: *Die Gartenlaube* 15. Leipzig: Verlag von Ernst Keil, 164.

Österreichisches Musiklexikon: s. v. *Libretto*. http://www.musiklexikon.ac.at/ ml/musik_L/Libretto.xml (zuletzt aktualisiert am 16.03.2011, besucht am 15.07.2015).

Offenbach, Jacques (o. J.a): *Die schöne Helene (La belle Hélène)*. Klavierauszug mit Text. Berlin: Bote & Bock.

Offenbach, Jacques (o. J.b): „Beautiful Helen – Fair Helen". http://www.opera-guide.ch/opera.php?id=262&uilang=de (veröffentlicht im Jahr 2011, besucht am 27.09.2015).

Offenbach, Jacques (o. J.c): *Un Mari à la Porte*. Paris: Ménestrel.

Offenbach, Jacques (o. J.d): *Ein Ehemann vor der Thür*. Übersetzer: Adolf Bahn, Johann Christoph Grünbaum. Berlin: Ed. Bote & G. Bock.

Offenbach, Jacques (2003): *Pariser Leben (La vie parisienne). Opéra-bouffe en 4 actes*. Berlin: Boosey & Hawkes / Bote & Bock.

Ohio Light Opera: „Home". http://www.ohiolightopera.org/index.php (besucht am 01.11.2015).

Ohio Light Opera: „Our Mission". http://www.ohiolightopera.org/aboutus.php (besucht am 09.09.2015).

Olkkonen, Saara (2008): *Das Übersetzen von Texten der Musikgattung* Lied *am Beispiel von zehn Liedern aus dem Zyklus* Winterreise *von Franz Schubert und deren Übersetzungen*. Magisterarbeit. Universität Helsinki. https://helda.helsinki.fi/bitstream/handle/10138/19331/dasubers.pdf?sequence=2 (veröffentlicht am 15.04.2008, besucht am 27.09.2015).

Operetta Research Center: „Home". http://operetta-research-center.org/ (besucht am 17.09.2015).

Operetten-Lexikon: s.v. *Der Zarewitsch*. http://www.operetten-lexikon.info/? menu=41&lang=1 (besucht am 01.11.2015).

Operetten-Lexikon: s.v. *Frasquita*. http://www.operetten-lexikon.info/?menu= 119&lang=1 (besucht am 26.10.2015).

Operetten-Lexikon: s.v. *Fürstin Ninetta*. http://www.operetten-lexikon.info/? menu=213&lang=1 (besucht am 01.11.2015).

Oxford Dictionary: s.v. *bunny hug*. http://www.oed.com/view/Entry/24815?redir ectedFrom=bunny+hug#eid (besucht am 09.09.2015).

Oxford Dictionary: s.v. *gin*. http://www.oxforddictionaries.com/definition/english/ gin (besucht am 09.09.2015).

Oxford Dictionary: s.v. *gypsy*. http://www.oxforddictionaries.com/definition/ english/gypsy (besucht am 09.09.2015).

Oxford Dictionary: s.v. *operetta*. http://www.oxforddictionaries.com/definition/ english/operetta (besucht am 09.09.2015).

Oxford Dictionary: s.v. *prairie*. http://www.oxforddictionaries.com/definition/english/prairie (besucht am 09.09.2015).

Oxford Dictionary: s.v. *pun*. http://www.oxforddictionaries.com/definition/english/pun (besucht am 27.10.2015).

Oxford Dictionary: s. v. *ragtime*. http://www.oed.com/view/Entry/157496?rskey =uXIoZb&result=1&isAdvanced=false#eid (besucht am 09.09.2015).

Page, Norman (1973): *Speech in the Englich Novel*. London: Longman Group.

Panagl, Oswald / Schweiger, Fritz (1999): *Die Fledermaus. Die wahre Geschichte einer Operette*. Wien/Köln/Weimar: Böhlau Verlag.

Park, Phil / Carter, Conrad (1956): *The Gipsy Baron. A New Version of Johann Strauss's Famous Operetta*. London: Josef Weinberger.

Pavis, Patrice (1989): „Problems of translation for the stage: interculturalism and post-modern theatre". In: Scolnicov, Hanna / Holland, Peter (Hrsg.) (1989): *The Play out of Context. Tranferring Plays from Culture to Culture*. Cambridge: Cambridge University Press, 25–44.

Pavis, Patrice (1990): *Le théâtre au croisement des cultures*. Paris: José Cori.

Peghinelli, Andrea (2012): „Theatre Translation as Collaboration: A Case in Point in British Contemporary Drama". In: *Journal for Communication and Culture* 2, Nr. 1, 20–30.

Pelletier, Maryse (1988): „Theatre and the Music of Language". In: Homel, David / Simon, Sherry (Hrsg.) (1988): *Mapping Literature. The Art and Politics of Translation*. Montréal: Véhicule Press, 31–32.

Perteghella, Manuela (2004): „A Descriptive-Anthropological Model of Theatre Translation". In: Coelsch-Foisner, Sabine / Klein, Holger (Hrsg.) (2004): *Drama Translation and Theatre Practice*. Frankfurt am Main: Peter Lang GmbH, 1–23.

Peter, Birgit (2004): „Mythos Burgtheaterdeutsch. Die Konstruktion einer Sprache, einer Nation, eines Nationaltheaters". In: *Maske und Kothurn* 50, Nr. 2. Wien/Köln/Weimar: Bölau Verlag, 15–28.

Poizat, Michel (1992): *The Angel's Cry. Beyond the Pleasure Principle in Opera*. New York: Cornell University Press.

Poyatos, Fernando (1993): „Aspects of Nonverbal Communication in Literature". In: Holz-Mänttäri, Justa / Nord, Christiane (Hrsg.) (1993): *Traducere Navem. Festschrift für Katharina Reiß zum 70. Geburtstag*. Tampere: Tampereen Yliopisto, 137–151.

Purdom, Tom (2014): „Lehar's 'Frederica' by Concert Operetta Theater". http://operetta-research-center.org/lehars-frederica-concert-operetta-theater/ (veröffentlicht am 17.06.2014, besucht am 09.09.2015).

Quissek, Heike (2012): *Das deutschsprachige Operettenlibretto. Figuren, Stoffe, Dramaturgie*. Stuttgart/Weimar: Verlag J. B. Metzler.

Rabien, Dierk (1973): *Die komische Figur in der neueren Oper und der Commedia dell'Arte*. München: Dissertationsdruck Schön.

Racek, Fritz (1975): „Zur Entstehung und Aufführungsgeschichte der ‚Fledermaus‘“. In: *Österreichische Musikzeitschrift* 30, Nr. 5–6, 264–268.

Ranke, Wolfgang (2004): „Übersetzen für das Theater: Dramatische Konventionen und Traditionen“. In: Kittel, Harald / Frank, Armin Paul / Greiner, Norbert / Hermans, Theo / Koller, Werner / Lambert, José / Paul, Fritz (Hrsg.) (2004): Übersetzung. Translation. Traduction. Ein internationales Handbuch zur Übersetzungsforschung. 1. Teilband. Berlin/New York: Walter de Gruyter, 1015–1027.

Raymond Walpole, Jane (1974): „Eye Dialect in Fictional Dialogue“. In: *College Composition and Communication* 25, Nr. 2, 191–196.

Reckwitz, Andreas (2000): *Die Transformation der Kulturtheorien. Zur Entwicklung eines Theorienprogramms*. Weilerswist: Velbrück Wissenschaft.

Reichardt, Johann Friedrich (1774): *Ueber die Deutsche comische Oper*. Hamburg: o. V.

Reiß, Katharina (1971): *Möglichkeiten und Grenzen der Übersetzungskritik. Kategorien und Kriterien für eine sachgerechte Beurteilung von Übersetzungen*. München: Max Hueber Verlag.

Reiß, Katharina / Vermeer, Hans J. (1991): *Grundlegung einer allgemeinen Translationstheorie*. Tübingen: Max Niemeyer Verlag.

Rieger, Erwin (1920): *Offenbach und seine Wiener Schule*. Wien: Wiener Literarische Anstalt GmbH.

Rismondo, Piero (1959): „Titelloser Beitrag zur Umfrage „‚Mensch, Maier! sagte der Lord‘ oder Die Übersetzungs-Misere auf dem deutschen Theater“. In: *Forum. Österreichische Monatsblätter für Kulturelle Freiheit* 61, 287–288.

Ritter, Joachim (1940): „Über das Lachen“. In: Ritter, Joachim (Hrsg.) (1974): *Subjektivität*. Frankfurt am Main: Suhrkamp Verlag, 62–92.

Ritter, P. (1995): „Phonetik und Phonologie: Die Lehre von den Lauten der Sprache“. In: Volmert, Johannes (Hrsg.) (2005): *Grundkurs Sprachwissenschaft. Eine Einführung in die Sprachwissenschaft für Lehramtsstudiengänge*. 5., korrigierte und ergänzte Auflage. München: Wilhelm Fink Verlag, 55–85.

Rothe, Hans (1936): *Der Kampf um Shakespeare. Ein Bericht*. Leipzig: Paul List Verlag.

Rozhin, Szczęsna Klaudyna (2000): „Translating the Untranslatable. Edward Redliński's *Cud Na Greenpoincie* (*Greenpoint Miracle)* in English“. In: Upton,

Carole-Anne (Hrsg.) (2000): *Moving Target. Theatre Translation and Cultural Relocation.* Manchester: St. Jerome Publishing, 139–149.

Sahl, Hans (1965): „Zur Übersetzung von Theaterstücken". In: Italiaander, Rolf (Hrsg.) (1965): *Übersetzen. Vorträge und Beiträge vom Internationalen Kongreß literarischer Übersetzer Hamburg 1965.* Frankfurt am Main/Bonn: Athenäum Verlag, 104–105.

Schafroth, Elmar (2013): „Sprache und Musik. Zur Analyse gesungener Sprachen anhand von Opernarien". Erweiterte Fassung. https://www.phil-fak.uni-duesseldorf.de/fileadmin/Redaktion/Institute/RomanischesSeminar/Romanistik_IV/sch_preprint_musik.pdf (besucht am 28.10.2015).

Schiller, Friedrich (1966): *Schillers Werke. Erster Band. Dramen I.* Frankfurt am Main: Insel Verlag.

Schiller, Friedrich (2005): *Wilhelm Tell.* Leipzig: Ernst Klett Schulbuchverlag.

Schlacher, Sylvia (2009): *Das französische Musical* Roméo et Juliette – de la haine à l'amour *in deutscher Übersetzung. Unter besonderer Berücksichtigung der Sangbarkeit und Kultur-spezifik.* Magisterarbeit. Universität Wien. http://othes.univie.ac.at/5086/1/2009-05-06_9805236.pdf (besucht am 26.10.2015).

Schmidl, Stefan (2013): „Spoofing, glorifying, calming down. Tasks and techniques of comedy in Viennese Operetta". http://www.academia.edu/5982413/Tasks_and_techniques_of_comedy_in_Viennese_Operetta (besucht am 17.07.2015).

Schmitt, Peter A. (2009): „Wo ist eigentlich ‚links'? Beobachtungen zum Übersetzen lokaldeiktischer Referenzmittel im Deutschen und Englischen". In: *Lebende Sprachen* 43. Berlin/New York: Walter de Gruyter, 2–9.

Schöning, Udo (1997): „Die sizilianische Fremde als literarisches und übersetzerisches Problem". In: Huntemann, Willi / Rühling, Lutz (Hrsg.) (1997): *Fremdheit als Problem und Programm. Die literarische Übersetzung zwischen Tradition und Moderne.* Berlin: Erich Schmidt Verlag, 29–74.

Schößler, Franziska (2012): *Einführung in die Dramenanalyse.* Stuttgart/Weimar: Verlag J. B. Metzler.

Schreiber, Michael (1993): *Übersetzung und Bearbeitung. Zur Differenzierung und Abgrenzung des Übersetzungsbegriffs.* Tübingen: Narr Verlag.

Schultze, Brigitte (2004): „Übersetzung für das Theater: Redetext und Nebentext". In: Kittel, Harald / Frank, Armin Paul / Greiner, Norbert / Hermans, Theo / Koller, Werner / Lambert, José / Paul, Fritz (Hrsg.) (2004): *Übersetzung. Translation. Traduction. Ein internationales Handbuch zur Übersetzungsforschung.* 1. Teilband. Berlin/New York: Walter de Gruyter, 1027–1036.

Seguí, Agustín F. (1990): „Zur Texttypologie von Katharina Reiß". In: *Lebende Sprachen* 2. Berlin/New York: Walter de Gruyter, 49–53.

Selle, Rosemary (2004): „Literary style in translation: Humour and irony". In: Kittel, Harald / Frank, Armin Paul / Greiner, Norbert / Hermans, Theo / Koller, Werner / Lambert, José / Paul, Fritz (Hrsg.) (2004): Übersetzung. Translation. Traduction. Ein internationales Handbuch zur Übersetzungsforschung. 1. Teilband. Berlin/New York: Walter de Gruyter, 875–882.

Siebs, Theodor (1922): *Deutsche Bühnenaussprache. Hochsprache.* Bonn: Verlag von Albert Ahn.

Siebs, Theodor (1961): *Deutsche Hochsprache. Bühnenaussprache.* Berlin: Walter de Gruyter.

Siemes, Annette (2013): *Alles Kultur oder was? Anmerkungen zum liberalen Kulturbegriff.* Berlin: Liberales Institut der Friedrich-Naumann-Stiftung für die Freiheit.

Shaked, Gershon (1989): „The play: gateway to cultural dialogue". In: Scolnicov, Hanna / Holland, Peter (Hrsg.) (1989): *The Play out of Context. Tranferring Plays from Culture to Culture.* Cambridge: Cambridge University Press, 7–24.

Shakespeare, William (2011): *Hamlet.* Husum: Hamburger Lesehefte Verlag.

Skaličková, A. (1954): „Zur Frage des Luftverbrauchs beim Sprechen". In: *Zeitschrift für Phonetik und Allgemeine Sprachwissenschaft* 8, Nr. 1. Berlin: Akademie-Verlag, 80–92.

Skinner, Edith (1990): *Speak with Distinction.* Revised with new material added by Timothy Monich and Lilene Mansell. New York/Northam: Apllause Theatre & Cinema Books.

Snell-Hornby, Mary (1997): „Is this a dagger which I see before me? The nonverbal language of drama". In: Poyatos, Fernando (Hrsg.) (1997): *Nonverbal communication and translation. New perspectives and challanges in literature, interpretation and the media.* Amsterdam/Philadelphia: Benjamins, 187–201.

Söll, Ludwig (1974): *Gesprochenes und geschriebenes Französisch.* Berlin: Erich Schmidt Verlag.

Soenen, Johan (1977): *Gewinn und Verlust bei Gedicht*übersetzungen. Untersuchungen zur deutschen Übertragung der Lyrik Karel van de Woestijnes. Bonn: Bouvier Verlag Herbert Grundmann.

Soncini, Sara (2004): „,A Job fort he Go-Betweener': Dramatising Translation in Brian Friel and David Edgar". In: Coelsch-Foisner, Sabine / Klein, Holger (Hrsg.) (2004): *Drama Translation and Theatre Practice.* Frankfurt am Main: Peter Lang GmbH, 489–507.

Spiel, Hilde (1971): „Das Kaffeehaus als Weltanschauung". In: Spiel, Hilde (Hrsg.) (1971): *Wien. Spektrum einer Stadt.* München: Biederstein Verlag, 124–140.

Staatsoperette Dresden: „Operette". http://www.staatsoperette-dresden.de/spielplan/operette/ (besucht am 17.10.2015).

Staatsoperette Dresden: „Spielplan". http://www.staatsoperette-dresden.de/spie lplan/ (besucht am 01.11.2015).

Stage Door: „The Gypsy Princess". http://www.stage-door.com/Theatre/2011/ Entries/2011/12/31_The_Gypsy_Princess.html (veröffentlicht am 31.122011, besucht am 17.10.2015).

Stamm, Rudolf (1964): „Die theatralische Physiognomie der Shakespearedramen". In: *Maske und Kothurn* 10, Nr. 3–4, 263–274.

Stolze, Radegundis (1994): Übersetzungstheorien. Eine Einführung. Tübingen: Narr.

Strauß, Johann (o. J.): *Die Fledermaus (The Bat). A Comic Operetta in Three Acts.* Übersetzer: Alfred Kalisch. London: Covent Garden Opera Syndicate.

Strauß, Johann (1893): *Fürstin Ninetta.* Klavierauszug mit Text. Hamburg: Verlag von Aug. Cranz.

Strauß, Johann (1948): *Die Fledermaus. The Bat.* Zweisprachiges Libretto. Wiesbaden: Aug. Cranz.

Strauß, Johann (1980): *Der Zigeunerbaron.* Klavierauszug mit Text. Berlin: VEB Lied der Zeit Musikverlag.

Strauß, Johann (1983): *Die Fledermaus.* Klavierauszug mit Text. Leipzig: Edition Peters.

Strauß, Johann (1989): *Die Fledermaus or The Bat's Revenge.* Übersetzer: John Mortimer. New York: Viking Penguin.

Strauß, Johann (2012): *Die Fledermaus.* Leipzig: Musikalische Komödie.

Susam-Sarajeva, Sebnem (2008): „Translation and Music. Changing Perspectives, Frameworks and Significance". In: Baker, Mona (Hrsg.) (2008): *The Translator. Studies in Intercultural Communication* 14, Nr. 2. *Translation and Music.* Manchester. St. Jerome Publishing, 187–200.

Szende, Thomas / Laurian, Anne-Marie (2001): „ Avant-propos". In: Laurian, Anne-Marie / Szende, Thomas (Hrsg.) (2001): *Les mots du rire: comment les traduire? Essais de lexicologie contrastive.* Bern: Peter Lang, 1–17.

Titzmann, Michael (2007): „Epoche". In: Fricke, Harald / Grubmüller, Klaus / Müller, Jan Dirk / Weimar, Klaus (Hrsg.) (2007): *Reallexikon der deutschen Literaturwissenschaft.* Berlin/New York: Walter de Gruyter, 476–480.

Toronto Operetta Theatre: „Home". http://www.torontooperetta.com/ (besucht am 01.11.2015).

Totzeva, Sophia (1995): *Das theatrale Potential des dramatischen Textes. Ein Beitrag zur Theorie von Drama und Dramenübersetzung.* Tübingen: Gunter Narr Verlag.

Traubner, Richard (2003): *Operetta. A Theatrical History.* London/New York: Routledge.

Tråvén, Marianne (2005): „Musical Rhetoric – the Translator's Dilemma: A Case for *Don Giovanni*". In: Gorlée, Dinda L. (Hrsg.) (2005a): *Song and Significance. Virtues and Vices of Vocal Translation.* Amsterdam/New York: Editions Rodopi B. V., 103–120.

Ubersfeld, Anne (1993): *Lire le théâtre.* Paris : Éditions sociales.

Unger, Thorsten (1995): „Differente Lachkulturen – Eine Einleitung". In: Unger, Thorsten / Schultze, Brigitte / Turk, Horst (Hrsg.) (1995): *Differente Lachkulturen? Fremde Komik und ihre Übersetzung.* Tübingen: Gunter Narr Verlag, 9–29.

Volbach, Fritz (o. J.): *Die Kunst der Sprache. Praktisches Lehrbuch für Schauspieler, Redner, Geistliche, Lehrer und Sänger.* Mainz/Leipzig: B. Schott's Söhne.

Volk, Sabine (1987): „Erzählen als Versuch der Erfahrungsbewältigung. Zur fingierten Mündlichkeit in Ford Madox Fords *The Good Soldier*". In: Erzgräber, Willi / Goetsch, Paul (Hrsg.) (1987): *Mündliches Erzählen im Alltag, fingiertes mündliches Erzählen in der Literatur.* Tübingen: Gunter Narr Verlag, 154–174.

Volksoper Wien: „Spielplan". http://www.volksoper.at/Content.Node2/home/spielplan/spielplanliste.php (besucht am 01.11.2015).

Wachsmann, Michael (1988): „Die Architektur der Worte. Überlegungen zur Übersetzung Shakespeares ins Deutsche". In: Habicht, Werner (Hrsg.) (1988): *Deutsche Shakespeare-Gesellschaft West. Jahrbuch 1988.* Bochum: Verlag Ferdinand Kamp, 44–57.

Wagner, Richard (1852): *Oper und Drama. Dritter Theil. Dichtkunst und Tonkunst im Drama der Zukunft.* Leipzig: Verlagsbuchhandlung von J. J. Weber.

Warning, Rainer (1976): „Elemente einer Pragmasemiotik der Komödie". In: Preisendanz, Wolfgang / Warning, Rainer (Hrsg.) (1976): *Das Komische.* München: Wilhelm Fink Verlag, 279–333.

Weber, Roland: „Zungenbrecher". http://www.logoweber.de/zungenbrecher.html (besucht am 02.08.2015).

Wellwarth, George E. (1981): „Special Consideration in Drama Translation". In: Rose, Marylin Gaddis (Hrsg.) (1981): *Translation Spectrum. Essays in Theory and Practice.* Albany: State University of New York Press, 140–146.

Wertenbaker, Timberlake (2006): „First Thoughts on Transforming a Text". In: Roth, Maya E. / Freeman, Sara (Hrsg.) (2008): *International Dramaturgy. Translation & transformation in the Theatre of Timberlake Wertenbaker.* Brüssel: P.I.E. Peter Lang, 35–40.

Wikipedia: s. v. *American Theater Standard.* https://en.wikipedia.org/wiki/American_Theater_Standard (besucht am 27.07.2015).

Wikipedia: s.v. *Operette*. http://de.wikipedia.org/wiki/Operette (besucht am 09.09.2015).

Wikipedia: s. v. *Schuhcreme*. https://de.wikipedia.org/wiki/Schuhcreme (besucht am 09.09.2015).

Wikipedia: s.v. *Schuhwichse*. https://de.wikipedia.org/wiki/Schuhwichse (besucht am 09.09.2015).

Wikipedia: s.v. *Un Mari* à la Porte. https://fr.wikipedia.org/wiki/Un_mari_%C3%A0_la_porte (besucht am 01.11.2015).

Wikipedia: s.v. *Warschauer Straße*. https://de.wikipedia.org/wiki/Warschauer_Stra%C3%9Fe (besucht am 09.09.2015).

Wodnansky, Wilhelm (1949): *Die deutschen Übersetzungen der Mozart-Daponte-Opern „Le Nozze di Figaro", „Don Giovanni" und „Cose fan tutte" im Lichte text- und musikkritischer Betrachtung. Ein Beitrag zur Geschichte des deutschen Opernlibrettos.* Dissertation zur Erlangung des Doktorgrades an der Philosophischen Fakultät der Universität Wien.

Worbs, Hans Christoph (1963): *Der Schlager. Bestandsaufnahme, Analyse, Dokumentation. Ein Leitfaden.* Bremen: Carl Schünemann Verlag.

Zimmer, Rudolf (1981): *Probleme der Übersetzung formbetonter Sprache. Ein Beitrag zur Übersetzungskritik.* Tübingen: Max Niemeyer Verlag.

Anhang

Ralph Benatzky
* 05.06.1884 in Mährisch-Budwitz
† 16.10.1957 in Zürich

Benatzky erhielt seine musikalische Ausbildung in Wien, studierte anschließend jedoch nicht Musik, sondern Germanistik. In den 1920er sowie den frühen 1930er Jahren lebte und arbeitete er in Wien und Berlin. In dieser Zeit entstanden die meisten seiner Bühnenwerke.Im Jahr 1933 emigrierte er schließlich in die USA, kehrte jedoch nach dem Krieg nach Europa zurück (Klotz 1991: 239).

Im Weißen Rößl (The White Horse Inn)
Die Handlung spielt im Salzkammergut im Jahr 1910.

Das Hotel *Zum Weißen Rößl* ist beliebt bei Besuchern aus aller Welt. Besitzerin Josepha ist eine junge resolute Frau, die weiß, wie man einen Gastbetrieb führen muss. Die Annäherungsversuche ihres Oberkellners Leopold weist sie immer wieder zurück, da sie in ihren Stammgast Dr. Siedler verliebt ist.

In diesem Sommer reisen außerdem noch der Berliner Fabrikant Giesecke mit Tochter Ottilie sowie der arme Professor Dr. Hinzelmann mit Tochter Klärchen an den Wolfgangsee. Der mittlerweile eingetroffene Dr. Siedler verliebt sich auf den ersten Blick in Ottilie. Leider ist Siedler der Anwalt des mit Giesecke zerstrittenen Fabrikanten Sülzheimer und per Post schon öfter mit Giesecke aneinander geraten. Um den Rechtsstreit aus der Welt zu schaffen und so seine Ottilie zu bekommen, lädt Siedler den Sohn Sülzheimers, Sigismund, ins *Weiße Rößl* ein.

Nach anfänglichen Streitigkeiten schmiedet Giesecke schließlich den Plan, den Rechtsstreit mittels einer Verbindung der beiden Familien beizulegen: Ottilie soll Sigismund heiraten. Von dieser Idee sind verständlicherweise weder Ottilie noch Siedler angetan – und auch Sigismund findet viel mehr Gefallen an Klärchen als an Ottilie.

Währenddessen hat Josepha ihrem eifersüchtigen Oberkellner Leopold gekündigt. Sie muss allerdings bald feststellen, dass ohne Leopold alles drunter und drüber geht. Letztendlich sieht Josepha ein, dass ihre Schwärmerei für Dr. Siedler nur ein Traum war und Leopold der richtige Mann für sie ist. Und auch Giesecke gibt schließlich nach und erlaubt Ottilie die Verbindung mit Dr. Siedler (Klotz 1991: 240–241).

Leo Fall
* 02.02.1873 in Olmütz
† 16.09.1925 in Wien

Leo Fall studierte am Wiener Konservatorium Geige und Klavier, musste allerdings seine Ausbildung vorzeitig abbrechen. Fortan spielte er in kleineren Orchestern und Kapellen. Obwohl seinen ersten Versuchen als Komponist kein finanzieller Erfolg beschieden war, erweckten sie die Aufmerksamkeit des einflussreichen Librettisten Viktor Léon. In Zusammenarbeit mit Léon veröffentlichte Fall mehrere erfolgreiche Operetten (Klotz 1991: 295).

Die Dollarprinzessin (The Dollar Princess)
Die Handlung findet in New York und der fiktiven Stadt Aliceville im Jahr 1907 statt.

Alice, Tochter und Geschäftsführerin des Kohlenmagnaten Couder, ist der Meinung, dass allein Arbeit und Geld zählen. Liebe und Ehe sind für sie nur ein Geschäft. Ihr neuer Privatsekretär Fredy Wehrburg vertritt eine gänzlich andere Meinung und bietet Alice bei jeder Gelegenheit Paroli.

Alice Vater, der Selfmade-Millionär John Couder, ist unterdessen nach seiner Scheidung auf der Suche nach einer neuen Frau. Um den sozialen Aufstieg seiner Familie weiter voranzutreiben, entscheidet er sich für die angebliche russische Gräfin Olga, welche in Wirklichkeit eine Tänzerin ist.

Unterdessen arbeitet der verarmte Adlige Hans von Schlick auf Couders Anwesen als Reitlehrer von dessen Nichte Daisy, in welche er sich schon bald verliebt. Auf einem Fest verkünden beide schließlich ihre Verlobung, gefolgt von Couder und Olga.

Alice ist zwar in ihren Sekretär Fredy veliebt, zeigt es ihm aber nicht. Stattdessen verkündet sie in geschäftsmäßigem Ton, dass sie sich entschieden habe, ebenfalls zu heiraten – nämlich ihren Privatsekretär. Fredy, obzwar ebenfalls in Alice verliebt, weigert sich gegen diese rein geschäftliche Verbindung. Couder stellt ihm daraufhin eine hohe Mitgift in Aussicht, hat jedoch keinen Erfolg. Kurz darauf kündigt Fredy seine Stelle und verlässt New York.

Ein Jahr später hat Fredy sich mit Arbeit und Fleiß ebenfalls ein Vermögen erwirtschaftet und plant nun, Alice auf gleicher Augenhöhe gegenüberzutreten. Bei einem Treffen der beiden kommt es zur Versöhnung und Fredy kann Alice für sich gewinnen. Couder hingegen versucht alles, um seine anstrengende Gattin wieder loszuwerden. Schließlich willigt Olga gegen eine stattliche Abfindung in die Scheidung ein (Klotz 1991: 296–297).

Die Rose von Stambul (*The Rose of Stambul*)

Die Handlung ist in Istanbul und der Schweiz vor dem Ersten Weltkrieg angesiedelt.

Achmed Bey ist ein aufgeklärter junger Türke und sehr westlich gesinnt. Sein Kopf ist voller Pläne, wie man die türkische Gesellschaftsordnung reformieren könnte. Weil jedoch sein Vater ein angesehener Staatsminister ist, wagt er es nicht, seine Ideen unter seinem richtigen Namen zu veröffentlichen und wählt stattdessen das Pseudonym André Lery. Die türkische Herrschertochter Kondja träumt von einem unabhängigen Leben im westlichen Europa und liest mit Vorliebe die Werke des freiheitsdenkerischen Autors André Lery. Bald darauf erfährt sie jedoch von dem Entschluss ihres Vaters, sie mit Achmed Bey zu verheiraten. Achmed liebt Kondja und ist ensetzt zu erfahren, dass sie nur aus Pflichtbewusstsein in die Ehe eingewilligt hat, ihr Herz in Wahrheit aber an André Lery hängt. Als er ihr darauf sagt, dass er selbst André Lery sei, glaubt sie ihm kein Wort. Stattdessen reist sie in die Schweiz, um endlich den verehrten Autor persönlich kennenzulernen. Als sie erfährt, dass im Hotel das *Ehepaar* Lery erwartet wird, ist sie am Boden zerstört. Schließlich erscheint statt eines französischen Dichters niemand anderer als Achmed Bey, welcher Kondja erklärt, dass keine andere als sie selbst die erwartete Madame Lery ist (Klotz 1991: 309–310).

Emmerich Kálmán

* 24.10.1882 in Siófok

† 30.10.1953 in Paris

In Budapest absolvierte Kálmán sowohl eine Juristen- als auch eine Pianisten-ausbildung. Erste Erfolge erzielte er mit Orchester- und Chorwerken; später verlegte er sich auf das Komponieren von Operetten. Bereits sein erstes Werk wurde ein großer Erfolg in Ungarn und Österreich. Kálmán zog daraufhin nach Wien, wo er fortan lebte und arbeitete, bis er aufgrund seiner jüdischen Abstammung ins Exil gehen musste. Im Jahr 1949 kehrte er aus den USA nach Europa zurück und ließ sich in Paris nieder (Klotz 1991: 392).

Die Bajadere (*The Yankee Princess*)

Die Handlung findet im Paris der 1920er Jahre statt.

Prinz Radjami, zukünftiger Herrscher von Lahore, hat sich in die Schauspielerin Odette Darimonde verliebt. Beim ersten persönlichen Treffen verkündet er ihr siegessicher, dass sie bald ihm gehören werde. Odette widerspricht, nimmt allerdings die Einladung zum Ball im Palais des Prinzen an. Schon bald scheint es, als wären Radjamis Eroberungsversuche von Erfolg gekrönt. Selbst in eine Hochzeit mit dem Prinzen willigt Odette ein. Darauf hat dieser spekuliert, da er noch am gleichen Tag eine rechtmäßige Ehefrau vorweisen muss, um seinen

Anspruch auf den Thron zu behalten. Doch die Zeremonie platzt. Odette hat sich nur verstellt, um dem Prinzen nun vor aller Augen zu zeigen, wie selbstgefällig und anmaßend er sich ihr gegenüber verhalten hat.

Einige Zeit später erkennen sowohl Radjami als auch Odette, wie kindisch sie sich verhalten und so ihre Chance auf das Liebesglück zerstört haben. Odettes Vorgesetzter schafft es jedoch, die beiden mit einer List wieder zusammenzubringen (Klotz 1991: 98).

Die Csárdásfürstin (The Gypsy Princess)
Die Operette spielt in Budapest und Wien im Jahr 1914.

Im Nachtlokal *Orpheum* feiern Adlige und Lebemänner die berühmte Chansonette Sylva Varescu. Darunter der junge Graf Boni, der ältere Feri von Kerekes und der österreichische Adlige Edwin von Lippert-Weylersheim, welcher in Sylva verliebt ist. Auch Sylva fühlt sich zu ihm hingezogen, weiß jedoch, dass Edwins Familie sie nicht akzeptieren würde. Um Edwin zu vergessen, hat sie sich dazu bereiterklärt, auf eine Tournee durch die USA zu gehen. Als Edwin davon hört, unternimmt er alles, um Sylva von ihrem Vorhaben abzubringen. Schließlich verspricht er ihr sogar, sie binnen acht Wochen zu heiraten. Dabei verschweigt er allerdings, dass seine Eltern in Wien bereits seine Hochzeit mit seiner Cousine Stasi vorbereiten. Nach Edwins Abreise klärt Boni, welcher um Edwins Verlobung mit Stasi weiß, Sylva auf, woraufhin diese gekränkt das Land verlässt, um auf Tournee zu gehen.

Zwei Monate später findet ein Ball im Palais des Fürsten Lippert-Weylersheim statt. Edwin und Stasi haben sich in die von den Eltern geplante Verlobung gefügt, sind jedoch beide nicht wirklich glücklich. Plötzlich erscheint Sylva mit ihrem – vorgeblichen – Ehemann Boni auf dem Fest. Edwin setzt alles daran, Sylva zurückzugewinnen und bestürmt Boni, sich scheiden zu lassen. Dieser ist der Maskerade eh überdrüssig, da er sich viel mehr für Stasi interessiert. Als Sylva hört, dass Edwin sie noch immer liebt, ist sie überglücklich und will ihm die Wahrheit über die nicht existente Ehe mit Boni beichten. Bevor es jedoch dazu kommt, erfährt sie, dass Edwin sie nur heiraten kann, weil sie nun angeblich eine geschiedene Adlige und keine Chansonette mehr ist. Wäre sie noch immer das Mädchen aus dem Varieté, hätte Edwin nicht den Mut gehabt, sich seiner Familie zu widersetzen und sie trotz allem zu heiraten. Wütend und gekränkt verlässt Sylva das Fest.

Boni und dem aus Budapest angereisten Feri gelingt es jedoch, den gegen die Chansonette eingenommenen Fürsten von Lippert-Weylersheim umzustimmen, sodass der Verbindung Edwins mit Sylva und Bonis mit Stasi nichts mehr im Wege steht (Klotz 1991: 397–399).

154

Gräfin Mariza (Countess Maritza)
Die Handlung spielt in Ungarn auf dem Anwesen Marizas im Jahr 1924.

Um Mitgiftjäger abzuschrecken, lässt die schöne und reiche ungarische Gräfin Mariza in allen Zeitungen des Landes verkünden, sie sei verlobt mit Koloman Zsupán. Den Namen ihres fiktiven Bräutigams übernimmt sie aus der Operette *Der Zigeunerbaron*, nicht ahnend, dass ein echter Koloman Zsupán existiert – und schon bald darauf auf Marizas Türschwelle erscheint, bereit, die reiche Braut zu heiraten.

Mariza hat sich unterdessen in ihren Gutsverwalter Tassilo verliebt, welcher ihre Gefühle erwidert. Als Mariza jedoch erfährt, dass Tassilo kein Bürgerlicher, sondern ein verarmter Adliger ist, glaubt sie, erneut auf einen Mitgiftjäger hereingefallen zu sein. Zudem sieht sie Tassilo und das Mädchen Lisa (eigentlich Tassilos Schwester) in einer – wie Mariza glaubt – verfänglichen Situation. Tassilo seinerseits ist zu stolz, um Mariza alles zu erklären, sodass sich die beiden immer weiter voneinander entfernen.

Das Erscheinen von Tassilos Tante, der Fürstin Guddenstein zu Chlumetz, bringt schließlich die glückliche Wende. Sie hat von Tassilos finanzieller Notlage erfahren und begleicht seine Schulden. Tassilo kann nun auf gleicher Augenhöhe um Mariza werben. Unterdessen hat Zsupán Tassilos Schwester Lisa kennen- und lieben gelernt (Klotz 1991: 405–406).

Franz Lehár
* 30.04.1870 in Komorn
† 24.10. 1946 in Bad Ischl

Franz Lehár studierte schon früh am Prager Konservatorium Violine, Komposition und Musiktheorie. Anfänglich verfasste er Lieder, Tänze, Märsche und auch Opern, verlegte sich jedoch schon bald auf das Komponieren von Operetten. Während seine ersten Stücke als *klassische* Operetten bezeichnet werden können, ähneln seine Spätwerke aufgrund ihres tragischen Ausganges eher kleineren Opern (Klotz 1991: 442).

Eva (Eva)
Die Operette spielt in Brüssel und Paris im Jahr 1911.

An dem Tag, an welchem Fabrikarbeiterin Eva ihren zwanzigsten Geburtstag feiert, übernimmt Lebemann Octave die Glasfabrik seines Onkels. Eva sehnt sich nach einem Leben in Glanz und Reichtum. Somit verkörpern Octave und seine Feste für sie genau das, wovon sie immer schon geträumt hat. Octave hingegen sieht die hübsche, lebenslustige Eva als Abenteuer und versucht, sie zu erobern. Er lädt sie zu einem seiner Feste, schenkt ihr Kleider und Schmuck und lässt Eva so einen Abend lang ihren Traum leben. Die Unbeschwertheit der

Feiernden wird jedoch unterbrochen, als einige der Fabrikarbeiter in Octaves Haus eindringen, um Eva vor dem Los ihrer Mutter, welche „einst im Pariser Leichtsinnstreiben unterging" (Klotz 1991: 450), zu bewahren. Eva hat sich bereits in Octave verliebt und stellt sich nun schützend vor ihn. Um die Situation zu retten, verkündet Octave, dass er Eva zu seiner Braut machen will. Beschwichtigt machen sich die Arbeiter auf den Heimweg und lassen die überglückliche Eva an Octaves Seite zurück.

Kurz darauf rühmt sich Octave stolz seiner Notlüge: Er habe die Arbeiter nur beruhigen und Eva zum schönen Leben in Paris verleiten wollen. Empört wirft Eva ihm seine Geschenke vor die Füße und verlässt das Haus.

Einige Monate später ist die desillusionierte Eva dabei, sich unter Anleitung einer Freundin in eine Pariser Lebedame zu verwandeln und den lukrativen Angeboten eines Herzogs nachzugeben. Eben noch rechtzeitig erscheint Octave. Freunde haben ihn unter einem Vorwand nach Paris gelockt und ein Treffen mit Eva in die Wege geleitet. Octave bereut, dass er mit Eva gespielt hat und gesteht ihr, dass er sie wirklich liebt (Klotz 1991: 450–451).

Frasquita (Frasquita)
Die Handlung findet in Barcelona in den 1920er Jahren statt.

Der Fabrikbesitzer Aristide Girot möchte seine Tochter Dolly mit seinem Neffen Armand aus Paris verheiraten. Als Armand mit seinem Freund Hippolyte zu Besuch kommt, fesseln das Treiben einer Gruppe Zigeuner und v. a. die schöne Frasquita seine Aufmerksamkeit.

Als Frasquita mit einem einheimischen Mädchen in Streit gerät und die Situation zu eskalieren droht, wirft sich Armand dazwischen und schlichtet den Streit. Danach stellt er jedoch fest, dass ihm sein wertvolles Zigarettenetui abhanden gekommen ist, und verdächtigt daraufhin Frasquita des Diebstahls. Als Armand merkt, dass er das Zigeunermädchen zu Unrecht beschuldigt hat, zeigt er sich reumütig. Frasquita geht zum Schein auf sein Interesse an ihr ein. In Wirklichkeit aber umgarnt sie Armand nur, um ihn später öffentlich bloßstellen zu können.

Kurz darauf treffen sich Armand und Frasquita in einem Nachtlokal wieder. Armand wartet auf eine Gelegenheit, kurz mit Frasquita allein zu sein, um ihr seine Liebe zu gestehen. Aristide Girot überrascht die beiden in einer verfänglichen Lage und sagt daraufhin die geplante Hochzeit mit Dolly ab. Frasquita triumphiert, denn jetzt ist ihr Plan, Armand bloßzustellen, geglückt. Um Armand noch weiter zu demütigen, macht sie den anderen Männern schöne Augen. Schließlich verliert Armand die Geduld und er verlässt wütend das Lokal. Frasquita erkennt nun, dass Armand es ernst mit ihr meint.

Aristide Girot erfährt schließlich von der echten Liebe seines Neffen zu Frasquita. Er schmiedet daraufhin einen Plan, um die beiden zusammenzubringen, was ihm schließlich auch gelingt. Dolly hat unterdessen ihr Glück mit Armands Freund Hippolyte gefunden (Operettenlexikon: s. v. *Frasquita*).

Friederike (*Frederica*)

Die Operette spielt im Elsass, ca. im Jahr 1770.
Salomea und Friederike Brion sind die jungen Töchter des örtlichen Vikars. Eines Tages kommt Salomeas Verlobter mit seinen Freunden und Kommilitonen Johann Wolfgang Goethe und Jakob Lenz zu Besuch. Goethe und Friederike verlieben sich ineinander und beschließen, zu heiraten. Kurz darauf erhält Goethe jedoch das Angebot des Herzogs von Weimar, in dessen Dienste zu treten. Im Vertrag macht der Herzog deutlich, dass nur ein unverheirateter Mann für die Stelle in Frage kommt. Salomeas Verlobter erzählt Friederike vom Angebot des Herzogs und von dessen Bedingung. Während Goethe noch unschlüssig ist, beschließt Friederike, ihrem Geliebten zu seinem Glück zu verhelfen und dafür ihre Liebe zu opfern. Sie macht Goethes Freund Lenz schöne Augen und verärgert Goethe dadurch so sehr, dass er nach Weimar reist, um die Stelle anzunehmen.

Acht Jahre später sehen Goethe und Friederike sich wieder und versöhnen sich. Dies ändert jedoch nichts daran, dass sie sich nun auf ewig Lebewohl sagen müssen (Neckers 2014: o. S.).

Die lustige Witwe (*The Merry Widow*)

Die Handlung spielt in Paris um 1905.
In der Botschaft des osteuropäischen Landes Pontevedrino feiert man den Geburtstag des Herrschers. Gleichzeitig sucht Botschafter Baron Zeta nach einem Weg, die Millionen seiner frisch verwitweten Landsmännin Hanna Glawari im Land zu halten und nicht einem ausländischen Mitgiftjäger in die Hände fallen zu lassen.

Dem Botschafter kommt schließlich die rettende Idee für sein Geldproblem: Graf Danilo, sein arbeitsscheuer, meist nur im Lokal *Maxim* anzutreffender Sekretär, soll die reiche junge Witwe heiraten. Was Baron Zeta nicht weiß: Danilo und Hanna waren bereits einmal ein Paar, doch Danilo musste sich aus dynastischen Gründen von der damals noch armen Hanna trennen. Obwohl beide sich noch immer lieben, stehen sie dem Plan des Botschafters mehr als argwöhnisch gegenüber. Hanna ist sich nicht sicher, ob Danilo wirklich sie will oder doch nur ihr Geld. Daher ersinnt sie einen Plan, um Danilo aus der Reserve zu locken. Schließlich erkennt sie, dass Danilo sie wirklich liebt und stimmt zu, ihn zu heiraten. Auch die zwischenzeitlich auf eine Affäre mit dem Franzosen Camille eingegangene Ehefrau Zetas kehrt letztendlich zu ihrem Gatten zurück (Klotz 1991: 178–181).

Der Zarewitsch (The Tsarevich)
Das Stück spielt in Sankt Petersburg und Neapel. Das Jahr ist nicht näher bestimmt.

Der junge Thronfolger Russlands ist schüchtern und duldet keine Frauen in seiner Nähe. Daraufhin beschließt sein Onkel, ihn durch die verkleidet in die kaiserlichen Gemächer eingeschmuggelte Tänzerin Sonja auf die Ehe vorzubereiten. Zwar schafft sie es nicht, Zarewitsch Alexej zu umgarnen, doch bittet dieser Sonja um einen Gefallen: Sie soll seine Geliebte spielen, damit es keine weiteren derartigen Überraschungen seitens seines Onkels geben wird. Sonja willigt ein.

Mit der Zeit verliebt sich Alexej jedoch in die Tänzerin. Als er erfährt, dass seine Vermählung mit einer russischen Prinzessin beschlossen wurde, fliehen Sonja und Alexej zusammen mit dem sich ewig streitenden Dienerpaar Mascha und Iwan nach Italien. In Neapel verleben die Liebenden einige glückliche Wochen, bis Alexej schließlich die Nachricht vom Tod des Zaren erreicht. Schweren Herzens trennt er sich von Sonja, um den Platz als neuer Zar in Russland einzunehmen (Operetten-Lexikon: s. v. *Der Zarewitsch*).

Jacques Offenbach
* 20.06.1819 in Köln
† 05.10.1880 in Paris
Jacques Offenbach studierte Cello und Komposition am Konservatorium in Paris. Danach arbeitete er als Orchestermusiker in Frankreich und Deutschland. Schließlich brachte das Jahr der Weltausstellung in Paris (1855) die ersehnte Wende in Offenbachs Leben: Er pachtete ein Theater, welches zur Geburtsstätte der sogenannten *Offenbachiade*, also der Operette nach Offenbach, wurde. In den folgenden Jahren feierte er mit seinen Stücken große Erfolge, bis der Ausbruch des Deutsch-Französischen Krieges und der darauffolgende Zusammenbruch des französischen Kaiserreiches seinen Triumphen ein Ende bereitete (Klotz 1991: 509–510).

La belle Hélène (Die schöne Helena / Beautiful Helen / Fair Helen)
Die Operette spielt im antiken Griechenland.

Helena, Gemahlin von Menelaos, des Königs von Sparta, verliebt sich in den trojanischen Prinzen Paris, welcher sich als Schäfer verkleidet in den Königspalast eingeschlichen hat. Die Helden der griechischen Antike treffen sich bald darauf bei einem großen Fest im Palast, um den Klügsten unter sich zu küren. Paris siegt und gibt nun seine wahre Identität preis.

Als Menelaos nach Kreta aufbricht, um einer Weissagung des Orakels zu folgen, versucht Paris, Helena zu erobern. Diese weist ihn jedoch vorerst zurück, erliegt seinem Charme aber schließlich. Das Liebesglück währt allerdings nicht lange. Früher als erwartet, kehrt Menelaos aus Kreta zurück und erwischt seine Frau beim Ehebruch. Paris muss aus Sparta fliehen, kündigt jedoch an, seine Geliebte bald zu holen.

Wenige Tage später schickt Menelaos nach dem Oberpriester, um von diesem Rat zu erbitten, wie er sich angesichts von Helenas Verrat verhalten soll. Der Oberpriester entscheidet, dass er Helena auf die Insel Kythera bringen werde, wo sie ein kostbares Opfer entrichten soll. Menelaos stimmt zu und übergibt seine Frau an den Oberpriester. Sobald die priesterliche Galeere in See gestochen ist, nimmt der Oberpriester seine Maske ab und enthüllt seine wahre Identität: Prinz Paris hat mit einer List seine Drohung wahrgemacht und Helena entführt. Daraufhin beschließen die betrogenen Griechen, gegen Troja in den Krieg zu ziehen (Klotz 154–157).

Un Mari à la Porte (*Ein Ehemann vor der Tür*)
Die Handlung spielt in Paris um die Mitte des 19. Jahrhunderts.

Florestan Ducroquet wird bei einem Stelldichein mit einer verheirateten Dame von deren Ehemann überrascht und muss über die Dächer von Paris fliehen. Auf der Suche nach einem Versteck, betritt er ein fremdes Haus und findet sich im Zimmer der frisch verheirateten Susanne Martel wieder. Als Susanne und ihre Freundin Rosita ins Zimmer kommen, verbirgt sich Florestan in einer Kleidertruhe und hört heimlich mit an, was sie erzählen.

Susanne ist wütend auf ihren Ehemann Martin und Rosita versucht vergeblich, die Freundin zu beschwichtigen und dazu zu bringen, zur Hochzeitsfeier zurückzukehren. Plötzlich öffnet sich die Truhe und Florestan, welcher sich aufgrund des Luftmangels nicht länger verstecken kann, kommt zum Vorschein. Nachdem sich die beiden Frauen von ihrem Schreck erholt haben, erklärt Florestan, wie er in das Zimmer gekommen ist. Plötzlich klopft Martin an Susannes Zimmertür und begehrt Einlass. Susanne ist verzweifelt, da sie nicht weiß, wie sie ihrem Gatten den fremden Mann im Zimmer erklären soll. Rosita nimmt daraufhin den Skandal auf sich. Später heiraten Florestan und Rosita (Wikipedia: s. v. *Un Mari à la Porte*).

La vie parisienne (*Pariser Leben*)
Die Handlung spielt in Paris im Jahr 1866.

Lebemann Gardefeu versucht, die verheiratete schwedische Baronesse Christine zu verführen. Damit dies gelingt, spielt er ihr vor, ein reicher und einflussreicher Mann zu sein. Für seine prunkvollen Feste verpflichtet er Freunde und Bekannte, welche der adligen Dame als vornehme, hochgestellte Gäste präsentiert werden. Während Gardefeus Freund Bobinet den Ehemann Christines mit dem Nachtleben von Paris bekannt macht, will Gardefeu endlich Christine erobern. Bevor er jedoch Erfolg hat, kommt unverhofft Madame de Quimper, Christines Tante, zu Besuch. Währenddessen ist der Baron hinter Gardefeus Absichten gekommen und fordert ihn nun zum Duell. Doch Bobinet ist rechtzeitig zur Stelle, um den Baron zu beruhigen und mit einem Augenzwinkern darauf hinzuweisen, dass schließlich auch er, der Baron, sich mit den Pariser Grisetten amüsiert hat (Klotz 1991: 529–531).

Johann Strauß
* 25.10.1825 in Wien
† 03.06.1899 in Wien

Johann Strauß ist der Sohn des gleichnamigen, ebenfalls weltbekannten Wiener Komponisten. Er studierte Geige und Komposition in Wien und erlangte weltweiten Ruhm als „Walzerkönig". Inspiriert durch die Werke Offenbachs, schrieb Strauß selbst Operetten, welche ebenfalls große Erfolge wurden. Sein Stück *Die Fledermaus* gilt als das unerreichte Meisterwerk der Wiener Operette.

Die Fledermaus (The Bat)
Die Handlung spielt in einem Badeort in der Nähe einer großen Stadt in den 1870er Jahren.

Vier Jahre vor der eigentlichen Handlung waren Gabriel von Eisenstein und sein Freund, Notar Dr. Falke, auf einem Maskenball. Eisenstein spielte Falke einen Streich: Er ließ den als Fledermaus verkleideten Notar betrunken auf einer Parkbank mitten in der Stadt zurück, sodass Falke am nächsten Tag unter dem Spott der Passanten kostümiert nach Hause laufen musste. Seit diesem Tag plant Falke seine Rache an Eisenstein, welche er nun in die Tat umsetzen will.

Eisenstein soll wegen Amtsbeleidigung acht Tage ins Gefängnis. Um sich die künftige Leidenszeit noch ein wenig zu verschönen, beschließt er, heimlich mit Falke auf den Ball des Prinzen Orlowsky zu gehen und erst früh am nächsten Tag seine Haftstrafe anzutreten. Eisensteins Ehefrau Rosalinde hat derweil ihre eigenen Sorgen: Ihr ehemaliger Geliebter Alfred ist in der Stadt und sie hat ihm wider besseres Wissen versprochen, sich am Abend mit ihm zu treffen.

Während Eisenstein sich bereits auf dem Fest vergnügt, erscheint Gefängnisdirektor Frank in Eisensteins Haus, um den Delinquenten persönlich abzuholen. Doch findet er dort nicht Eisenstein, sondern Alfred mit Rosalinde vor.

Um Rosalinde nicht einem Skandal auszusetzen, spielt Alfred ihren Ehemann und wird von Frank abgeführt. Kurz darauf erhält Rosalinde einen Brief, in dem steht, dass sich ihr Mann auf einem Fest vergnügt. Eifersüchtig schmiedet sie den Plan, verkleidet auf das Fest zu gehen und ihren Mann auf frischer Tat zu ertappen.

Die Verwirrung im Palais Orlowsky wird noch durch die Tatsache gesteigert, dass die meisten Gäste unter falschem Namen agieren: Eisenstein und Gefängnisdirektor Frank als französische Adlige und Rosalindes Zofe Adele als berühmte Schauspielerin. Das von Falke inszinierte Verwirrspiel steigert sich dank ausreichend Champagner bis zum Höhepunkt.

Am nächsten Tag erscheint Eisenstein im Gefängnis, um seine Haftstrafe anzutreten, und kann es kaum glauben, als er hört, dass ein Herr namens Gabriel von Eisenstein bereits am vergangenen Abend aus Rosalindes Salon ins Gefängnis gebracht wurde. Um die Situation noch zu verkomplizieren, eilt Rosalinde herbei, um Alfred aus dem Gefängnis zu befreien und trifft dort auf ihren wütenden Gatten. Eigentlich wollte sie ihn wegen der nächtlichen Eskapaden zur Rede stellen, doch nun muss sie einsehen, dass sie selbst kein Deut besser ist. Kurz bevor zwischen Eisenstein und Rosalinde ein Streit ausbrechen kann, erscheint Falke und erklärt, dass alles nur ein Spiel war, ein kleiner Racheplan (Klotz 1991: 111–114).

Fürstin Ninetta (/)
Die Operette spielt in Sorrento um die Jahrhundertwende.

Baron Mörsburg erhält ein Telegramm der jungen, verwitweten Fürstin Ninetta, die ihn bittet, ein Hotelzimmer für sie zu reservieren. Am nächsten Tag erscheint Ninetta als Mann verkleidet; nur der Baron erkennt sie.

Währenddessen laufen die Vorbereitungen für die Hochzeit von Adelheid Möbius mit Ferdinand Knapp. Bevor die Trauung stattfinden kann, erfahren die Brautleute jedoch, dass Adelheids Mutter und Ferdinands Vater (welche in ihrer Jugend bereits einmal ein Paar gewesen waren) heimlich geheiratet haben. Adelheid und Ferdinand ist es nun wegen des Verwandtschaftsverhältnisses verboten, ebenfalls zu heiraten. Ihre Eltern müssten sich zuvor scheiden lassen, was diese natürlich vehement ablehnen.

Die als Mann verkleidete Ninetta erregt die Aufmerksamkeit von Adelheids Mutter, welche versucht, mit ihm/ihr anzubandeln. Später entledigt sich Ninetta ihrer Verkleidung und verzaubert als junge Frau die männlichen Hotelgäste, darunter auch Ferdinand. Die so gestiftete Verwirrung wird von Baron Möbius aufgelöst, der den Gästen Ninettas wahre Identität offenbart. Ferdinands Vater nimmt die versuchte Untreue seiner Frau dennoch als Anlass, sich scheiden zu lassen, sodass Adelheid und Ferdinand doch noch heiraten können (Operetten-Lexikon: s. v. *Fürstin Ninetta*).

Der Zigeunerbaron (The Gypsy Baron)
Die Handlung spielt in Ungarn und Wien zur Zeit Maria Theresias.

In einem leicht heruntergekommenen ungarischen Ort herrscht Kálmán Zsupán, größter Schweinezüchter im Umkreis, als „Schweinefürst" und bereichert sich, wo er nur kann. Unverhofft besucht Sandor Barinkay, Erbe der Ländereien, zum ersten Mal den Familiensitz. Statt Zsupán in seine Schranken zu weisen, bietet Barinkay ihm eine Verbindung an: Er will Zsupáns schöne Tochter Arsena heiraten. Die liebt jedoch heimlich Ottokar, den Sohn ihrer Gouvernante, und weist Barinkay mit der Begründung ab, sie heirate nur einen Adligen.

Der enttäuschte Barinkay sucht daraufhin bei den auf seinem Gebiet hausenden Zigeunern Rat. Diese erklären ihn zum Ziegeunerbaron und versprechen, ihm beim Werben um Arsena zu helfen. In der Nacht ertappt Barinkay Arsena jedoch bei einem Stelldichein mit Ottokar.

Barinkay wendet sich nun vollkommen den Zigeunern zu und wählt die Pflegetochter der alten, weisen Czipra, Saffi, zu seiner Frau. Zusammen mit den Zigeunern begibt er sich auf die Suche nach einem sagenumwobenen Türkenschatz, welcher während des Krieges vergraben worden sein soll. Zusammen mit dem Schatz kommt auch die Wahrheit über Saffis Geburt ans Tageslicht: Sie ist keine Zigeunerin, sondern die Tochter des letzten Paschas von Temesvar, welcher im Krieg gegen die Österreicher fiel. Barinkay glaubt nun, dass Saffi als Prinzessin zu weit über ihm steht, und gibt sie frei.

Als kurz darauf österreichische Husaren in den Ort kommen, auf der Suche nach neuen Rekruten für den Krieg in Spanien, schließt sich Barinkay ihnen an. Und auch Zsupán und Ottokar werden von den Husaren angeworben.

Nach Kriegsende kehren die Husaren nach Wien zurück, wo sie sowohl von Arsena als auch von den Zigeunern und Saffi empfangen werden. Barinkay wird für seine Verdienste in der Schlacht geadelt und ist nun standesgemäß für die türkische Prinzessin Saffi. Und auch Zsupán erklärt sich schließlich mit der Hochzeit Arsenas und Ottokars einverstanden (Klotz 1991: 38–40).

Leipziger Studien zur angewandten Linguistik und Translatologie
Herausgegeben von Peter A. Schmitt

Diese Reihe hat ihre Wurzeln zum einen in der von Prof. Dr. Rosemarie Gläser gegründeten Reihe "Leipziger Fachsprachen-Studien" (LFS), die nicht fortgeführt wird, zum andern in der "Leipziger Schule der Übersetzungswissenschaft" und der seit 1956 an der Universität Leipzig bestehenden Übersetzer- und Dolmetscherausbildung. Im Gegensatz zu der explizit auf Fachsprachen fokussierten bisherigen LFS-Reihe bietet diese Reihe ein Forum für das erheblich größere Themenspektrum, das charakteristisch ist für die Forschung und Lehre am Institut für Angewandte Linguistik und Translatologie (IALT) seit der Wende. Die Analogie des Reihentitels zum Namen des Instituts ist insofern Programm. Gleichwohl bedeutet dies und die Nennung von Leipzig im Titel nicht, dass hier ausschließlich Arbeiten von Personen publiziert werden, die in Leipzig im Allgemeinen und am IALT im Besonderen arbeiten. Es soll lediglich signalisieren, dass die Reihe in Leipzig angesiedelt ist und dass die Schriften dieser Reihe den inhaltlichen und wissenschaftlichen Kriterien des IALT entsprechen: Arbeiten von hochrangiger Qualität in Inhalt, Form und Sprache, die einen jeweils relevanten Beitrag zur Wissenschaft, Forschung, Lehre und Praxis im Bereich des Übersetzens und Dolmetschens leisten. Ein Aspekt dieses Konzepts ist es, dass hier nicht nur bereits bekannte Personen vertreten sein sollen, sondern dass auch herausragende Nachwuchswissenschaftler und Nachwuchswissenschaftlerinnen ihr Debut in der Forschungsgemeinschaft geben können.

Band 1 Gerd Wotjak (Hrsg.): 50 Jahre Leipziger Übersetzungswissenschaftliche Schule. 2006.

Band 2 Elvira Mertin: Prozessorientiertes Qualitätsmanagement im Dienstleistungsbereich Übersetzen. 2006.

Band 3 Eberhard Fleischmann: Postsowjetisches Russisch. Eine Studie unter translatorischem Aspekt. 2007.

Band 4 Brigitte Horn-Helf: Kulturdifferenz in Fachtextsortenkonventionen. Analyse und Translation. Ein Lehr- und Arbeitsbuch. 2007.

Band 5 Peter A. Schmitt / Heike E. Jüngst (Hrsg.): Translationsqualität. 2007.

Band 6 Silke Nagel / Susanne Hezel / Katharina Hinderer / Katrin Pieper: Audiovisuelle Übersetzung. Filmuntertitelung in Deutschland, Portugal und Tschechien. 2009.

Band 7 Heike Elisabeth Jüngst: Information Comics. Knowledge Transfer in a Popular Format. 2010.

Band 8 Holger Siever: Übersetzen und Interpretation. Die Herausbildung der Übersetzungswissenschaft als eigenständige wissenschaftliche Disziplin im deutschen Sprachraum von 1960 bis 2000. 2010.

Band 9 Patrick Herz: Ein Prozess – vier Sprachen. Übersetzen und Dolmetschen im Prozess gegen die Hauptkriegsverbrecher vor dem Internationalen Militärgerichtshof Nürnberg, 20. November 1945 – 1. Oktober 1946. 2011.

Band 10 Peter A. Schmitt / Susann Herold / Annette Weilandt (Hrsg.): Translationsforschung. Tagungsberichte der LICTRA. IX. Leipzig International Conference on Translation & Interpretation Studies, 19. – 21.5.2010. Teil 1 und Teil 2. 2011.

Band 11 Anne Panier / Kathleen Brons / Annika Wisniewski / Marleen Weißbach: Filmübersetzung. Probleme bei Synchronisation, Untertitelung, Audiodeskription. 2012.

Band 12 Discourses of Translation. Festschrift in Honour of Christina Schäffner. Edited by Beverly Adab, Peter A. Schmitt and Gregory Shreve. 2012.

Band 13 Linus Jung (Hrsg.): Übersetzen als interdisziplinäre Herausforderung. Ausgewählte Schriften von Gerd Wotjak. 2012.

www.peterlang.com